Alfred Oppolzer
Ökologie der Arbeit

Alfred Oppolzer, Professor Dr. phil. habil., Arbeitswissenschaftler und Industriesoziologe, Hochschule für Wirtschaft und Politik (Hamburg)

Alfred Oppolzer
Ökologie der Arbeit
Mensch und Arbeitsumwelt:
Belastungen und Gestaltungserfordernisse

VSA-Verlag Hamburg

© VSA-Verlag 1993, Stresemannstr. 384a, W-2000 Hamburg 50
Alle Rechte vorbehalten
Umschlagabbildung: El Lissitzky, Umschlagentwurf für die Zeitschrift
»Ma Aktivista folyóirat«, Linolschnitt 1922
Druck: Druckerei Runge, Cloppenburg
ISBN 3-87975-624-4

Inhalt

Vorwort 11

1. Ökologie der Arbeit 13

Belastungen und Beanspruchungen 14
Sozialökologie von Belastung und Beanspruchung 16
Ökologie der Arbeit: Kreislauf von Verausgabung und Wiederherstellung der Arbeitskraft 17
Störungen im ökologischen Kreislauf der Arbeitskraft 20
Direkte und indirekte Einflüsse der Arbeitsumwelt 21
Literatur 21

2. Arbeitsbedingter Gesundheitsverschleiß: Unfall, Krankheit, Invalidität 22

Verfassungsmäßiges Grundrecht: Schutz vor Arbeitsunfall und arbeitsbedingter Erkrankung 22
Staatliche Vorschriften zu Gesundheits- und Arbeitsschutz 23
Berufsgenossenschaftliche Vorschriften zu Unfallverhütung und Arbeitssicherheit 24
Literatur 25

2.1. Arbeitsunfälle 25
Jeder dritte Erwerbstätige ist betroffen 27
Arbeitssicherheit »zahlt sich aus« 27
Rückgang der Arbeitsunfälle: nicht allein Erfolg der Unfallverhütung 28
Literatur 30

2.2. Arbeitsbedingte Erkrankungen und Berufskrankheiten . . . 30
Anerkannte Berufskrankheiten: die Spitze des Eisberges 31
Einschränkungen 32
Einschränkende Voraussetzungen der Anerkennung 32
Einschränkungen der Anerkennung bei der ärztlichen Begutachtung der Einzelfälle 33
Im Zweifel gegen die Betroffenen 33
Kosten der Berufskrankheiten 34
Hauterkrankungen, Lärmschwerhörigkeit und Silikose 35
Literatur 35

2.3. Arbeitsunfähigkeit: Krankenstand und Invalidität 36
2.3.1. Vorübergehende Arbeitsunfähigkeit: Krankenstand 36
Ursachen unterschiedlicher Krankenstände 37
Wenige Krankheitsarten verantwortlich 40
Einflußfaktoren 40
Karenztage und Lohnabschläge: untaugliche Mittel zur Senkung
des Krankenstandes 43
Humane Arbeitsgestaltung und Gesundheitsschutz 45

2.3.2. Dauerhafte Berufs- oder Erwerbsunfähigkeit: Frühinvalidität 46
Jeder 2. Arbeiter und jeder 3. Angestellte wird Frühinvalide 46
Frühinvalidität: Verlust von Lebenserwartung und Einkommen 48
Arbeitsbelastung und Frühinvalidität 49
Vermeidung von Frühinvalidität 51
Literatur 52

3. Körperliche Belastungen 53

Krankheiten des Bewegungsapparats 54
Anerkannte Berufskrankheiten des Bewegungsapparats 54
Wirbelsäulenerkrankungen durch Heben und Tragen schwerer Lasten
endlich anerkannt 55
Literatur 57

3.1. Belastungen durch körperliche Schwerarbeit 57
Körperliche Schwerarbeit ist nicht verschwunden 57
Schwere dynamische Muskelarbeit 58
Beanspruchungen 59
Auswirkungen auf Kreislauf und Organe 59
Gefährdung für Stütz- und Bewegungsapparat 60
Ungünstige Körperhaltung und Belastungen 62
Gestaltungsmaßnahmen zur Erleichterung und Begrenzung
körperlicher Schwerarbeit 62
Literatur 63

3.2. Belastungen durch einseitige Bewegungen 64
Der Mensch als »Lückenbüßer« der Technik 64
Einseitig dynamische Muskelarbeit 65
Beanspruchungen 65
Beschwerden in der Muskulatur 66
Sehnenscheidenentzündungen 66
Erkrankungen der Muskel- und Sehnenansätze 67
Deformation der Gelenke 67
Druckschädigung von Nerven 68
Folgeschäden: anerkannte Berufskrankheiten 68
Gestaltungsmaßnahmen 68
Literatur 69

3.3. Belastungen durch Zwangshaltungen ... 69
Ausmaß der Betroffenheit 69
Statische Muskelarbeit 70
Statische Haltungs- und Haltearbeit 72
Beanspruchungen durch statische Muskelarbeit 73
Gefährdung durch andauerndes Stehen 74
Wirbelsäulenschäden durch ständiges Sitzen 74
Vorzeitige Ermüdung durch Überkopf-Arbeit und andere Zwangshaltungen 75
Gestaltungsmaßnahmen zum Abbau körperlicher Zwangshaltungen 76
Literatur 77

4. Belastungen durch Umgebungseinflüsse ... 78

4.1. Belastungen durch Lärm und Erschütterungen ... 79
4.1.1. Lärm 79
Ein Viertel der Erwerbstätigen belastet 80
Mehrfachbelastungen 82
Leistungsbeeinträchtigung und Gesundheitsschädigung 83
Schwerhörigkeit und Taubheit 83
Streß durch Lärm 85
Störung von Konzentration und Kommunikation 85
Lärmbekämpfung und Lärmschutz 86
Literatur 87

4.1.2. Mechanische Schwingungen 88
Belastungen durch Fahrzeuge und Geräte 88
Vibrationsbedingte Berufskrankheiten 88
Belastungen durch Ganzkörper-Schwingungen 90
Wirbelsäulenschäden 90
Belastungen durch Teilkörper-Schwingungen 91
Gelenkschäden, Durchblutungs- und Nervenstörungen 92
Gestaltungsalternativen 93
Literatur 94

4.2. Belastungen durch Klimaeinflüsse ... 94
Ein Viertel der Berufstätigen belastet 94
Wärmehaushalt und Thermoregulation des menschlichen Organismus 95
Hitzearbeit 96
Kältearbeit 97
Belastungen durch Temperaturunterschiede 98
Zugluft 99
Luftfeuchtigkeit 99
Gestaltungsziel: menschliches Arbeitsklima 100
Literatur 101

4.3. Belastungen durch Schadstoffe ... 101
Schadstoffe: für die meisten Berufskrankheiten verantwortlich 102
Unübersehbare Zahl von Schadstoffen 102
Eingangspforten: Atemwege und Haut 103

Atmungsorgane 103
Haut 106
Gesundheitsgefährdung durch Schadstoffe 107
Gefährdung durch Staub 108
Gefährdungen durch Gase und Dämpfe 108
Gefährdungen durch Nässe und Schmutz 109
Schutz vor Schadstoffen am Arbeitsplatz 110
Literatur 112

5. Psychische Belastungen 113

5.1. Belastungen durch Monotonie und Unterforderung . . . 114
5.1.1. Monotonie 114
Vor allem gering Qualifizierte betroffen 114
Merkmale monotoner Arbeit 115
Entstehung und Wirkungsweise von Monotonie 118
Kampf mit der Schläfrigkeit 119
Wachsamkeitsminderung und psychische Sättigung 120
Unterschiede in der Monotonie-Anfälligkeit 121

5.1.2. Geistige Unterforderung 121
Überforderung durch Unterforderung 122
Qualifikationsverlust und Intelligenzverfall 122
Störungen der Persönlichkeitsentwicklung und Beeinträchtigung
der psychischen Gesundheit 123

5.1.3. Schaffung von Abwechslungsreichtum und Anforderungsvielfalt 124
Literatur 126

5.2. Belastungen durch Streß und Überforderung 126
Streß: eine der häufigsten Belastungen 126
Überforderung und Konflikte: die wichtigsten Streßfaktoren 128
Streßzustände: Entstehung und Verlauf 129
Streß = Zustand anhaltender, ängstlich erregter Gespanntheit 129
Ablauf der Streßreaktion im Organismus 131
Streß-Krankheiten 132
Verstärkende und hemmende Faktoren 133
Maßnahmen gegen Streß 134
Literatur 135

6. Belastungen durch Arbeitszeit 138

6.1. Dauer der Arbeitszeit 136
Überforderung und chronische Ermüdung 139
Untererholung und chronische Ermüdung 140
Achtstundentag als Obergrenze 140
Hohe Arbeitsintensität bei Teilzeitarbeit 142

Gestaltung der Dauer der Arbeitszeit 143
Literatur 145

6.2. Lage der Arbeitszeit 145
Nacht- und Schichtarbeit 145
Leistungsunterschiede im Tagesverlauf 146
Arbeiten entgegen dem natürlichen Rhythmus 148
Mangelhafte Erholung bei Nacht- und Schichtarbeit 149
Wenn schon nicht vermeidbar, so doch gestaltbar 151
Literatur 154

7. Belastungen durch Arbeitslosigkeit 155

Massen- und Dauerarbeitslosigkeit 155
Armut 157
Krankheit durch Arbeitslosigkeit 157
Finanzielle Belastungen: entscheidend für das Krankheitsrisiko 158
Arbeitslosigkeit als Entlastung? 159
Dauer der Arbeitslosigkeit als Gesundheitsgefahr 159
Soziale Bedeutung der Arbeit 160
Soziale Sicherung und Beschäftigungsförderung 162
Literatur 162

8. Indirekte Wirkungen der Arbeitswelt 163

8.1. Arbeitsweg und Berufspendeln 163
8.2. Wohnung und Umwelt 167
8.3. Sozial- und Gesundheitsversorgung 168
8.4. Ernährung und Genußmittelkonsum 169
8.5. Persönlichkeit und Bewußtsein 170
Literatur 173

9. Literatur 174

Anhang 184

Abkürzungen

AOK	Allgemeine Ortskrankenkasse
ArbStättV	Arbeitsstätten-Verordnung
ASiG	Arbeitssicherheitsgesetz
ASR	Arbeitsstättenrichtlinie
AU	Arbeitsunfähigkeit
BAT-Wert	Biologischer Arbeitsstoff-Toleranzwert
BAU	Bundesanstalt für Arbeitsschutz, Dortmund
BeKV	Berufskrankheiten-Verordnung
BetrVG	Betriebsverfassungsgesetz
BGB	Bürgerliches Gesetzbuch
BIBB	Bundesinstitut für Berufsbildung, Berlin
BK-DOK	Berufskrankheiten-Dokumentation
BKK	Betriebskrankenkasse
BU	Berufsunfähigkeit
dB(A)	Dezibel – Einheit zur Lärmmessung
DIN	Deutsches Institut für Normung e.V.
EEA	Einheitliche Europäische Akte
EG	Europäische Gemeinschaft
EU	Erwerbsunfähigkeit
EWG	Europäische Wirtschafts-Gemeinschaft
GefStoffV	Gefahrstoffverordnung
GewO	Gewerbeordnung
HGB	Handelsgesetzbuch
IAB	Institut für Arbeitsmarkt- und Berufsforschung, Nürnberg
IAO	Internationale Arbeitsorganisation, Genf
ISO	International Organization for Standardization, Genf – Internationale Organisation für Normung
LFZG	Lohnfortzahlungsgesetz
LVA	Landesversicherungsanstalt
MAK	Maximale Arbeitsplatzkonzentration gesundheitsschädlicher Arbeitsstoffe
MdE	Minderung der Erwerbsfähigkeit
REFA	Verband für Arbeitsstudien und Betriebsorganisation e.V. (1924 gegründet als: Reichsausschuß für Arbeitszeitermittlung; 1936-1945: Reichsausschuß für Arbeitsstudien)
RVO	Reichsversicherungsordnung
TRgA	Technische Regeln für gefährliche Arbeitsstoffe
TRGS	Technische Regeln für Gefahrstoffe
TRK	Technische Richtkonzentration für gefährliche Stoffe
UVV	Unfallverhütungsvorschrift
VBG	Verband der deutschen Berufsgenossenschaften
VBG-Vorschriften	Unfallverhütungsvorschriften der gewerblichen Wirtschaft
VDI	Verband Deutscher Ingenieure
WHO	World Health Organization – Weltgesundheitsorganisation

Vorwort

Der Arbeits- und Gesundheitsschutz erfreut sich gegenwärtig erhöhter Aufmerksamkeit in Betrieb und Öffentlichkeit. Das ist ohne Zeifel auf das wachsende Umweltbewußtsein zurückzuführen. Mit dem zunehmend kritischen Zustand der natürlichen Umwelt sind auch die Belastungen am Arbeitsplatz wieder »ins Gerede« gekommen. Noch bevor die Öffentlichkeit von den Umweltbelastungen allgemein betroffen wird, sind vielfach die Beschäftigten solchen schädlichen Einflüssen am Arbeitsplatz oftmals noch weitaus stärker ausgesetzt. Umweltschutz ist deshalb meist zugleich Arbeitsschutz, präziser: Umweltschutz beginnt in der Regel beim Arbeitsschutz.

Mit dem Umweltbewußtsein hat außerdem ganz allgemein das Gesundheitsbewußtsein zugenommen. Nicht nur die Ursachen und die Entstehung von Umweltschäden, sondern auch die Gründe und die Wirkungsweise von Störungen und Schädigungen der Gesundheit spielen in der Öffentlichkeit eine immer größere Rolle. Es ist deshalb naheliegend, daß außer der Zerstörung der natürlichen Umwelt und neben individuellen Verhaltensweisen oder persönlichen Konsumgewohnheiten auch die *Arbeitsumwelt* als mögliche Ursache von Krankheit und Gesundheitsverschleiß stärkere Beachtung gefunden hat. Zur Arbeitsumwelt gehören allerdings nicht allein die physikalischen, chemischen und biologischen Umgebungseinflüsse (z.B. Schadstoffe, Klima und Lärm), sondern auch die organisatorischen und sozialen Einflußfaktoren (z.B. Aufgabenteilung, Arbeitszeit und Sozialbeziehungen), denen der arbeitende Mensch ausgesetzt ist.

Nicht zuletzt hat der Arbeits- und Gesundheitsschutz auch dadurch »Aufwind« erhalten, daß im Zuge der deutschen Einigung (Artikel 30 Einigungsvertrag) und im Gefolge der Errichtung des europäischen Binnenmarktes (EG-Richtlinie 89/391/EWG) eine weitgehende Neufassung des Arbeitsschutzrechts in der BRD notwendig geworden ist. Im Zusammenhang mit den Debatten um den Erhalt von »sozialen Errungenschaften« in der ehemaligen DDR sowie in den Überlegungen zur »fortschrittlichen Harmonisierung« von Bestimmungen zum Schutz von Sicherheit und Gesundheit der Beschäftigten in der Europäischen Gemeinschaft auf einem »hohen Schutzniveau« ist Fragen menschengerechter Arbeitsgestaltung erhöhte Aufmerksamkeit in

Wirtschaft und Politik, Betrieb und Öffentlichkeit, Gewerkschaften und Arbeitgeberverbänden, Justiz und Verwaltung zuteil geworden. Das Wissen um die Gefährdungen und Schädigungen der Beschäftigten durch Belastungen am Arbeitsplatz sowie die Kenntnisse über mögliche Alternativen menschengerechter Arbeitsgestaltung haben dadurch zunehmend an Bedeutung gewonnen. Der Arbeits- und Gesundheitsschutz darf nicht allein den Experten überlassen bleiben. Wenn aber möglichst alle Beteiligten und insbesondere die Betroffenen selbst (als »Experten in eigener Sache«) für solche Aktivitäten betrieblicher Gesundheitsförderung und Arbeitssicherheit gewonnen werden sollen, sind zwar wissenschaftlich fundierte, zugleich aber allgemein verständliche Informationen über die Wirkungsweise von Belastungen und Beanspruchungen eine notwendige Voraussetzung.

Deshalb werden in diesem Buch die wichtigsten Arbeitsbelastungen beschrieben, es werden die daraus herrührenden Beanspruchungen und ihre Wirkungsweise genau erklärt, so daß die Gefährdung von Leistungsfähigkeit und Gesundheit der Betroffenen verständlich wird. Schließlich werden die wesentlichen Gestaltungserfordernisse sowie das zur Umsetzung notwendige Instrumentarium an Empfehlungen und Vorschriften zum Arbeits- und Gesundheitsschutz vorgestellt.

Das Buch befaßt sich mit den wichtigsten Arten von Belastungen, die *direkt* in der Arbeitsumwelt wirksam werden. Körperliche und psychische Faktoren, Umgebungseinflüsse (Lärm, Schwingungen, Klima, Schadstoffe) sowie soziale und zeitliche Aspekte der Arbeitsorganisation stehen zwar im Mittelpunkt. Aber auch die *indirekt* in der Lebenswelt der Beschäftigten wirksamen Einflüsse (z.B. Wohnverhältnisse und Umwelt, Ernährungs- und Genußmittelkonsum, Sozial- und Gesundheitswesen) in ihrer Bedeutung für das Belastungs-Beanspruchungsgeschehen werden eingehend erläutert. Da nicht nur Über- und Fehlbelastungen durch Arbeit, sondern auch die Brachlegung des Leistungsvermögens bei Erwerbslosigkeit mit gesundheitlichen Risiken verbunden sind, wird den Belastungen durch Arbeitslosigkeit ein besonderes Kapitel gewidmet.

1. Ökologie der Arbeit

Wenn es Aufgabe der *Ökologie* ist, die Beziehungen von Lebewesen zu ihrer Umwelt zu untersuchen, so ist die Untersuchung der Einflüsse der Arbeitsumwelt auf den Menschen Aufgabe der *Ökologie der Arbeit*. Unter »*Arbeitsumwelt*« ist in diesem Zusammenhang weit mehr zu verstehen als die physikalische, chemische und biologische »Arbeitsumgebung« im Sinne eines »räumlichen Umfeldes« bei der Arbeit (DIN 33 400; Lanc 1983). Vielmehr umfaßt der Begriff der »Arbeitsumwelt« alle »Umwelteinflüsse« und die gesamte »Arbeitswelt«, er enthält also alle physikalischen, chemischen, biologischen, organisatorischen und sozialen »Wirkungsgrößen«, die bei der Arbeit auf den Menschen einwirken (REFA-MBO 1991: 27).

Dieses weite Verständnis von »Arbeitsumwelt«, das z.B. im skandinavischen Begriff des »*Arbeitsmilieus*« zum Ausdruck kommt und das auch im dänischen »Gesetz über die Arbeitsumwelt« (1975) praktiziert wird, schließt sämtliche Arbeitsbedingungen ein und liegt auch dem Artikel 118a EWG-Vertrag zugrunde, der 1987 durch Artikel 21 der »Einheitlichen Europäischen Akte« (EEA) eingefügt wurde. Er verpflichtet die Mitgliedstaaten der EG dazu, »die Verbesserung insbesondere der Arbeitsumwelt zu fördern, um die Sicherheit und die Gesundheit der Arbeitnehmer zu schützen« (Däubler/Kittner/Lörcher 1990: 653f. und 700). Das Europäische Parlament hat in seinen Beratungen und Entschließungen zu Artikel 118a EWG-Vertrag deutlich gemacht, daß auch Fragen der Arbeitsbedingungen, der Arbeitsorganisation und der Ausgestaltung des Arbeitsverhältnisses (z.B. Arbeitszeit, Arbeitstempo, Arbeitsvertrag) im Sinne einer umfassenden Humanisierung der Arbeit in diesem Begriff der Arbeitsumwelt eingeschlossen sind. (PE 129.104; PE 124.263 endg.)

Zu einer solchen extensiven Interpretation von »Arbeitsumwelt« kommt man im übrigen auch, wenn man »*Gesundheit*«, die durch die Verbesserung der Arbeitsumwelt nach dieser Regelung des EWG-Vertrages gefördert werden soll, im Sinne der von der Weltgesundheitsorganisation (WHO) aufgestellten Definition nicht als »bloße Abwesenheit von Krankheit und Gebrechlichkeit« versteht, sondern als »Zustand vollständigen physischen, geistigen und sozialen Wohlbefindens«, der als allgemeines Menschenrecht jedem »ohne Unterschiede von Rasse, Religion, politischer Überzeugung, ökonomischer und sozialer Stellung« zusteht. Sowohl von der objektiven Seite der Belastungen (»Arbeitsumwelt«), als auch von der subjektiven Seite der Beanspruchung her (»Gesundheit«) kann deshalb Artikel 118a EWG-Vertrag ein weites, der Sache angemessenes Verständnis von Sicherheit und Gesundheitsschutz bei der Arbeit zu Grunde gelegt werden, das in der Tat auf eine menschengerechte Arbeitsgestaltung abzielt.

Die weite Definition vom Schutz der »Gesundheit« im Sinne der WHO schließt nicht nur physisches und psychisches, sondern auch soziales Wohlbefinden ein. Das *»soziale Wohlbefinden«* kann insbesondere durch ein spannungsreiches Betriebsklima (z.b. Konflikte mit Vorgesetzten), durch Diskriminierung am Arbeitsplatz (z.b. ungerechtfertigte Einkommensdifferenzen, Benachteiligung beim beruflichen Aufstieg, geschlechtsspezifische Benachteiligungen), durch ungeschützte oder unsichere Arbeitsverhältnisse (z.B. Befristung, Leiharbeit) oder durch unzureichende Möglichkeiten betrieblicher Interessenvertretung beeinträchtigt werden.

Auch wenn der direkte Beitrag zur Verbesserung des Arbeits- und Gesundheitsschutzes den EG-Richtlinien nach Art. 118a und 100a EWG-Vertrag zukommt, leisten doch auch andere, vor allem die auf der Grundlage von Art. 118 bereits erlassenen (z.b. zur Zeit- bzw. Leiharbeit) oder in Vorbereitung befindlichen EG-Richtlinien (z.b. zu europäischen Betriebsräten) einen wichtigen indirekten Beitrag gerade zur Verbesserung des »sozialen Wohlbefindens« als einer von der WHO anerkannten Dimension von Gesundheit. Sie verringern insbesondere die Unsicherheit und den daraus resultierenden Streß, der vielfach als Resultat ungeschützter Arbeitsverhältnisse oder mangelnder Interessenvertretung entsteht und der sich in psychosomatischen Störungen der Leistungsfähigkeit und der Gesundheit bei den Beschäftigten niederschlagen kann.

Belastungen und Beanspruchungen

Unter *»Belastungen«* sind objektive Einwirkungen der Arbeitswelt (z.B. Schwerarbeit, Lärm, Schadstoffe, Arbeitszeit) auf den Menschen zu verstehen, die bei den Betroffenen subjektive Auswirkungen in Form einer *»Beanspruchung«* (z.B. Muskulatur, Kreislauf, Atmung, Haut) hervorrufen (DIN 33 400; Rohmert 1984; Dupuis/Konietzko 1989). Mit »Belastung« werden demnach die Ursachen der Einwirkungen in der Arbeitswelt bezeichnet, während unter »Beanspruchung« der Hergang dieser Einflüsse bei den Betroffenen verstanden wird (Skiba 1991).

Im allgemeinen ist zwar der Grad der Beanspruchung abhängig von der *Dauer* und der *Stärke* der Belastung; die *Intensität* der Belastung entscheidet im wesentlichen über die Intensität der Beanspruchung. Tatsächlich aber reagieren verschiedene Personen auf die gleiche objektive Belastung mit unterschiedlichen subjektiven Beanspruchungen; die gleiche Belastung kann bei derselben Person zu einem anderen Zeitpunkt zu einer unterschiedlichen Beanspruchung führen. Der Grund für solche Unterschiede in der subjektiven Beanspruchung durch dieselbe objektive Belastung liegt in den unterschiedlichen persönlichen und situativen Merkmalen der Betroffenen.

Je nach persönlicher Konstitution und Kondition, Situation und Disposition, Qualifikation und Motivation verfügen die Betroffenen über eine unterschiedliche Leistungs- und Widerstandsfähigkeit. Für den Hergang der Beanspruchung durch Belastungen in der Arbeitswelt sind deshalb nicht allein die objektiven Ursachen, sondern auch die subjektiven Voraussetzungen der Betroffenen (im Sinne »intervenierender Faktoren«) wichtig (Rohmert 1984). Persönliche und situative Merkmale können deshalb als *»Filter«* oder als *»Verstärker«* objektiver Arbeitsbelastungen wirken und dadurch das Risiko persönlicher Beeinträchtigungen und gesundheitlicher Schädigungen aufgrund von Über- oder Unterforderung durch subjektive Arbeitsbeanspruchungen beeinflussen.

Die subjektiven Unterschiede in der Beanspruchung bleiben allerdings in quantitativer und qualitativer Hinsicht begrenzt; in aller Regel halten sich unterschiedliche Reaktionen auf gleiche Belastungen sowohl bei den einzelnen Personen selbst (intraindividuell) als auch zwischen den Individuen (interindividuell) innerhalb einer gewissen Bandbreite. Belastungen sind dann als *menschengerecht* zu beurteilen, wenn die dadurch bewirkten Beanspruchungen innerhalb einer solchen Bandbreite bleiben, daß sie von den Betroffenen vollständig kompensiert werden können.

Sind die Belastungen allerdings derart, daß die Beanspruchungen den Bereich überschreiten können, innerhalb dessen eine hinreichende Bewältigung und Kompensation der Beanspruchungsfolgen nicht mehr möglich ist, dann kommt es zu persönlichen Beeinträchtigungen und gesundheitlichen Störungen. Die Anforderungen der Arbeitswelt dürfen deshalb weder zu niedrig (Unterforderung) noch zu hoch (Überforderung) sein; sie müssen in dem Sinne »menschengerecht« sein, daß sie der natürlichen Funktionsweise des menschlichen Organismus entsprechen und nicht den Erfordernissen seiner Regeneration widersprechen.

Sozialökologie von Belastung und Beanspruchung
Die Belastungen und Beanspruchungen in der Arbeitsumwelt stehen in einem sozialökologischen Kontext, der sowohl für die Erklärung der Entstehung von Gefährdungen der Betroffenen als auch für die Entwicklung von Maßnahmen zur menschengerechten Arbeitsgestaltung von Bedeutung ist. Die konkrete betriebliche Arbeitsumwelt ist Teil der allgemeinen gesellschaftlichen Umwelt. So wenig die Arbeitsbelastungen unabhängig von wirtschaftlichen, sozialen und politischen sowie technischen und organisatorischen Rahmenbedingungen des gesellschaftlichen Arbeitsprozesses insgesamt zu verstehen sind, so wenig kann die Arbeitsgestaltung bei der Entwicklung und Umsetzung der Empfehlungen und Maßnahmen zur Vermeidung von Über- und Fehlbeanspruchungen von diesem sozialökologischen Gesamtzusammenhang absehen. Für den sozialökologischen Zusammenhang von Belastung, Beanspruchung und Gestaltung in der Arbeitsumwelt sind die folgenden Aspekte besonders wichtig (Oppolzer 1989: 25ff.):

1. Die in der Gesellschaft herrschenden politischen, ökonomischen und sozialen *Rahmenbedingungen* prägen entscheidend den Einsatz menschlicher Arbeitskraft im einzelnen Unternehmen. Die Kräfteverhältnisse zwischen den Tarifvertragsparteien, die Betriebsverfassung, das Arbeits- und Sozialrecht spielen für die Akzeptanz von Arbeitsbelastungen ebenso eine wichtige Rolle wie die volks-, branchen- und betriebswirtschaftliche Situation des Unternehmens.

2. Die Art der Arbeit und der Produktionsverfahren haben erheblichen Einfluß auf die Art und Schwere der Belastungen im Betrieb. Sowohl die ökonomische Situation als auch der Charakter der zu erledigenden Aufgaben haben Einfluß auf die zum Einsatz gelangende *Technik* und die praktizierte Arbeits*organisation*. Technik und Arbeitsorganisation im Betrieb sind schließlich von maßgeblicher Bedeutung für die konkreten Arbeitsbedingungen der Beschäftigten.

3. In der Arbeitsumwelt auftretende *Belastungen* umfassen insbesondere körperliche (z.B. schwere und einseitige Arbeit) und psychische Faktoren (z.B. eintönige Aufgaben, hohe Leistungsanforderungen), Umgebungseinflüsse (z.B. Lärm, Erschütterungen, Klima, Schadstoffe) und Merkmale der Arbeitszeit (z.B. Nacht- und Schichtarbeit, Überstunden).

4. Die objektiven Belastungen durch die Arbeitsumwelt treffen auf arbeitende Menschen, die sich aufgrund ihrer unterschiedlichen Kon-

stitution und Kondition, verschiedener Qualifikation und Motivation sowie im Hinblick auf ihre jeweilige Situation und Disposition graduell unterscheiden. Diese *inter- und intraindividuellen Unterschiede* zwischen den Betroffenen kommen nicht nur in ihrer Leistungsfähigkeit, sondern auch in ihrer Widerstandskraft und in ihrer Fähigkeit zur Bewältigung der Belastungen zum Ausdruck.

5. Die objektiven Belastungen aus der Arbeitsumwelt rufen subjektive *Beanspruchungen* bei den Betroffenen hervor. Die Intensität dieser Beanspruchungen wird maßgeblich durch die Dauer und Stärke der Belastungen bestimmt, graduell beeinflußt werden die Beanspruchungen zudem durch die Leistungsfähigkeit und die Widerstandskraft der Betroffenen sowie durch die zur Verfügung stehenden Möglichkeiten der Bewältigung und Beeinflussung ihrer Folgen.

6. Sofern die Belastungen derart sind, daß die dadurch hervorgerufenen Beanspruchungen ohne Schwierigkeiten bewältigt und durch geeignete Regeneration ausgeglichen werden können, handelt es sich um menschengerechte Anforderungen. Werden infolge von Über- oder Unterforderung in der Arbeitsumwelt allerdings die natürlichen Möglichkeiten des menschlichen Organismus zu vollständiger Regeneration überschritten, entstehen unerwünschte, negative *Beanspruchungsfolgen,* die sich schließlich in persönlichen Beeinträchtigungen und gesundheitlichen Schädigungen niederschlagen können.

7. Durch Maßnahmen menschengerechter *Arbeitsgestaltung* ist dafür zu sorgen, daß Beanspruchungen und Beanspruchungsfolgen innerhalb der Bandbreite von Anpassungs- und Leistungsfähigkeit des menschlichen Organismus bleiben. Durch geeignete Gestaltungs- und Umsetzungsmaßnahmen sind menschengerechte Belastungen in der Arbeitsumwelt zu schaffen, die den Betroffenen eine Bewältigung der Beanspruchungen ohne Erschwernisse oder Gefährdungen ermöglichen.

Ökologie der Arbeit: Kreislauf von Verausgabung und Wiederherstellung der Arbeitskraft
Das Belastungs-Beanspruchungs-Geschehen durch die Arbeitsumwelt und seine Folgewirkungen für die Betroffenen ist erst vor dem Hintergrund des ökologischen Kreislaufes von Verausgabung und Wiederherstellung der Arbeitskraft zu verstehen (Oppolzer 1986: 138). Durch gemeinschaftliche Arbeit und mit Hilfe gegenständlicher Arbeitsmittel regelt der Mensch den Stoff- und Energieaustausch mit der Natur, ohne den sein Organismus nicht existieren kann (Tjaden 1990; Bossel

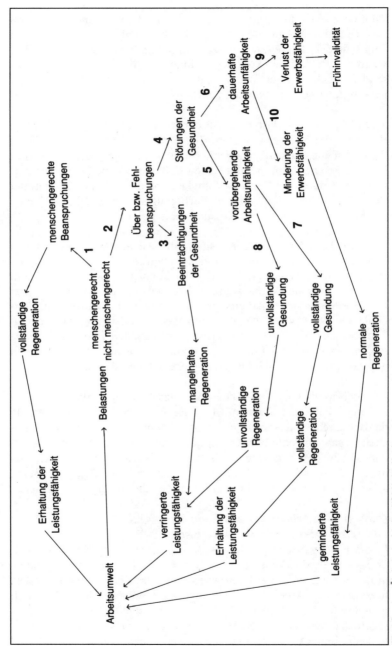

Alfred Oppolzer, Ökologie der Arbeit © VSA-Verlag Hamburg

Ökologischer Kreislauf der Arbeitskraft

Maßnahmen **menschengerechter** Arbeitsgestaltung müssen dafür sorgen, daß im Kreislauf von Verausgabung und Wiederherstellung menschlicher Arbeitskraft sich Belastung und Beanspruchung auf der einen sowie Erholung und Regeneration auf der anderen Seite im Gleichgewicht befinden, damit die Leistungsfähigkeit und Gesundheit der Betroffenen erhalten bleibt. Dieser ökologische Kreislauf der Arbeitskraft bleibt dann **ungestört**, wenn die Arbeitsumwelt nur solche Belastungen hervorbringt, die insofern menschengerecht sind, als die durch sie verursachten Beanspruchungen das Vermögen zu vollständiger Regeneration des Organismus bei den Betroffenen nicht überschreiten (1). Der Kreislauf wird dann allerdings **gestört**, wenn es durch nicht menschengerechte Belastungen bei den Betroffenen zu Überbeanspruchungen kommt, die bei den zur Verfügung stehenden Regenerationsmöglichkeiten nicht oder nicht gänzlich vom menschlichen Organismus kompensiert werden können, so daß schließlich Leistungsminderung und vorzeitiger Gesundheitsverschleiß die Folge sind (2).

Belastungen und Beanspruchungen sind so lange als **menschengerecht** zu beurteilen, so lange sie in der Regel im Regenerationszyklus eines Tages vollständig durch eine entsprechende Erholung wieder ausgeglichen werden können, so daß die Leistungsfähigkeit der Betroffenen erhalten bleibt oder sich aufgrund von Übungs- und Qualifizierungsvorgängen sogar erhöht (1). Ist der menschliche Organismus allerdings durch die **Überbeanspruchungen** aufgrund nicht menschengerechter Belastungen in der Arbeitsumwelt in seiner Regenerationsfähigkeit überfordert, werden entweder Beeinträchtigungen (3) oder Störungen (4) der Gesundheit hervorgerufen. Leichtere **Beeinträchtigungen der Gesundheit** (3), wie sie von einer mangelhaften Regeneration der Arbeitskraft aufgrund der Überforderung des Organismus herrühren, können zunächst noch, allerdings um den Preis verringerter Leistungsfähigkeit, von den Betroffenen durch vermehrte Anstrengungen und unter persönlichen Erschwernissen bewältigt werden. Sind die Überbeanspruchungen durch die Arbeitsbelastungen allerdings so gravierend, daß manifeste **Störungen der Gesundheit** verursacht werden (4), kommt es zu vorübergehender (5) oder dauerhafter (6) Arbeitsunfähigkeit. Ist die **Arbeitsunfähigkeit** derart, daß eine vollständige Gesundung und Regeneration der Betroffenen durch längere Erholung und besondere Behandlung möglich ist, kann die Leistungsfähigkeit der Arbeitskraft erhalten bleiben (7), so lange künftig eine Überforderung vermieden wird. Wenn die Störungen der Gesundheit, die vorübergehender Arbeitsunfähigkeit zugrunde liegen, aber derart schwerwiegend sind, daß eine vollständige Gesundung und Regeneration nicht mehr möglich sind (8), kommt es zu einer Verringerung der Leistungsfähigkeit, die bei weiterer Überbeanspruchung schließlich zu dauerhaften Einschränkungen der **Erwerbsfähigkeit** führen kann. Dauerhafte Arbeitsunfähigkeit aufgrund gesundheitlicher Störungen kann in schweren Fällen zum gänzlichen Verlust der Erwerbsfähigkeit (9) und zum vorzeitigen Ausscheiden aus dem Berufsleben (**Frühinvalidität**) führen. Ist die Erwerbsfähigkeit durch den arbeitsbedingten Gesundheitsverschleiß nur zum Teil verloren gegangen (10), kann bei normaler Regeneration wenigstens eine geminderte Leistungsfähigkeit erhalten bleiben.

1990; McHale 1974). Der Mensch, der selbst Teil der belebten Natur (*Biosphäre*) ist, greift im Produktions- und Reproduktionsprozeß seines eigenen Lebens in ökologische Kreisläufe der außermenschlichen Biosphäre ein. Er ist zugleich Teil ökologischer Kreisläufe in der Biosphäre und unterliegt selbst einem natürlichen Kreislauf, der sich aus den Erfordernissen der Regeneration seines Organismus ergibt. Der ökologische Kreislauf von Verausgabung und Wiederherstellung der menschlichen Arbeitskraft ist deshalb Teil des ökologischen Kontextes der Biosphäre insgesamt.

Gilt die Aufmerksamkeit der Ökologie im allgemeinen der Beachtung und Erhaltung natürlicher Kreisläufe in der Biosphäre insgesamt, so konzentriert sich die *Ökologie der Arbeit* auf den Kreislauf natürlicher Regeneration des menschlichen Organismus im Zusammenhang von Verausgabung und Wiederherstellung der lebendigen Arbeitskraft. Gemeinsam ist der allgemeinen Ökologie und der Ökologie der Arbeit sowohl das Kreislaufmodell für den Verlauf von Stoff- und Energieströmen als auch die auf die Vermeidung von Störungen und Unterbrechungen innerhalb solcher Kreisläufe gerichtete praktische Orientierung. In beiden Fällen kommt es darauf an, eine Über- oder Fehlbelastung des Anpassungs- und Regenerationsvermögens von Systemen in der Biosphäre, seien sie menschlicher oder außermenschlicher Natur, zu verhindern, um Natur und Mensch vor vorzeitigem Verschleiß und dauerhafter Schädigung zu bewahren.

Störungen im ökologischen Kreislauf der Arbeitskraft

Abgesehen von alterungsbedingtem Verschleiß und Beeinträchtigung durch Krankheit verfügt der Mensch über ein natürliches Organsystem, das sich in ständigem Stoff- und Energieaustausch mit der Umwelt stets aufs Neue regenerieren und an wechselnde Anforderungen anpassen kann, wenn es nicht durch Schädigung, Über- oder Unterforderung in seiner Funktionsweise beeinträchtigt wird. Deshalb müssen sich Belastung und Beanspruchung sowie Erholung und Regeneration im Kreislauf, den die Arbeitskraft zwischen den verschiedenen Stationen ihrer Verausgabung und Wiederherstellung durchläuft, ausgleichen können. Der Organismus kann nur so viel an Belastungen und Beanspruchungen in der Arbeitswelt »verkraften«, wie er durch Regeneration und Erholung aufgrund seiner Natur kompensieren kann.

Wird der Mensch durch die Arbeitsumwelt derart stark belastet, daß die Grenzen der Leistungs- und Anpassungsfähigkeit seines Organismus überschritten werden, wird der ökologische Kreislauf natürlicher Regeneration der Betroffenen unterbrochen und es kommt zu anhaltender Schädigung und vorzeitigem Verschleiß der Arbeitskraft.

Der sich selbst regulierende ökologische Kreislauf von Verausgabung und Wiederherstellung der Arbeitskraft wird durch nicht menschengerechte Belastungen in seinem Gleichgewicht gestört und verwandelt sich schließlich in einen »Teufelskreis« von Überbeanspruchung und Untererholung, dessen Resultat persönliche Beeinträchtigungen und gesundheitliche Schädigungen sind.

Direkte und indirekte Einflüsse der Arbeitsumwelt

Zu den Einflüssen, die in der Arbeitsumwelt auf die Betroffenen einwirken, gehören neben den Faktoren der *Arbeitsumgebung* im engeren Sinne (z.b. Lärm, Vibrationen, Klimaeinflüsse, Schadstoffe) die *körperlichen* Belastungen (z.b. schwere oder einseitige Arbeit) und die *psychischen* Belastungen (z.b. Monotonie und Streß) sowie Belastungen durch die Dauer und Lage der *Arbeitszeit* (z.B. Überstunden, Nachtarbeit). Daß nicht nur die Über- und Fehlbeanspruchung in der Arbeitswelt zu Beeinträchtigungen und Störungen von Leistungsfähigkeit und Gesundheit der Beschäftigten führen kann, sondern daß auch das Ausbleiben beruflicher Anforderungen und die damit verbundene Unterforderung der Betroffenen einen Risikofaktor für vorzeitigen Gesundheitsverschleiß darstellt, wird an den Belastungen durch *Arbeitslosigkeit* deutlich.

Die Arbeitswelt wirkt allerdings nicht nur unmittelbar in Gestalt der Belastungen am Arbeitsplatz auf die Beschäftigten. Darüber hinaus beeinflußt der »lange Arm des Berufes« entscheidend auch die außerbetrieblichen Lebensverhältnisse und die persönliche Lebensweise der Betroffenen. Diese *indirekten* Wirkungen der Arbeitswelt kommen in der Wohn- und Umweltsituation, in der Sozial- und Gesundheitsversorgung, in Ernährungsverhalten und Genußmittelkonsum sowie in Persönlichkeit und Bewußtsein der Beschäftigten mittelbar zum Ausdruck. Beide Effekte, direkte und indirekte Wirkungen der Arbeitswelt auf die Betroffenen sind im Rahmen der Ökologie der Arbeit zu berücksichtigen.

Literatur

DIN 33400; Oppolzer 1986, 1989 und 1993; REFA-MBO 1991; Rohmert 1984; Skiba 1991; Tjaden 1990

2. Arbeitsbedingter Gesundheitsverschleiß: Unfall, Krankheit, Invalidität

In der Bundesrepublik wurden 1990 bei etwa 28,4 Mio. Erwerbstätigen rund 1,86 Mio. Arbeitsunfälle angezeigt, von denen 2.272 tödlich waren (Unfallverhütungsbericht 1990). Hinzu kamen 57.751 Fälle angezeigter und 4.452 Fälle erstmals entschädigter Berufskrankheiten sowie 275 Fälle von Berufskrankheiten mit tödlichem Ausgang und weitere 1.166 Fälle, in denen die Berufskrankheit als Todesursache oder Mitursache bei Berufskrankheitenrentnern eine Rolle spielte.

Durch dieses Unfall- und Krankheitsgeschehen, wie es in der amtlichen Statistik erfaßt wird, entstanden der gesetzlichen Unfallversicherung 1990 Kosten von rund 15,6 Mrd. DM. Zum Vergleich: Diese Summe liegt um etwa eine Milliarde unter der Summe des Bruttolohnes, den die insgesamt rund 300.000 Arbeiter in der chemischen Industrie der Bundesrepublik 1990 verdienten. Nur eine Milliarde höher lag 1990 die Summe der Bruttoverdienste aller Beschäftigten des verarbeitenden Gewerbes in Hamburg und Schleswig-Holstein (Statistisches Jahrbuch 1991: 200f.).

Rechnet man ältere Schätzungen von Sozialmedizinern (Schaefer/Blohmke 1972) über die Kosten des Krankenstandes (einschließlich Lohnfortzahlung, Krankengeld und Produktionsausfall) auf das Jahr 1990 hoch, so ergibt sich: Jedes Prozent Krankenstand »kostet« die Volkswirtschaft jährlich rund 10 Mrd. DM. Nach Schätzungen des Instituts der Deutschen Wirtschaft sind den Unternehmen in den letzten 20 Jahren allein durch die Lohnfortzahlung im Krankheitsfall (Krankenstand) Kosten in Höhe von rund 500 Mrd. DM entstanden (Salowsky 1991).

Verfassungsmäßiges Grundrecht:
Schutz vor Arbeitsunfall und arbeitsbedingter Erkrankung
»Jeder hat das Recht auf Leben und körperliche Unversehrtheit« garantiert Artikel 2 des Grundgesetzes der Bundesrepublik Deutschland allen Beschäftigten als grundlegendes Menschenrecht. Gesundheit und Leistungsfähigkeit sind die Grundlage der wirtschaftlichen Existenz und der gesellschaftlichen Stellung der abhängig Beschäftigten und

ihrer Familien. Körperliche Unversehrtheit ist aber auch die entscheidende Voraussetzung für eine freie und unbehinderte Entfaltung der Persönlichkeit. Arbeitsunfälle und Berufskrankheiten mit ihren schweren und schwersten Beeinträchtigungen und Schädigungen für die Betroffenen gefährden nicht allein die materielle Existenz, sie stellen darüber hinaus eine persönliche und soziale Gefährdung der Betroffenen dar.

Durch eine Vielzahl rechtlicher Regelungen zum Arbeits- und Gesundheitsschutz wird das allgemeine Grundrecht auf Leben und Unversehrtheit im einzelnen konkretisiert und umgesetzt. Man kann in der Bundesrepublik zwei Arten von Vorschriften unterscheiden, die auf verschiedenen Ebenen für die Verhütung von Arbeitsunfällen und die Vermeidung von arbeitsbedingten Erkrankungen sorgen sollen (Fitting/Auffarth/Kaiser/Heither 1990; Schardt/Zachert 1982).

Staatliche Vorschriften zu Gesundheits- und Arbeitsschutz
Staatliche Vorschriften verpflichten den Arbeitgeber z.B. im Bürgerlichen Gesetzbuch, durch Schaffung entsprechender »Räume, Vorrichtungen oder Gerätschaften« dafür zu sorgen, daß der Arbeitnehmer »gegen Gefahr für Leben und Gesundheit soweit geschützt ist, als die Natur der Dienstleistung es gestattet« (§ 618 BGB). Nach der Gewerbeordnung ist der Unternehmer verpflichtet, »die Arbeitsräume, Betriebsvorrichtungen, Maschinen und Gerätschaften so einzurichten und zu unterhalten und den Betrieb so zu regeln, daß die Arbeitnehmer gegen Gefahren für Leben und Gesundheit soweit geschützt sind, wie es die Natur des Betriebs gestattet« (§ 120a GewO); auch das für den Einzel- und Großhandel maßgebliche Handelsgesetzbuch verlangt vom Arbeitgeber, daß die »Vorrichtungen und Gerätschaften« sowie der »Geschäftsbetrieb und die Arbeitszeit« derart zu gestalten sind, daß der Arbeitnehmer »gegen eine Gefährdung seiner Gesundheit, soweit die Natur des Betriebs es gestattet, geschützt« ist (§ 62 HGB). Die im Arbeitssicherheitsgesetz geregelte Bestellung von Betriebsärzten und Fachkräften für Arbeitssicherheit soll den Wirkungsgrad von Arbeitsschutz und Unfallverhütung im Betrieb erhöhen und dafür sorgen, daß dabei »gesicherte arbeitsmedizinische und sicherheitstechnische Erkenntnisse« verwirklicht werden (§ 1 ASiG).

In *Verordnungen* zu verschiedenen Sachgebieten des Gesundheits- und Arbeitsschutzes werden die allgemeinen Vorschriften dieser *Gesetze* im einzelnen konkretisiert; z.B. in der Arbeitsstättenverordnung werden Anforderungen an die Arbeitsräume und ihre Ausstattung (z.B. Lüftung, Beleuchtung, Umgebungseinflüsse) festgelegt; in der Gefahrstoffverordnung wird der Umgang mit gefährlichen Stoffen geregelt, damit die Beschäftigten vor arbeitsbedingten Gefährdungen möglichst bewahrt bleiben. Durch *Richtlinien* (z.B. Arbeitsstättenrichtlinien ASR), technische Regeln (z.b. technische Regeln für gefährliche Arbeitsstoffe TRgA) und Grenzwerte (MAK-Werte: Maximale Arbeitsplatzkonzentration gesundheitsschädlicher Stoffe; TRK-Werte: Technische Richtkonzentration gefährlicher Stoffe) sowie durch Sicherheits- und Gestaltungsrichtlinien (z.B. VDE-Richtlinien, DIN-Normen, BAU-Handlungsanleitungen zur menschengerechten Arbeitsgestaltung) erfolgt eine fachliche und spezielle Ausfüllung der generellen Vorschriften in den Verordungen.

In diesem gestuften System staatlichen Arbeitsschutzes erfolgt eine zunehmende Konkretisierung von Gesundheitsschutz- und Arbeitssicherheitsvorschriften von der Ebene der Verfassung über allgemeine und spezielle Gesetze zu Verordnungen bis hin zu detaillierten Richtlinien. Aufgabe der staatlichen Gewerbeaufsicht ist es, die Einhaltung dieser Bestimmungen zu überwachen und ihre Durchführung im Betrieb zu kontrollieren.

Berufsgenossenschaftliche Vorschriften zu Unfallverhütung und Arbeitssicherheit

Berufsgenossenschaftliche Vorschriften (z.B. UVV: Unfallverhütungsvorschriften) zur Vermeidung und Verringerung von Unfall- und Gesundheitsgefahren werden von den Trägern der gesetzlichen Unfallversicherung, den Berufsgenossenschaften, aufgrund ihrer Aufgaben nach der Reichsversicherungsordnung (§ 708 RVO) erlassen. Die technischen Aufsichtsbeamten der Berufsgenossenschaften sollen die Arbeitgeber bei der Umsetzung der Unfallverhütungsvorschriften unterstützen und deren Einhaltung überwachen (§ 712 RVO). In den *Unfallverhütungsvorschriften* werden neben »Allgemeinen Vorschriften« (VBG 1) zu den Pflichten von Unternehmern und Beschäftigten, zu Betriebsanlagen und Betriebsregelungen sowie zur arbeitsmedizinischen Versorgung hauptsächlich Vorschriften zu einzelnen Gefährdungen durch Umgebungseinflüsse (z.B. VBG 121: Lärm; VBG 96: Quecksilber) oder durch technische Geräte und Anlagen (z.B. VBG 40: Erdbaumaschinen; VBG 17: Druckbehälter; VBG 9: Krane) sowie in bestimmten Betrieben (z.B. VBG 34: Schiffbau; VBG 38: Tiefbau) geregelt.

Darüber hinaus erlassen die verschiedenen Berufsgenossenschaften für die in ihren jeweiligen Verantwortungsbereich fallenden Wirtschaftszweige spezielle *Richtlinien* (z.B. ZH 1/411: Richtlinien für das Feuerverzinken), *Sicherheitsregeln* (z.B. ZH 1/535: Sicherheitsregeln für Büroarbeitsplätze), *Grundsätze* (z.B. G 20 Lärm: Berufsgenossenschaftliche Grundsätze für Arbeitsmedizinische Vorsorgeuntersuchungen) und *Merkblätter* (z.B. ZH 1/465: Merkblatt Mechanische Leitern).

Diese auf den ersten Blick verwirrende Vielfalt verschiedenartiger Bestimmungen und Vorschriften unterschiedlicher Instanzen zum Gesundheits- und Arbeitsschutz, die im Laufe der Zeit entstanden ist, folgt dem Prinzip, jeweils bestimmte Regelungen durch nachfolgende Richtlinien zunehmend zu konkretisieren. Staatliche Vorschriften allgemeiner Natur (z.b. GG, BGB, GewO, HGB, ASiG, ArbStättV, GefStoffV) werden zunächst durch spezielle Bestimmungen (z.b. ASR, MAK-Werte) sachlich konkretisiert. Durch berufsgenossenschaftliche Vorschriften (z.b. UVV) ergänzen die Träger der gesetzlichen Unfallversicherung die allgemein verbindlichen Gesetzesvorschriften, wobei durch weitergehende Spezialisierung von Einzelbestimmungen den Besonderheiten und Eigenarten der unterschiedlichen Wirtschaftszweige gezielt Rechnung getragen werden kann.

Diese Differenzierung von Bestimmungen birgt ungeachtet ihrer Leistungsfähigkeit allerdings die Gefahr einer Aufsplitterung von Inhalten und Kompetenzen in sich, was der betrieblichen Umsetzung notwendiger Schutz- und Gestaltungsmaßnahmen letztlich nicht sachdienlich ist. Ein Überblick und eine Orientierung ist innerhalb dieses vielgliedrigen und gestuften Systems meist nur noch »Experten« möglich, während den Betroffenen selbst das Engagement für die Verbesserung des Gesundheits- und Arbeitsschutzes »in eigener Sache« vielfach erschwert wird.

Literatur
Däubler 1990a u. 1990b; Fitting/Auffarth/Kaiser/Heither 1990; Krause/Pillat/Zander 1981; Schardt/Zachert 1982

2.1. Arbeitsunfälle

Ein Arbeitsunfall ist die *unmittelbarste* Form einer akuten Gefährdung oder Schädigung der Betroffenen bei der Arbeit. Der gesetzlichen Unfallversicherung müssen allerdings nur solche Arbeitsunfälle angezeigt werden (einschließlich der Wegeunfälle auf dem Weg zwischen Wohnung und Arbeitsstätte), die eine Arbeitsunfähigkeit von mehr als drei Tagen oder den Tod der Betroffenen nach sich ziehen (§ 1552 RVO). Deshalb handelt es sich bei den 1,86 Mio. Arbeitsunfällen, die 1990 angezeigt wurden, lediglich um die Spitze einer Pyramide des tatsächlichen arbeitsbedingten Unfallgeschehens.

Je nach Schweregrad der verursachten Körperschädigung kann man verschiedene Arten von Arbeitsunfällen unterscheiden (Compes 1965: 19ff.; Skiba 1991: 65; Priester 1978: 135):
1. »Beinaheunfälle«, die ohne Verletzung verlaufen, vielfach aber mit Sachschäden verbunden sind;
2. »Bagatellunfälle« mit leichten Verletzungen, die von den Betroffenen kaum wahrgenommen, übergangen oder selbst behandelt werden, wobei es zu keiner Arbeitsunterbrechung kommt;
3. Unfälle mit spürbaren Verletzungen, bei denen nach kurzer Unterbrechung und Erster-Hilfe-Leistung weitergearbeitet wird;
4. Unfälle mit Verletzungen, die eine sofortige Arbeitsunterbrechung verursachen und ärztliche Behandlung erfordern, mit Arbeitsunfähigkeit nur am Unfalltag;
5. Unfälle mit schwereren Verletzungen, die sofortige Arbeitsunterbrechung erfordern mit ärztlicher Behandlung und anschließender Arbeitsunfähigkeit von ein bis drei Tagen;
6. anzeigepflichtige Unfälle mit sofortiger Arbeitsunterbrechung, ärztlicher Behandlung und anschließender Arbeitsunfähigkeit von mehr als 3 Tagen;
7. anzeigepflichtige Unfälle mit schweren Verletzungen, die eine bleibende Minderung der Erwerbsfähigkeit (MdE) von unter 20% nach sich ziehen und zu keiner Entschädigung für die Betroffenen führen [Mit 20% MdE wird z.B. der Verlust aller Zehen an einem Fuß, mit 30% der Verlust aller Zehen an beiden Füßen bewertet (BMA 1983: 114)];
8. anzeige- und entschädigungspflichtige Unfälle mit Minderung der Erwerbsfähigkeit von 20% und mehr, die durch Gewährung einer MdE-Rente entschädigt werden [mit 50% MdE wird z.B. der Verlust einer ganzen Hand bewertet (BMA 1983: 108)];
9. anzeige- und entschädigungspflichtige Unfälle mit völligem Verlust der Erwerbsfähigkeit und Entschädigung der Betroffenen durch MdE-Rente [mit 100% MdE werden z.B. der Verlust aller zehn Finger, der Verlust beider Arme oder Hände sowie der Verlust eines Armes und Beines bewertet (BMA 1983: 108/111)];
10. tödliche Arbeitsunfälle mit Versorgungsleistungen für Hinterbliebene.

Die weitaus meisten Unfälle (70-80%) gehören zu den Gruppen 2 und 3, bei denen weitergearbeitet und kein Arzt aufgesucht wird; nur ein geringerer Anteil (15-20%) entfällt auf die anzeigepflichtigen Unfälle mit mehr als drei Tagen Arbeitsunfähigkeit (REFA-MBO 1991: 463; Skiba 1991: 37). Meist werden bei den angezeigten Arbeitsunfällen Hände und Arme (50%) oder Füße und Beine (20%) sowie Kopf,

Hals und Augen (12%) oder Rumpf und innere Organe (10%) geschädigt (Skiba 1991: 65). Die wenigsten Unfälle (weniger als 2%) sind in dem Sinne »unvermeidlich«, als sie auf »höhere Gewalt« (z.B. Unwetter, Blitzschlag) zurückzuführen sind; in der Regel sind technische und organisatorische Mängel (»sicherheitswidrige Zustände«) oder menschliche Fehlhandlungen (»sicherheitswidriges Verhalten«) die Ursache von Arbeitsunfällen (REFA-MBO 1991: 467f.).

Jeder dritte Erwerbstätige ist betroffen
Fallstudien zur Unfallforschung kommen zu dem Ergebnis, daß die Gesamtzahl der Arbeitsunfälle fünf- bis sechsmal so groß ist, wie die Zahl der angezeigten Unfälle (REFA-MBO 1991: 463; Skiba 1991: 37). Das ergibt rund 10 Mio. Arbeitsunfälle insgesamt in einem Jahr, jeder dritte Erwerbstätige erlitt demnach 1990 einen Arbeitsunfall. Die Unfallgefährdung am Arbeitsplatz kommt allerdings nicht erst in »vollendeten« Arbeitsunfällen zum Ausdruck; berücksichtigt man zudem die »Beinaheunfälle«, bei denen zwar kein Personenschaden, aber vielfach ein Sachschaden entsteht, deren Zahl Schätzungen von Unfallforschern zufolge zehnmal so hoch ist wie die der erfolgten Unfälle (also 100 Mio.), dann wird deutlich, daß die angezeigten Arbeitsunfälle lediglich die »Spitze eines Eisberges« tatsächlicher Unfallgefährdung erkennen lassen (Skiba 1991: 37).

Arbeitssicherheit »zahlt sich aus«
Durch die den Berufsgenossenschaften, den Trägern der gesetzlichen Unfallversicherung, angezeigten Arbeitsunfälle entstanden nach den Berechnungen der Bundesanstalt für Arbeitsschutz (Dortmund) allein im Jahr 1986 der Volkswirtschaft direkte und indirekte *Folgeschäden* von rund 35 Mrd. DM (Schliephacke 1992: 2/175; REFA-MBO 1991: 462). Denn zu den Kosten für Heilbehandlung, Rehabilitation und Entschädigung der Betroffenen oder ihrer Angehörigen kommen noch die Kosten z.B. für Sachschäden, Auftragsverlust, Überstunden, Verwaltungsaufwand und Personalnebenkosten hinzu. Allein der Sachschaden, der den Unternehmen durch Arbeitsunfälle entsteht, wurde für das Jahr 1980 auf über 600 Mio. DM geschätzt (Volkholz u.a. 1983: 169).

Die tatsächlichen Arbeitskosten, die im Unternehmen bei einem Arbeitsunfall entstehen, sind einer betriebswirtschaftlichen Faustregel zufolge etwa viermal so hoch wie der an den Betroffenen gezahlte Bruttolohn (Schliephacke 1992: 2/176). Bei einem durchschnittlichen Bruttostundenlohn für männliche Arbeiter in der Industrie von rund 20,-DM ergeben sich pro Tag der Arbeitsunfähigkeit 640,- DM »unproduktive« Folgekosten für das Unternehmen; bei einer durchschnittlichen Dauer von 14 Tagen unfallbedingtem Arbeitsausfall ergeben sich daraus Gesamtkosten von rund 9.000 DM durchschnittlich je Unfall.

Nicht nur aus humanitären und rechtlichen Gründen, sondern auch aus *wirtschaftlichen* Erwägungen heraus sind Maßnahmen zur Verbesserung der Arbeitssicherheit im Unternehmen erforderlich. Durch gezielten Unfallschutz können Kosten von Personen- und Sachschäden, Umsatz- und Gewinnverluste, Personal- und Verwaltungsaufwand sowie Gerichtsverfahren und Ansehensverlust für das Unternehmen vermieden und Beitragskosten zur gesetzlichen Unfallversicherung (z.B. durch Ermäßigung der Gefahrklasse, Schadensfreiheitsrabatt) gespart werden (Schliephacke 1992: 2/173f.; Compes 1965).

Rückgang der Arbeitsunfälle:
nicht allein Erfolg der Unfallverhütung

Die Häufigkeit anzeigepflichtiger Arbeitsunfälle hat sich in den letzten 30 Jahren mehr als halbiert. Von 1950 bis 1961 war die Unfallhäufigkeit zunächst von 66 auf 118 gestiegen, bis 1990 ist sie dann auf 54 angezeigte Arbeitsunfälle je 1.000 Vollarbeiter zurückgegangen (Unfallverhütungsbericht 1990). [Die »Vollarbeiter« stellen eine Rechengröße zur Bestimmung der Unfallhäufigkeit dar, mit deren Hilfe Beschäftigungen mit unterschiedlicher Arbeitszeit (z.B. Teilzeit, Überstunden) auf Beschäftigungsverhältnisse mit normaler ganztägiger Arbeitszeit umgerechnet werden.] Diese überaus deutliche Abnahme der Häufigkeit anzeigepflichtiger Unfälle nach 1961 kann erst als Ergebnis mehrerer zusammenwirkender Faktoren erklärt werden (Priester 1978):

1. Der zu Beginn der sechziger Jahre nach einer langen Periode extensiver Produktionsausweitung durch Vergrößerung des Arbeitsvolumens (»Wirtschaftswunder«) allmählich einsetzende Arbeitskräftemangel (»Vollbeschäftigung«) veranlaßte die Unternehmen zu einem *pfleglicheren Umgang* mit der knapper werdenden Ressource »Arbeitskraft« sowie zur Verbesserung der Arbeitsbedingungen, um Beschäftigte im Betrieb zu halten und Arbeitsplatzwechsel (Fluktuation) oder Fehlzeiten (Absentismus) zu vermeiden. Hinzu kommen die Effekte einer ganzen Reihe von insbesondere Mitte der siebziger Jahre durch die sozialliberale Regierungskoalition (»Reformpolitik«) geschaffenen Gesetzen und Verordnungen zum Arbeits- und Gesundheitsschutz im Betrieb: z.B. Arbeitssicherheitsgesetz (1973), Arbeitsstättenverordnung (1975), Arbeitsstoffverordnung (1975), Jugendarbeitsschutzgesetz (1976). Die seit Anfang der sechziger Jahre erheblich verstärkten

Maßnahmen zum betrieblichen Unfall- und Gefahrenschutz haben sich ohne Zweifel auch in der sinkenden Unfallhäufigkeit niedergeschlagen, aber andere Faktoren kommen hinzu, die sich ebenfalls auf das Unfallgeschehen mindernd ausgewirkt haben.
2. Die Arbeitszeit wurde in den letzten 30 Jahren erheblich verkürzt; von zunächst 48 über 45 auf 40 Stunden (und teils darunter) hat mit der tariflichen Wochenarbeitszeit auch die Zeit, in der Unfälle geschehen können je »Vollarbeiter« abgenommen, weil die Beschäftigten weniger lang im Betrieb sind. Da mit zunehmender Dauer der Arbeitszeit aufgrund von Ermüdung und Minderleistungsfähigkeit vielfach auch die Unfallgefahr steigt, hat die *Arbeitszeitverkürzung* gleich in doppelter Hinsicht zum Rückgang der Unfallhäufigkeit beigetragen.
3. Im Zuge des wirtschaftlichen *Strukturwandels* haben die Sektoren mit hoher Unfallhäufigkeit (z.B. Landwirtschaft, Industrie) ihren Anteil an den Beschäftigten verringert, während Sektoren mit relativ geringer Unfallgefährdung (z.B. private und öffentliche Dienstleistungen) einen Beschäftigungszuwachs verzeichneten. Hinzu kommt, daß innerhalb der einzelnen Sektoren eine Verlagerung der Beschäftigung von unfallträchtigen Wirtschaftszweigen (z.B. »Altindustrien«: Schiffbau, Stahl- oder Holzindustrie) zu Branchen mit weniger Unfällen erfolgte (z.B. »modernen Industrien«: Feinmechanik und Elektrotechnik). Beide Tendenzen des ökonomischen Strukturwandels haben insgesamt eine Verringerung des Unfallgeschehens zur Folge gehabt.
4. Durch neue Technologien und *Rationalisierung* in Gestalt von Mechanisierung und Automation vieler Arbeitsprozesse trat die menschliche Arbeitskraft mehr und mehr aus dem unmittelbaren Fertigungsprozeß (mit höherer Unfallgefährdung) heraus und wurde stärker für (weniger unfallträchtige) Steuerungs- und Überwachungsaufgaben eingesetzt. Durch Veränderungen in der Fertigungs- und Verfahrenstechnik, die im Interesse einer Ökonomisierung der Produktion erfolgten, verschwanden zudem vielfach gefährliche Arbeiten, wodurch sich auch insgesamt die Unfallhäufigkeit verringerte.
5. Im Zusammenhang mit wirtschaftlichem und technischem Wandel erfolgte schließlich ein Wandel in der *Beschäftigtenstruktur*, durch den z.B. der Anteil der stärker unfallgefährdeten Arbeiter an den Beschäftigten zugunsten der Angestellten, die weniger Unfälle erleiden, verringert wurde. Zudem stieg der Anteil der weniger unfallträchtigen Verwaltungs- und Dienstleistungsberufe, während die Herstellungs- und Bearbeitungsberufe anteilsmäßig zurückgingen, was insgesamt ebenfalls zu der rückläufigen Unfallhäufigkeit seit 1961 mit beigetragen hat.

Literatur
BMA 1983; Compes 1965; Jansen/Haas 1991; Norpoth 1991; Priester 1978; REFA-MBO 1991; Schliephacke 1992; Skiba 1991; Unfallverhütungsbericht 1990

2.2. Arbeitsbedingte Erkrankungen und Berufskrankheiten

Erkrankungen, die durch die Arbeitswelt verursacht oder verschlimmert werden, treten in der Regel erst nach einer gewissen Zeit (»Latenzzeit«) auf. Nimmt man den Durchschnitt aller Berufskrankheiten, so ergibt sich, daß die Erkrankungen erst nach einer mittleren Expositionsdauer von 18 Jahren auftreten (BK-DOK 1990). Arbeitsbedingte Erkrankungen stellen deshalb im Unterschied zu Arbeitsunfällen keine akute, sondern eine chronische Schädigung der Gesundheit dar, die noch Jahrzehnte nach der schädigenden Belastung auftreten können (z.B. Hautkrebs durch Schadstoffe, Lungenkrebs durch Asbest).

Die allmähliche Entstehung und der chronische Verlauf solcher Krankheiten erschweren vielfach den Nachweis der verursachenden oder mitverursachenden Wirkung von Einflüssen aus der Arbeitswelt, die bei einem Arbeitsunfall doch unmittelbar auf der Hand liegen. Außerdem können bei der Entstehung und Entwicklung arbeitsbedingter Krankheiten im Unterschied zur akuten Schädigung beim Arbeitsunfall individuelle Gegebenheiten der Betroffenen (z.B. Vorschädigung bzw. Vorerkrankung, Widerstandskraft und Empfindlichkeit, Lebensweise und Bewältigungsverhalten, Berufsbiographie und Belastungserfahrung) eine erhebliche Rolle spielen, so daß die Bedeutung von Faktoren aus der Arbeitswelt für die Beurteilung der Erkrankung im Einzelfall nicht so offenkundig ist.

Als *»Berufskrankheiten«* anerkannt und bei einer Minderung der Erwerbsfähigkeit von mindestens 20% unter bestimmten Voraussetzungen durch Gewährung einer Rente entschädigt werden allerdings längst nicht alle arbeitsbedingten Erkrankungen. Wie Arbeitsunfälle werden von der gesetzlichen Unfallversicherung nämlich nur solche Krankheiten behandelt, »die nach den Erkenntnissen der medizinischen Wissenschaft durch besondere Einwirkungen verursacht sind, denen bestimmte Personengruppen durch ihre Arbeit in erheblich höherem Grade als die übrige Bevölkerung ausgesetzt sind« und die in der »Berufskrankheitenverordnung« (BeKV) der Bundesregierung aufgeführt sind (§ 551 Abs. 1 RVO). Über diese seit dem 1.4.1988 insgesamt 59 anerkannten Berufskrankheiten (»Listenerkrankungen«) hinaus kann im Einzelfall seit dem 1.7.1963 eine arbeitsbedingte Erkrankung nach § 551 Abs. 2 RVO (»Listen-Öffnungsklausel«) auch dann anerkannt werden, wenn sie nach neueren wissenschaftlichen Erkenntnissen dieselben Voraussetzungen erfüllt. Von diesen Möglichkeiten des § 551 Abs. 2 RVO wird allerdings nur sehr selten Gebrauch gemacht: 1990 entfielen lediglich 4,2% der angezeigten und nur 0,3% der anerkannten Fälle von Berufskrankheiten auf solche Erkrankungen, die nicht in der Liste der BeKV aufgeführt sind (BK-DOK 90).

Die Änderung der Berufskrankheitenverordnung von 1993 erweitert den Kreis der bis dahin 59 Listenerkrankungen auf 64 Krankheiten. Neben der Neufassung und Präzisierung einiger bereits erfaßter Berufskrankheiten (BK 1303, BK 4104 und 4105) werden Erkrankungen durch Isocyanate (BK 1315) und Erkrankungen der Wirbelsäule durch Heben, Tragen und Ganzkörperschwingungen (BK 2108, 2109, 2110) sowie Zahnschäden durch Quarzstaub (BK 2111) neu in die Liste entschädigungspflichtiger Berufskrankheiten aufgenommen.

Anerkannte Berufskrankheiten: die Spitze des Eisberges

In der Bundesrepublik Deutschland wurden den Gewerblichen Berufsgenossenschaften als den wichtigsten Trägern der gesetzlichen Unfallversicherung 1990 insgesamt 51.105 Fälle des Verdachtes auf eine Berufskrankheit angezeigt, das sind so viele wie nie zuvor; insgesamt anerkannt wurden 9.363 Fälle, von denen wiederum 4.008 Fälle erstmals durch eine MdE-Rente entschädigt und weitere 5.355 Fälle zwar dem Grunde nach anerkannt, aber wegen fehlender Voraussetzungen (z.B. Minderung der Erwerbsfähigkeit unter 20%) ohne Entschädigung (BK-DOK 90: 9) blieben. Zwar ist allmählich die Zahl der anerkannten Berufskrankheiten von der ersten Berufskrankheiten-Verordnung (1925) bis zu ihrer letzten Änderung (1988) von 11 auf 59 und neuerdings (1993) 64 Krankheiten erweitert worden. Aber in der amtlichen Statistik kommt damit nach wie vor lediglich ein kleiner Teil des arbeitsbedingten Krankheitsgeschehens zum Ausdruck, die Dunkelziffer wird um ein Vielfaches höher geschätzt.

Diese systematische Untererfassung arbeitsbedingter Erkrankungen ist nicht auf statistische Mängel, sondern hauptsächlich auf Faktoren zurückzuführen, die sich aus den versicherungsrechtlichen Restriktionen der Bestimmungen nach § 551 RVO sowie aus der Praxis des Anerkennungsverfahrens selbst ergeben. Die geltenden Vorschriften und ihre Anwendung wirken dabei wie ein mehrstufiger »Filter«, der nach und nach die meisten Fälle arbeitsbedingter Erkrankungen – und keineswegs bloß die unbegründeten Anzeigen – vor allem von Versicherungsleistungen ausschließt (Gensch 1988; Gensch/Müller 1990).

Einschränkungen
In § 551 RVO wird bereits eine erhebliche Hürde für die Anerkennung einer Berufskrankheit errichtet, die zudem mehrstufig ist: Es kommen nur »besondere Einwirkungen« als Ursachen in Betracht, denen die Betroffenen in »erheblich höherem Grade als die übrige Bevölkerung« ausgesetzt ist und deren Funktionsweise von der »medizinischen Wissenschaft« auch erklärt werden kann. Die damit verbundenen Schwierigkeiten eines unzweifelhaften und ursächlichen Nachweises der Effekte von Arbeitsbelastungen auf die Gesundheit gehen prinzipiell zu Lasten der Betroffenen; es gibt kein Prinzip »im Zweifel für die betroffenen Beschäftigten« bei der Anerkennung von Berufskrankheiten – im Gegenteil.

Der Kreis anerkannter Berufskrankheiten ist im wesentlichen auf die in der BeKV-Liste enthaltenen Erkrankungen nach § 551 Abs. 1 RVO beschränkt. Seit Bestehen der Möglichkeit einer Anerkennung von Berufskrankheiten darüber hinaus nach § 551 Abs. 2 RVO wurden im gesamten Zeitraum von 1963 bis 1990 lediglich 340 Fälle aufgrund dieser Öffnungsklausel als entschädigungspflichtig anerkannt; im Durchschnitt wurden also nur wenig mehr als ein Fall (1,26) pro Jahr anerkannt. Das verdeutlicht die relativ geringe Chance der Betroffenen, für eine Erkrankung, die nicht in der BeKV-Liste aufgeführt ist, doch noch eine Entschädigung für die erlittene Minderung der Erwerbsfähigkeit von der gesetzlichen Unfallversicherung zu bekommen.

Einschränkende Voraussetzungen der Anerkennung
Einige Berufskrankheiten, die in der BeKV aufgeführt werden, sind zusätzlich mit bestimmten Nebenbedingungen (»einschränkenden Voraussetzungen«) verbunden, die erfüllt sein müssen, damit eine Anerkennung erfolgen kann (Valentin u.a. 1979; Norpoth 1991; Hoschek/Franz 1978; Jansen/Haas 1991): Obstruktive Atemwegserkrankungen, schwere Hautkrankheiten oder Sehnenscheidenerkrankungen werden beispielsweise nur dann als Berufskrankheiten anerkannt, wenn sie »zur Unterlassung aller Tätigkeiten gezwungen haben, die für die Entstehung, Verschlimmerung oder das Wiederaufleben der Krankheit ursächlich waren oder sein können«. Infektionskrankheiten werden z.B. als entschädigungspflichtige Berufskrankheit nur bei bestimmten Tätigkeiten (Gesundheitsamt, Wohlfahrtspflege, Labor) anerkannt.

Einschränkungen der Anerkennung bei der ärztlichen Begutachtung der Einzelfälle

Die Prüfung der angezeigten Fälle auf Verdacht einer Berufskrankheit durch die Träger der gesetzlichen Unfallversicherung (Berufsgenossenschaften) erfolgt auf der Grundlage eines ärztlichen Gutachtens, in dem die festgestellte Erkrankung vor allem nach zwei Aspekten hin (»doppelter Kausalzusammenhang«) geprüft wird (Norpoth 1991; Jansen/Haas 1991; Gensch 1988): Zum einen wird untersucht, ob die zugrunde liegende Belastung tatsächlich durch die versicherte Beschäftigung verursacht wurde (»haftungsbegründende Kausalität«), und zum anderen wird nach dem ursächlichen Zusammenhang zwischen der Belastung und der eingetretenen Erkrankung gefragt (»haftungsausfüllende Kausalität«). Erst wenn dieser ursächliche Zusammenhang zwischen Beschäftigung, Belastung und Erkrankung nach den strengen Regeln naturwissenschaftlicher Kausalität von einem medizinischen Sachverständigen im Auftrag der Berufsgenossenschaft festgestellt und als »wesentlich« bewertet wurde, kann eine angezeigte Berufskrankheit von den Trägern der gesetzlichen Unfallversicherung »dem Grunde nach« anerkannt werden.

Im Zweifel gegen die Betroffenen

Die Prüfung des ursächlichen Wirkungszusammenhanges zwischen beruflicher Belastung und arbeitsbedingter Erkrankung erfolgt nach dem Modell einer gesetzmäßigen Ursache-Wirkungs-Beziehung, nach dem mit naturwissenschaftlichen Methoden die Belastung am Arbeitsplatz als wesentliche Ursache für die Berufskrankheit zweifelsfrei festgestellt werden muß, damit eine Anerkennung erfolgen kann. Zweifel über den wesentlichen Stellenwert der beruflichen Belastung als Ursache für Entstehung oder Verschlimmerung einer arbeitsbedingten Erkrankung gehen ebenso wie Vermutungen von Gutachtern oder Berufsgenossenschaften über die Bedeutung von Veranlagung und Lebensweise für die Erkrankung zu Lasten der Betroffenen.

Mangelhafte Kenntnisse des ärztlichen Gutachters sowie Unzulänglichkeiten der medizinischen Wissenschaft beim Nachweis der Ursache-Wirkungs-Beziehung zwischen Arbeitsbelastung und Berufskrankheit gehen ebenfalls zum Nachteil der Betroffenen aus. Die ständige Erweiterung des Kataloges anerkannter, in die BeKV aufgenommener Berufskrankheiten von 11 (1925) über 59 (1988) und jetzt 64 (1993) Krankheitsarten ist nicht zuletzt auf die Fortschritte im Kenntnisstand der Arbeitsmedizin zurückzuführen, die – wenngleich mit einer meist erheblichen Verzögerung (Albracht/Schwerdtfeger 1991: 23) – mehr und mehr arbeitsbedingte Krankheiten ursächlich auf berufliche Belastungen zurückführen konnte. Solange die medizinische Wissenschaft dies allerdings nicht mit Hilfe naturwissenschaftlicher Kausalität festzustellen vermochte, verblieb den davon Betroffenen eine Anerkennung und mögliche Entschädigung ihrer Berufskrankheit versagt. Andere leistungsfähige Methoden des epidemiologischen Nachweises arbeitsbedingter Krankheiten, durch die auf der Grundlage großer Fallzahlen mit Hilfe statistischer Verfahren die erhöhte Gefährdung bestimmter Personen (z.b. Lager- und Transportarbeiter) mit charakteristischen Belastungen (z.b. Heben und Tragen schwerer Lasten) durch einschlägige Erkrankungen (z.b. Wirbelsäulenschäden) zuverlässig nachgewiesen werden können, blieben bei der versicherungsrechtlichen Anerkennung von Berufskrankheiten lange Zeit weitgehend unberücksichtigt.

Kosten der Berufskrankheiten

Im Zusammenhang mit dem Berufskrankheitengeschehen in der Bundesrepublik entstanden den Berufsgenossenschaften im Jahr 1990 Kosten in Höhe von insgesamt mehr als 1,5 Mrd. DM (BK-DOK 90: 67). Je Einzelfall wurden im Durchschnitt rund 2.500 DM für medizinische und 17.000 DM für berufliche Rehabilitation ausgegeben; die Erkrankten selbst erhielten im Durchschnitt eine monatliche Rente in Höhe von 715,- DM, die Leistungen für Hinterbliebene lagen bei weniger als 1.500 DM je Fall. Allein die durch Asbest-Berufskrankheiten in der Zeit von 1975-1989 in der Bundesrepublik verursachten volkswirtschaftlichen Kosten belaufen sich auf 5,2 bis 7,5 Mrd. DM (Albracht/Schwerdtfeger 1991: 23).

So wenig wie alle angezeigten Berufskrankheiten anerkannt werden, so wenig werden alle anerkannten Berufskrankheiten durch eine Verletzten- oder Versorgungsrente für die Betroffenen oder ihre Angehörigen entschädigt. Sofern vom ärztlichen Gutachter auf der Grundlage von Anhaltspunkten und Vergleichsfällen (BMA 1983) die »Minderung der Erwerbsfähigkeit« (MdE) in Folge der Beeinträchtigung von Gesundheit und Leistungsfähigkeit der Betroffenen auf weniger als 20% geschätzt wird, erfolgt keine Entschädigung durch die Träger der gesetzlichen Unfallversicherung, eine MdE von unter 10% wird nicht erfaßt (Norpoth 1991; Gensch 1988). Mit 15% MdE wird z.B. der völlige Verlust des Riechvermögens bewertet; für den Verlust oder Ausfall einer Niere werden 25% MdE angesetzt; mit 20-30% MdE werden in der Regel schwere Formen von Bronchitis oder Bronchialasthma (mit häufigen, schweren und langdauernden Anfällen) beurteilt (BMA 1983).

Hauterkrankungen, Lärmschwerhörigkeit und Silikose
Auf nur drei Berufskrankheiten entfielen 1990 rund 58% aller angezeigten und 50% aller erstmals entschädigten Fälle (Unfallverhütungsbericht 1990: 54). Die mit Abstand meisten Fälle angezeigter Berufskrankheiten (20.670) entfielen auf Hauterkrankungen (BK 51 01), erstmals entschädigt wurden allerdings nur 3,7% (753 Fälle), weil diese Krankheiten nur dann anerkannt werden, wenn sie »zur Unterlassung aller Tätigkeiten gezwungen haben, die für die Entstehung, die Verschlimmerung oder das Wiederaufleben der Krankheit ursächlich waren oder sein können«. An zweiter Stelle folgte die Lärmschwerhörigkeit (BK 23 01) mit 10.018 angezeigten und 1.039 erstmals entschädigten Fällen; daran schloß sich die Quarzstaublungenerkrankung (Silikose, BK 41 01) mit 2.499 angezeigten und 454 erstmals entschädigten Fällen an.

In der Entwicklung dieser drei am häufigsten anerkannten Berufskrankheiten über die letzten 40 Jahre hinweg wird beispielhaft der *Strukturwandel* chronischer Gefährdung durch die Arbeitswelt deutlich (Unfallverhütungsbericht 1990: 54): Mit dem Rückgang der Beschäftigung im Steinkohlenbergbau, aus dem die meisten Silikosekranken stammen, nahm die Häufigkeit der Quarzstaublunge (BK 41 01) von 28.041 angezeigten und 10.385 erstmals entschädigten Fällen 1953 auf 2.499 angezeigte und 454 erstmals entschädigte Fälle 1990 ab. Angesichts von technischen Neuerungen in Produktionsverfahren und Werkstofftechnologie nahmen mit der Verbreitung gefährlicher Arbeitsstoffe auch die Hauterkrankungen (BK 51 01) von 3.689 angezeigten und 267 erstentschädigten Fällen 1951 auf 20.670 angezeigte und 753 erstentschädigte Fälle 1990 zu. Im Zusammenhang mit Mechanisierungs- und Rationalisierungsfortschritten hat die zunehmende Lärmbelastung zu einem erheblichen Anstieg der Lärmschwerhörigkeit (BK 23 01) geführt, die sich insbesondere zu Beginn der siebziger Jahre (auch aufgrund erweiterter Anerkennungsvoraussetzungen) stark steigerte: 1951 wurden nur 83 angezeigte und 12 erstmals entschädigte Fälle registriert, 1970 waren es bereits 2.007 angezeigte und 524 erstmals entschädigte Fälle, 1977 wurde mit 20.592 angezeigten und 3.514 erstentschädigten Fällen ein Höhepunkt erreicht; seit Mitte der achtziger Jahre hält sich die Zahl der angezeigten auf über 10.000 und die der erstmals entschädigten Fälle auf über 1.000 pro Jahr.

Literatur
BK-DOK 90; Gensch 1988; Gensch/Müller 1990; Hoschek/Fritz 1978; Jansen/Haas 1991; Norpoth 1991; Skiba 1991; Unfallverhütungsbericht 1990; Valentin u.a. 1979

2.3. Arbeitsunfähigkeit: Krankenstand und Invalidität

Arbeitsunfähigkeit ist vielfach das Ergebnis von Fehl- und Überbeanspruchung in der Arbeitswelt. Neben persönlichen Faktoren von Anlage und Verhalten spielen die Arbeitsbelastungen bei der vorübergehenden Arbeits(un)fähigkeit in Form zeitweiligen *Krankenstandes* und für die dauerhafte Erwerbs(un)fähigkeit als bleibende *Frühinvalidität* eine entscheidende Rolle (Oppolzer 1993). Der allgemeine Zusammenhang zwischen dem Grad der Arbeitsbelastung auf der einen und der Höhe des Krankenstandes sowie dem Risiko vorzeitiger Invalidität auf der anderen Seite ist in zahlreichen empirischen Untersuchungen belegt worden (EK-GKV 1988; Oppolzer 1986 und 1993). Eine Studie, in deren Rahmen über 30.000 Beschäftigte auf ihren Gesundheitszustand ärztlich untersucht wurden, fand bereits 1969/70 diesen Sachverhalt bestätigt: »je schwerer die körperliche Belastung, je belastender die Arbeitszeitregelung und die betriebliche Situation, um so schlechter die durchschnittliche gesundheitliche Verfassung« (van Eimeren/Selbmann/Überla 1972: 27).

2.3.1. Vorübergehende Arbeitsunfähigkeit: Krankenstand

Unter »Krankenstand« kann man die vorübergehende Arbeitsunfähigkeit infolge von Krankheit verstehen. Messen kann man diesen Krankenstand z.B. als Prozentanteil der arbeitsunfähig Kranken an den Mitgliedern der gesetzlichen Krankenversicherung, als Anteil der auf Krankheit entfallenden Fehlzeiten an der Soll-Arbeitszeit sowie durch die Zahl der Arbeitsunfähigkeits-Fälle oder Arbeitsunfähigkeitstage je 100 Mitglieder in der gesetzlichen Krankenversicherung. Für die Dauer von sechs Wochen behalten die Arbeitnehmer den Anspruch auf Zahlung ihres Arbeitsentgelts durch den Arbeitgeber; nach sechs Wochen erhalten die Betroffenen schließlich »Krankengeld« aus den Kassen der gesetzlichen Krankenversicherung. Das Lohnfortzahlungsgesetz hat seit 1970 die Arbeiter (§ 1 LFZG) in dieser Angelegenheit den Angestellten gleichgestellt, die diesen Anspruch bereits nach § 616 BGB und § 63 HGB seit langem haben.

Der Krankenstand ist die entscheidende Ursache für *Fehlzeiten* im Betrieb. Wie eine Untersuchung des Instituts der Deutschen Wirtschaft ergab, waren 1989 in der Industrie 81% der Fehlzeiten durch Krankenstand verursacht; für 13% der Fehlzeiten waren Sonderurlaub, Kur- und Heilverfahren, Weiterbildung und gesetzlich oder tariflich geregelte Ausfallzeiten verantwortlich; 5% der Fehlzeiten entfielen auf die Abwesenheit (Absentismus) aus persönlichen Gründen wie z.B. familiäre Verhältnisse, Arbeitsweg, Nebentätigkeit (Salowsky 1991:

74). Nach Erhebungen und Berechnungen des Instituts der Deutschen Wirtschaft und der Bundesvereinigung der Deutschen Arbeitgeberverbände lag die Fehlzeitenquote in der Bundesrepublik Deutschland 1989 mit durchschnittlich 8,5% (der Soll-Arbeitszeit) zwar erheblich über den Werten in Japan (1,8%), den USA (3.4%) oder der Schweiz (5,4%), aber auch deutlich unter den Fehlzeitenquoten in Schweden (12,8%) und Norwegen (9,6%); die Quote der Fehlzeiten in Deutschland entsprach etwa den Werten in vergleichbaren Ländern wie Niederlande mit 8,8% und Frankreich mit 8,2% (Salowsky 1991: 12).

Ursachen unterschiedlicher Krankenstände
Seit langem sind überaus deutliche Unterschiede im Krankenstand nach beruflicher Stellung, Qualifikationsniveau und Einkommenshöhe bekannt (Oppolzer 1993; Böker 1971; Deppe 1971): In einer Untersuchung aus der metallverarbeitenden Industrie wurde festgestellt, daß der Krankenstand bei Arbeitern 2,2 mal und bei Arbeiterinnen 1,8 mal so hoch war wie bei den Angestellten (Spiegelhalter/Schnabel 1963). In einem Großbetrieb der Metallindustrie zeigte sich, daß die an- und ungelernten Arbeiter 1,8 mal so viele Arbeitsunfähigkeitstage (pro Person im Jahr) zu verzeichnen hatten wie die Fach- und Spezialarbeiter (Sopp 1966). Wie eine Analyse des Bundesverbandes der Betriebskrankenkassen ergab, kam Arbeitsunfähigkeit bei ungelernten Arbeitern 1,7 mal so oft wie bei Facharbeitern und doppelt so oft wie bei Angestellten vor; auf ungelernte Arbeiter entfielen fast drei Viertel aller Arbeitsunfähigkeitsfälle, aber nur etwa 60% aller Versicherten (Georg/Stuppardt/Zoike 1982: 2/83). Je höher das Einkommen, um so geringer war die Zahl der Fehltage, an denen die Beschäftigten wegen Krankheit nicht zur Arbeit gekommen waren (Weber 1987; Thiele 1981).

Auch der amtlichen Statistik sind erhebliche Unterschiede im Krankenstand nach beruflicher Stellung und Einkommen zu entnehmen (Statistisches Bundesamt, Fachserie 12, Gesundheitswesen, Reihe S 3, Fragen zur Gesundheit, 1986). Danach lag der Krankenstand der Arbeiter (8,6%) über dem Durchschnitt (6,3%) und war rund 40% höher als bei den Angestellten und Beamten (jeweils 5,1%). Erwerbstätige mit einem monatlichen Netto-Einkommen von bis zu 2.200 DM hatten einen Krankenstand zu verzeichnen, der mit 6,8-7,8% mehr als doppelt so hoch war wie bei den Personen, die 4.000 DM und mehr im Monat verdienten und die einen Krankenstand von nur 3,4% aufwiesen.

Unterschiede in der Höhe des Krankenstandes finden ihre Erklärung hauptsächlich in unterschiedlichen objektiven Arbeitsbelastungen und

Beschäftigungsbedingungen, während subjektive Faktoren eine eher untergeordnete Rolle spielen. Personen, die einen überdurchschnittlich hohen Krankenstand aufweisen, sind oft an Arbeitsplätzen mit hohen Belastungen und in Wirtschaftszweigen mit hoher Gefährdung beschäftigt (Skiba 1991; Unfallverhütungsbericht 1990; Georg/Stuppardt/Zoike 1982: 2). Die Fehlzeiten sind in den Wirtschaftsbereichen am höchsten, in denen auch die Arbeitsbelastungen am größten sind (z.B. Baugewerbe und Industrie der Steine und Erden, Holzindustrie, Eisen- und Stahlerzeugung); in diesen Bereichen sind zudem die Fehlzeiten überdurchschnittlich oft auf den Krankenstand zurückzuführen (Salowsky 1991: 44 u. 72). Im Durchschnitt aller gewerblichen Wirtschaftszweige entfielen 1989 auf 1.000 Vollarbeiter 52 anzeigepflichtige Unfälle; im Baugewerbe waren es allerdings 120, im Holzgewerbe 109, in der Industrie der Steine und Erden 80 und im Bereich von Eisen und Stahl 78, während es im Handel nur 29 waren (Skiba 1991: 54).

In zahlreichen Studien wurde ein charakteristisches Belastungsgefälle zwischen den Erwerbstätigen nach der beruflichen Stellung festgestellt: Im allgemeinen ist die Häufigkeit und die Schwere der *Belastungen* am Arbeitsplatz um so größer, je niedriger die betriebliche Position, der Schul- und Berufsabschluß und das Einkommen sind (Oppolzer 1986: 76-84). Einer umfangreichen Untersuchung zu Folge, die das Bundesinstitut für Berufsbildung (Berlin) gemeinsam mit dem Institut für Arbeitsmarkt- und Berufsforschung der Bundesanstalt für Arbeit 1979 durchgeführt hatte, kamen hohe Arbeitsbelastungen bei Erwerbstätigen ohne abgeschlossene Berufsausbildung 1,4 mal so oft vor wie bei Personen, die eine Lehre oder Fachschule absolviert hatten; im Vergleich zu Hoch- und Fachhochschulabsolventen waren un- und angelernte Arbeitskräfte sogar 5,6 mal häufiger hohen Belastungen am Arbeitsplatz ausgesetzt (von Henninges 1981: 363).

Eine Infas-Studie, die 1981 im Auftrag des Bundesministers für Arbeit und Sozialordnung erstellt wurde, kam zu dem Ergebnis, daß un- und angelernte Arbeiter mehr als andere Berufsgruppen gerade durch solche Faktoren in der Arbeitswelt belastet sind, die ein erhöhtes Risiko gesundheitlicher Störungen und Erkrankungen bewirken (z.B. schädliche Umgebungseinflüsse, einseitige und schwere körperliche Beanspruchung, Unfallgefahr). Im Vergleich zu gehobenen Angestellten kam nämlich bei un- und angelernten Arbeitern am Arbeitsplatz Staub, Schmutz oder schlechte Luft 5 mal, Hitze, Nässe oder Kälte 14 mal, Lärm 3,5 mal, körperliche Anstrengung 3,4 mal und Unfallgefährdung 5 mal häufiger vor; umgekehrt waren die gehobenen Angestellten 1,7 mal so oft durch nervliche Anspannung und 1,9 mal so oft durch Verantwortung belastet wie die un- und angelernten Arbeiter (Oppolzer 1986: 83/84).

Dieselbe Personengruppe, die einen hohen Krankenstand und hohe Arbeitsbelastungen aufweist, hat auch ein überdurchschnittliches *Arbeitsunfall-* und *Berufskrankheiten*-Risiko zu verzeichnen (Oppolzer 1993). Arbeiterberufe und Tätigkeiten mit niedrigen Qualifikationsanforderungen sind besonders stark von Arbeitsunfällen und Berufskrankheiten betroffen, zudem sind solche Beschäftigte überdurchnittlich oft in Wirtschaftszweigen mit hohem Belastungs- und Gefährdungsgeschehen zu finden. Die angezeigten Arbeitsunfälle und Berufskrankheiten umfassen zwar nur manifeste Schädigungen der Gesundheit, sie können allerdings als Indiz für das zugrunde liegende Gefährdungspotential in der Arbeitswelt herangezogen werden; hinter der Zahl des zur Anzeige gekommenen Unfall- und Krankheitsgeschehens steht nämlich eine weitaus größere Zahl weniger schwerer Fälle gesundheitlicher Beeinträchtigung. Berechnet man auf Grundlage von Daten der Berufsgenossenschaften (Hoffmann 1987; Plinske u.a. 1989) und der amtlichen Statistik (Statistisches Jahrbuch 1987) berufsspezifische Häufigkeiten der Unfall- und Krankheitsgefährdung, bestätigt sich beispielhaft der Zusammenhang zwischen beruflicher Stellung, Qualifikationsniveau und Arbeitsbelastungen auf der einen sowie arbeitsbedingter Gefährdung und berufsbedingtem Verschleiß der Gesundheit auf der anderen Seite:

Auf die Bauberufe (Maurer, Zimmerer, Dachdecker, Straßen- und Tiefbauer) entfielen 9,9% aller Arbeitsunfälle und 5,6% der anerkannten Berufskrankheiten; zu dieser Berufsgruppe gehörten allerdings nur 2,5-2,9% der Erwerbstätigen. Auf Installateure, Schlosser und Mechaniker mit einem Anteil an den Erwerbstätigen von 7,5% kamen 15,6% der angezeigten Arbeitsunfälle und 19,5% der angezeigten Berufskrankheiten. Die Metallberufe sind mit 2,1% an den Erwerbstätigen, aber mit 7% an den meldepflichtigen Arbeitsunfällen und mit 12,8% an den angezeigten Berufskrankheiten beteiligt. Sind diese typischen Arbeiterberufe bei Arbeitsunfällen und Berufskrankheiten auf Grund ihrer Arbeitsbedingungen und Belastungen überrepräsentiert, so sind typische Angestelltenberufe wegen der gleichen Ursachen unterrepräsentiert: Beispielsweise sind die Warenkaufleute, die 7,8 der Erwerbstätigen ausmachen, nur mit 4% an den Arbeitsunfällen und mit 1% an den anerkannten Berufskrankheiten beteiligt. Dasselbe gilt für die Bank-, Versicherungs- und Dienstleistungskaufleute, die 3,1-3,2% der Erwerbstätigen ausmachen, an den meldepflichtigen Arbeitsunfällen aber nur einen Anteil von 0,7% haben und an den anerkannten Berufskrankheiten nur mit 0,1% beteiligt sind.

Wenige Krankheitsarten verantwortlich
Nach Angaben des AOK-Bundesverbandes (Krankheitsartenstatistik, Juni 1992) kamen 1990 auf 10.000 Pflichtmitglieder 14.697 Fälle von Arbeitsunfähigkeit (AU-Fälle) und 217.317 AU-Tage, was bedeutet, daß je AU-Fall die durchschnittliche AU-Dauer bei 15 Tagen lag. Im Bereich der Betriebskrankenkassen war die Situation ähnlich (Zoike 1992: 126); auf 100 Pflichtmitglieder entfielen 1990 insgesamt 158 AU-Fälle und 2493 AU-Tage, was einer durchschnittlichen AU-Dauer von 16 Tagen je AU-Fall entspricht.

Arbeitsunfähigkeit wird meist durch einige wenige Krankheitsarten verursacht: Für den Krankenstand der Pflichtmitglieder bei AOK und BKK waren 1990 fünf *Krankheitsarten* für drei Viertel aller AU-Fälle und für 80% aller AU-Tage verantwortlich. Die größte Rolle spielen Erkrankungen des Bewegungsapparates (Skelett-, Muskel- und Bindegewebskrankheiten), für deren Entstehung und Verlauf körperliche Fehl- und Überbeanspruchung am Arbeitsplatz eine erhebliche Rolle spielen; bei der AOK entfallen 28% der AU-Tage und 20% der AU-Fälle, bei den BKK 32% der AU-Tage und 22% der AU-Fälle auf solche Erkrankungen. An zweiter Stelle stehen Erkrankungen der Atemwege, die nicht allein durch Infektionen (»Erkältung«) sondern auch durch Schadstoffe in der Arbeitswelt hervorgerufen werden können; bei der AOK kommen 15% der AU-Tage und 25% der AU-Fälle, bei den BKK 17% der AU-Tage und 27% der AU-Fälle auf diese Krankheitsart. An dritter Stelle rangieren Verletzungen und Vergiftungen; bei der AOK sind es 16% der AU-Tage und 15% der AU-Fälle, bei den BKK 14% der AU-Tage und 12% der AU-Fälle. An vierter Stelle stehen Erkrankungen der Verdauungsorgane; sie machen bei AOK und BKK jeweils 9% der AU-Tage und 13% der AU-Fälle aus. An fünfter Stelle kommen Herz-Kreislauf-Krankheiten; darauf entfallen bei AOK und BKK jeweils 8% der AU-Tage und 5% der AU-Fälle.

Einflußfaktoren
Die Höhe des Krankenstandes wird entscheidend vom Belastungs- und Gefährdungspotential in der Arbeitswelt bestimmt. Aus dem unterschiedlichen Belastungs-Beanspruchungsgeschehen, dem die Betroffenen am Arbeitsplatz ausgesetzt sind, lassen sich weitgehend die Unterschiede im Krankenstand zwischen den Wirtschaftsbereichen, zwischen Arbeitern und Angestellten sowie zwischen verschiedenen Berufs- und Statusgruppen im Betrieb (z.B. nach Tätigkeitsbereich und Arbeitsaufgabe, Qualifikation und Einkommen) erklären. Auch der Unterschied von rund 0,5% in der Krankenstandsquote von Män-

nern und Frauen (Bundesarbeitsblatt 19/1991: 136) oder die Tatsache, daß der Krankenstand unter ausländischen Arbeitnehmern um 1-2% über dem Durchschnitt liegt (Salowsky 1991: 62; Frießem 1971), ist durch Unterschiede in den Arbeitsbelastungen zu erklären; während Frauen an Arbeitsplätzen mit schweren Belastungen weniger häufig beschäftigt werden, sind Ausländer an stark belasteten Arbeitsplätzen besonders oft zu finden.

Schwankungen des Krankenstandes im *Zeitverlauf* geben immer wieder Anlaß zu Vermutungen über die zugrunde liegenden Ursachen. Im Laufe der letzten 30 Jahre hat sich nämlich die Höhe des Krankenstandes deutlich verändert: Lag die Quote in den sechziger Jahren im Durchschnitt knapp unter 5%, stieg sie in den siebziger Jahren auf durchschnittlich etwa 5,5%, um dann in den achtziger Jahren zunächst bis auf 4,4% (1984) zurückzugehen, bevor sie 1990 wieder ein Niveau wie zu Beginn der sechziger Jahre, nämlich 5,2% erreichte. Dieser Verlauf der Kurve des Krankenstandes korrespondiert weithin mit dem Verlauf der *Arbeitslosenquote*, die in den sechziger Jahren (abgesehen von der Rezession 1966/67) sehr niedrig war, dann infolge der Krisen Mitte der siebziger Jahre und schließlich Anfang der achtziger Jahre stark anstieg. Zweifellos führt anhaltende Arbeitslosigkeit auf hohem Niveau mit der gesteigerten Gefahr von Entlassungen aufgrund von Betriebseinschränkung oder Rationalisierung dazu, daß Beschäftigte seltener wegen Krankheit der Arbeit fernbleiben, weil sie Nachteile beim Selektionsprozeß nach Leistungsfähigkeit im Zusammenhang mit anstehenden Entlassungen befürchten. Die Angst um den Arbeitsplatz und die Verschiebung der betrieblichen Kräfteverhältnisse angesichts von Massenarbeitslosigkeit bewirkt also den Verzicht auf Krankmeldung, darauf deuten auch frühere Untersuchungen aus dem Ausland hin (Blohmke/Jost 1976: 113).

Weder der leichte Anstieg Anfang der siebziger Jahre (nach dem Inkrafttreten des Lohnfortzahlungsgesetzes 1970), noch der starke Abfall des Krankenstandes zu Beginn der achtziger Jahre (nach dem Anstieg der Arbeitslosigkeit) sind ein Beweis für den *Mißbrauch* des Systems sozialer Sicherung. Man kann zwar Fälle mißbräuchlichen »Krankfeierns« nicht ausschließen, die angesichts von »Vollbeschäftigung« mit einem geringeren Risiko verbunden sein dürften, aber generell spricht nichts für einen Mißbrauch der Maßnahmen finanzieller Sicherung im Krankheitsfalle – im Gegenteil. Wenn nämlich Arbeitsunfähigkeit (z.B. bei Karenztagen oder Lohnabschlägen im Krankheitsfall) mit finanziellen Einbußen oder (z.B. bei Arbeitslosigkeit und Personalabbau) mit einem erhöhten Risiko des Arbeitsplatzverlustes verbunden ist, können es sich Beschäftigte im Interesse ihrer

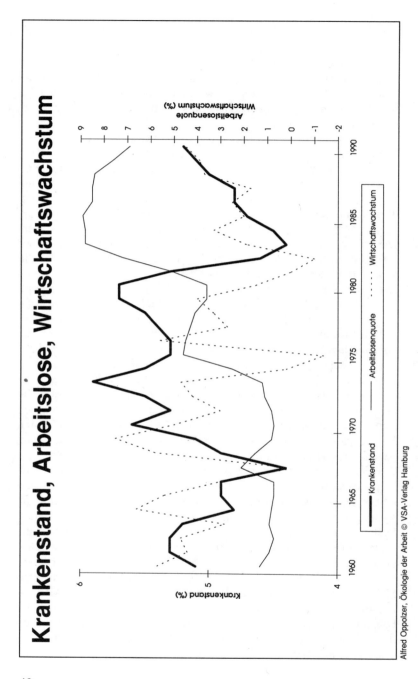

Alfred Oppolzer, Ökologie der Arbeit © VSA-Verlag Hamburg

Familie vielfach »nicht leisten«, der Arbeit fern zu bleiben, obwohl sie erkrankt sind (Blohmke/Jost 1976: 113).

Man kann einen Anstieg des Krankenstandes allerdings nicht allein in Zeiten niedriger Arbeitslosigkeit feststellen, der Krankenstand steigt auch (mit einem geringen zeitlichen Nachlauf) im Anschluß an Phasen mit starkem Wirtschaftswachstum. Perioden mit hohen Wachstumsraten zeichnen sich bekanntlich durch einen hohen Auslastungsgrad der Produktionskapazitäten und des Arbeitsvolumens sowie durch eine intensivere Beanspruchung der Arbeitskräfte (z.B. Überstunden, Termindruck) aus, was schließlich zu einer belastungsbedingten Anhebung des Krankenstandes beiträgt.

Karenztage und Lohnabschläge: untaugliche Mittel zur Senkung des Krankenstandes
Beginnt die volle Lohnfortzahlung im Krankheitsfalle erst am zweiten oder dritten Tag der Arbeitsunfähigkeit oder wird der Lohn für die Dauer des Krankenstandes um 10-20% reduziert, mag dies einerseits auf mißbräuchliches »Krankfeiern« abschreckend wirken, es kann aber andererseits die beklagte »negative Arbeitsmoral« noch verstärken und letztlich zu einer Verlängerung der Abwesenheitszeit führen, damit sich die »Investition« eines Karenztages oder anderer Formen finanzieller Einbußen auch wirklich »lohnen«.

Bedenkt man jedoch, daß vielfach bis zu drei Viertel aller AU-Tage auf nicht mehr als ein Drittel aller Beschäftigten entfallen (Zimmermann 1976: 127) und berücksichtigt man, daß zwar 23% aller AU-Fälle aber nur weniger als 3% aller AU-Tage auf Fehlzeiten von bis zu drei Tagen entfallen, fast drei Viertel der AU-Tage aber durch Krankheiten von mehr als zwei Wochen Dauer zustande kommen (Zoike 1992: 131), dann wird deutlich, daß der Krankenstand hauptsächlich durch ältere, chronisch Kranke und durch von arbeitsbedingtem Gesundheitsverschleiß betroffene Beschäftigte bestimmt wird. Diese bereits gesundheitlich und finanziell vielfach benachteiligte Gruppe würde durch ein teilweises Abräumen bestehender Regelungen der Lohnfortzahlung im Krankheitsfalle zusätzlich belastet, finanzielle Vorteile hätten allein die Unternehmen, die auf diese Weise Lohnkosten sparen könnten. Nennenswerte Effekte auf die Höhe des Krankenstandes, der 1990 ohnehin auf dem Niveau von 1963 (5,2%) lag, sind von solchen Maßnahmen zu Lasten der Betroffenen jedoch nicht zu erwarten.

Nicht verkannt werden sollte ferner, daß kurzzeitige Fälle von Arbeitsunfähigkeit (»Kurzzeiterkrankungen«) ein »Sicherheitsventil« für die Betroffenen zur Bewältigung (»coping«) übermäßiger Arbeitsbelastungen darstellen können, wodurch einer Anhäufung von Beanspruchungsfolgen, die schließlich manifeste gesundheitliche Störungen und Schädigungen zur Folge hätten, wirksam vorgebeugt werden kann (Froemer 1991). Die relativ häufigen AU-Fälle mit bis zu drei Tagen AU-Dauer können demnach zur Verringerung der AU-Dauer insgesamt beitragen, weil sie es den Betroffenen ermöglichen, die gesundheitlichen Belastungen im Zusammenhang mit der Arbeit besser zu bewältigen.

Vielleicht sind in der Tat nicht ausnahmslos alle, die wegen Krankheit nicht zur Arbeit kommen, auch wirklich »*krank*«, wenngleich der empirische Nachweis für diese Vermutung niemals erbracht wurde. Sicher ist allerdings, daß nicht jeder, der zur Arbeit kommt, auch wirklich »*gesund*« ist; den Nachweis dafür erbrachte eine umfangreiche Untersuchung bei Pflichtmitgliedern der AOK in Baden-Württemberg schon 1969/70 (Modell einer allgemeinen Vorsorgeuntersuchung, Zwischenbericht 1970; van Eimeren/Selbmann/Überla 1972):

Im Auftrag der dortigen Landesregierung wurden insgesamt 31.476 Beschäftigte im Alter von 15-60 Jahren, die nicht krank gemeldet waren und ihrer Arbeit nachgingen, auf ihren Gesundheitszustand hin von Ärzten für Allgemeinmedizin untersucht. Nur 10-15% der Beschäftigten unter 30 Jahren und nur etwa 1% der über 45jährigen waren ohne Krankheitsbefund; bei erheblichen Unterschieden nach dem Alter der Betroffenen machten im Durchschnitt 10% der Männer und 12% der Frauen einen »kränklichen Gesamteindruck« auf die Ärzte; 60-70% wiesen behandlungsbedürftige gesundheitliche Störungen auf; bei 13% der Männer und bei 14% der Frauen wurde eine bisher unbekannte, aber behandlungsbedürftige Krankheit diagnostiziert, bei rund 5% der Untersuchten wurde ein bis dahin unbekanntes Leiden festgestellt, das sogar eine Behandlung oder Untersuchung durch einen Facharzt oder im Krankenhaus erforderte; jeder achte hatte ein Leiden, das zwar bekannt war, das aber die Behandlung durch einen Facharzt oder im Krankenhaus erforderte; abhängig vom Alter der Betroffenen wurde bei 2-36% der Männer und bei 3-31% der Frauen von den Ärzten eine Sanatoriumsbehandlung (Kur) vorgeschlagen.

Diese Untersuchungsergebnisse machen deutlich, daß die subjektiv von den Betroffenen wahrgenommene ebenso wie die objektiv diagnostizierte »Arbeitsfähigkeit« der Beschäftigten eine sehr flexible und elastische Größe ist. Zwischen vollständigem Wohlbefinden und gänzlicher Hilflosigkeit liegt ein weites Kontinuum menschlichen Befindens; ob und wie jemand »arbeitsfähig« und »gesund« oder aber »arbeitsunfähig« und »krank« ist, kann sowohl von den Betroffenen selbst, als auch von den Rahmenbedingungen und Anforderungen der Arbeit her mitbestimmt sein. Wenn es eine »absolute« Grenze für »Gesundheit« und »Krankheit« oder für »arbeitsfähig« und »arbeitsunfähig« gäbe, wäre die vielfach kontroverse Debatte um den Krankenstand gegenstandslos.

Humane Arbeitsgestaltung und Gesundheitsschutz

Die Arbeitsmoral ist letztlich nicht entscheidend für den Krankenstand, schließlich ist Krankheit keine »arbeitsmoralische Kategorie« (Zimmermann 1976: 121). Allerdings wirken sich eine Reihe von Faktoren, die in den materiellen Arbeitsbedingungen und in der sozialen Arbeitssituation begründet sind, auf den Krankenstand günstig aus (Seibel 1985: 121; Zimmermann 1976): Zufriedene, motivierte und engagierte Arbeitnehmer fehlen seltener; Beschäftigte mit eintönigen, inhaltsarmen und anspruchslosen Aufgaben weisen einen höheren Krankenstand auf. Wenn die Betroffenen ausreichend Gelegenheit haben, ihre Fähigkeiten bei der Arbeit anzuwenden, wenn sie Weiterbildungs- und Aufstiegschancen geboten bekommen, wenn das »Betriebsklima« im Umgang mit Vorgesetzten oder mit Kolleginnen und Kollegen weitgehend harmonisch ist, dann ist auch der Krankenstand in der Regel relativ niedrig. Bei hohen Arbeitsbelastungen, ungünstigen Arbeitszeitregelungen oder unzureichendem Gesundheitsschutz im Betrieb ist hingegen vielfach ein deutlich erhöhter Krankenstand zu beobachten.

»Arbeitsmoral« und »Arbeitszufriedenheit« sind entscheidend von der Arbeitssituation und den Arbeitsbedingungen abhängig. Deshalb können auch die Einflüsse, die persönliche Bewußtseinshaltungen auf den Krankenstand haben, letztlich durch eine menschengerechte Arbeitsgestaltung positiv beeinflußt werden. Ein hoher Krankenstand sollte nicht bloß zum Anlaß genommen werden, durch moralische Appelle und »Seelenmassage« (Zimmermann 1976: 127) die Beschäftigten vom »Krankfeiern« abzuhalten, häufige Fehlzeiten sollten vielmehr als Hinweis auf das mangelhafte Betriebsklima und als Warnsignal für schlechte Arbeitsbedingungen begriffen werden.

Maßnahmen zur Senkung von Fehlzeiten im Betrieb dürfen sich nicht allein auf »Fehlzeitengespräche«, zu denen die Betroffenen vom Vorgesetzten bestellt werden, auf Prüf- und Kontrollmaßnahmen durch Vertrauensärzte oder Personalabteilung und auf andere Disziplinarmaßnahmen beschränken, wie dies vielfach noch der Fall ist (Salowsky 1992: 89). Vielmehr sollten unter Einbeziehung der Betroffenen (z.B. »Gesundheits-Zirkel«) geeignete Maßnahmen zur menschengerechten Gestaltung der Arbeit ergriffen werden, die letztlich der Gesundheit der Beschäftigten förderlich sind und die sich schließlich auch einzelwirtschaftlich »auszahlen«.

2.3.2. Dauerhafte Berufs- oder Erwerbsunfähigkeit: Frühinvalidität

Einer Faustregel zufolge, auf die der sozialpolitische Sprecher der SPD-Bundestagsfraktion Ottmar Schreiner bei Vorlage des Antrages zur »Schaffung eines Arbeitsgesetzbuches« am 22.4.1992 (Bundestagsdrucksache 12/2412) hinwies, erreicht nur ein Drittel der Beschäftigten das Altersruhegeld, denn ein Drittel stirbt zuvor und ein Drittel scheidet wegen *Frühinvalidität* vorzeitig aus dem Erwerbsleben aus.

Jeder 2. Arbeiter und jeder 3. Angestellte wird Frühinvalide

Nur 40% der männlichen Rentner in der Arbeiterrenten- und in der Angestellten-Versicherung erreichten 1990 das Altersruhegeld (mit 63 oder 65 Jahren), 47% schieden vorzeitig als *Frühinvalide* aus gesundheitlichen Gründen aus dem Erwerbsleben aus, weitere 13% erhielten wegen Arbeitslosigkeit vorzeitig (bereits mit 60 Jahren) Altersruhegeld (VDR 1992). Bei den weiblichen Rentnerinnen in der Arbeiterrenten- und Angestellten-Versicherung waren es 20%, die als Frühinvalide vorzeitig in Rente gingen, 80% erlangten das Altersruhegeld. Seit Ende der siebziger Jahre schied jeder zweite Arbeiter und jeder dritte Angestellte als Frühinvalide vorzeitig aus dem Erwerbsleben aus und bezog schon vor dem Erreichen der gesetzlichen Altersgrenze eine Rente (VDR 1992; Reimann 1985; BMAS 1991).

In der amtlichen Statistik der gesetzlichen Rentenversicherung erscheinen allerdings im Verlauf der achtziger Jahre die Frühinvaliden immer weniger als Berufs- bzw. Erwerbsunfähigkeits-Rentner (BU/EU), wodurch der Eindruck entstehen könnte, der Trend zur vorzeitigen Verrentung wegen vorzeitigem Gesundheitsverschleiß sei gebrochen. Das ist aber nicht der Fall, denn der Rückgang von Rentenzugängen z.B. in der Arbeiterrentenversicherung der Männer wegen Berufs- bzw. Erwerbsunfähigkeit erscheint aufgrund von *Veränderungen im Rentenrecht* seither stärker auch in anderen Formen vorzeitiger Verrentung, die ebenfalls im Zusammenhang mit vorzeitiger Invalidität stehen (Reimann 1985; Kaltenbach 1986):

Das Haushaltsbegleitgesetz (1984) hat mit der Herabsetzung der Wartezeit für das normale Altersruhegeld und mit der gleichzeitigen Verschärfung der Anspruchsvoraussetzungen für BU/EU-Renten (mindestens 36 Monate Pflichtbeiträge zur Rentenversicherung in den letzten 60 Monaten) den Eintritt in die Altersrente erleichtert und den Übergang in die Frührente erschwert. Das 5. Rentenversicherungsän-

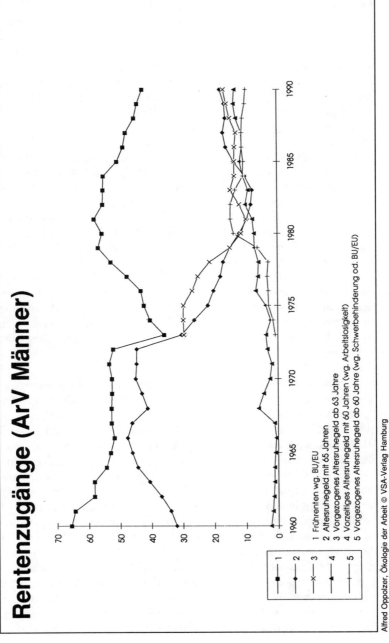

derungsgesetz (1979/80), durch das die Altersgrenze für vorgezogenes Altersruhegeld bei Gesundheitseinschränkung wegen Schwerbehinderung der BU/EU in zwei Stufen von 62 auf 60 Jahre gesenkt wurde, hat ebenso wie die Möglichkeit der Gewährung des vorzeitigen Altersruhegeldes mit 60 Jahren wegen Arbeitslosigkeit, von der bei dauerhafter Arbeitslosigkeit gerade ältere und gesundheitlich eingeschränkte Arbeitnehmer zunehmend Gebrauch gemacht haben, dazu beigetragen, daß Frühinvaliden in der Statistik der Rentenversicherung nicht nur als BU/EU-Rentner, sondern auch als Bezieher von vorgezogenem oder vorzeitigem Altersruhegeld erscheinen.

Dieser Sachverhalt macht zudem deutlich, daß auf die Frühverrentungsquote nicht allein das berufliche Belastungsgeschehen, die soziale Lage sowie das Gesundheitsverhalten und dadurch entstandene chronische Erkrankungen verantwortlich sind; vielmehr spielen auch andere *Einflüsse*, wie die Lage auf dem Arbeitsmarkt, die Altersstruktur der erwerbstätigen Bevölkerung und insbesondere das Rentenrecht eine wichtige Rolle. So ist z.B. der starke Anstieg der Rentenzugänge wegen BU/EU um die Mitte der siebziger Jahre entscheidend auf die Möglichkeit der langen Nachentrichtungsphase (1972-76) für Beiträge zur gesetzlichen Rentenversicherung zurückzuführen, wie sie das Rentenreformgesetz (1972) eingeführt hatte, wobei vielfach der Antrag auf Beitragsnachentrichtung und auf vorzeitige BU/EU-Rente von Anspruchsberechtigten zur gleichen Zeit gestellt wurde (Reimann 1985: 408).

Frühinvalidität: Verlust von Lebenserwartung und Einkommen
Von vorzeitiger Berufs- oder Erwerbsunfähigkeit betroffene Arbeitnehmer weisen ein deutlich höheres Sterblichkeitsrisiko auf (Oppolzer 1993; Müller/Gensch 1990): Berechnungen für 1979 ergaben, daß BU/EU-Rentner im Durchschnitt vier Jahre früher starben als ihre Kolleginnen und Kollegen, die das Altersruhegeld erreichten. Ein Vergleich der ferneren *Lebenserwartung* frühinvalider Arbeiter und Angestellter ergab für die erste Hälfte der achtziger Jahre bei 50-jährigen männlichen Frührentnern eine Verkürzung um rund acht und bei 60-jährigen um zweieinhalb Jahre; bei weiblichen Frühinvaliden war die Lebenserwartung für die 50-jährigen um sechs Jahre und für die 60-jährigen um ein Jahr niedriger als in der entsprechenden Altersgruppe der Gesamtbevölkerung. Es fällt auf, daß die fernere Lebenserwartung der Frühinvaliden gegenüber der Gesamtbevölkerung um so stärker verkürzt ist, je jünger sie noch sind: Denn der Verlust an Lebenserwartung beträgt bei den 30-jährigen frühinvaliden Männern 21 Jahre und bei den 40-jährigen Männern 12 Jahre; bei den Frauen

haben die 30-jährigen Frühinvaliden eine um 20 Jahre und die 40-jährigen eine um 13 Jahre niedrigere Lebenserwartung als die entsprechende Altersgruppe der Bevölkerung insgesamt.

Außer den alltäglichen Erschwernissen und persönlichen Beeinträchtigungen, die im Zusammenhang mit gesundheitlichen Schädigungen auftreten, können frühinvalide Rentner aufgrund ihrer relativ geringen *Rente* nur einen Lebensstandard auf unterdurchschnittlichem Niveau realisieren; zur persönlichen und sozialen kommt also die finanzielle Benachteiligung der Frühinvaliden (VDR 1992; Münke 1964). Auf zwei Ursachen ist die finanzielle Benachteiligung der Frühinvaliden zurückzuführen, die sich aus der Art der Rentenberechnung (»Rentenformel«) ergeben; die Höhe der schließlich gewährten Rente hängt entscheidend zum einen von der Höhe des zuvor erlangten Einkommens und zum anderen von der Dauer der Erwerbstätigkeit ab.

In beiden Punkten sind die Frühinvaliden benachteiligt, denn: Zum einen stammen Frühinvalide überdurchschnittlich oft aus den unteren Einkommensgruppen (z.B. un- bzw. angelernte Arbeiter mit häufig starken Belastungen bei der Arbeit), zum anderen erreichen sie aufgrund von vorzeitigem Gesundheitsverschleiß nur eine erheblich kürzere Versicherungsdauer.

Das durchschnittliche Rentenzugangsalter z.B. der Männer in der Arbeiter-Rentenversicherung lag 1990 bei 62,7 für Bezieher von Altersruhegeld, während die Bezieher von BU/EU im Durchschnitt nur 53,8 Jahre alt waren (VDR 1992). Deshalb lag 1990 die Rente wegen Frühinvalidität aufgrund von vollständiger Erwerbsunfähigkeit mit 1.364 DM um fast ein Viertel unter den Renten bei Altersruhegeld mit 63 Jahren (1.748 DM), dem vorgezogenen Altersruhegeld mit 60 Jahren bei Arbeitslosigkeit (1.726 DM) und dem vorgezogenen Altersruhegeld mit 60 bzw. 62 Jahren bei Schwerbehinderung oder BU/EU (1.818 DM).

Arbeitsbelastung und Frühinvalidität

Nur drei Krankheitsarten waren 1990 für zwei Drittel aller BU/EU-Renten verantwortlich: In der Arbeiter- und Angestellten-Rentenversicherung der Männer entfielen die meisten Rentenzugänge auf Krankheiten des Bewegungsapparates (28%), an zweiter Stelle lagen die Erkrankungen des Kreislaufsystems (27%) und an dritter Stelle kamen psychische Erkrankungen (12%); in der Rentenversicherung der Frauen waren 32% der Rentenzugänge wegen BU/EU auf Erkrankungen des Bewegungsapparates, 20% auf psychische Erkrankungen und 16% auf Krankheiten des Kreislaufsystems zurückzuführen (BMAS 1991). Die Erkrankungen des Bewegungsapparates (Skelett, Muskeln, Bindegwebe) haben im Laufe der Zeit immer mehr zugenommen und mittlerweile die früher führenden Herz-Kreislauf-Krankheiten bei den Ursachen für Frühinvalidität überholt.

Frühinvalidität sowie die ihr zugrunde liegenden chronischen Krankheiten und Mehrfacherkrankungen (Multimorbidität) sind zwar meist nicht allein auf Belastungen in der Arbeitswelt zurückzuführen, denn in der Regel spielen auch individuelle Lebensschicksale, soziale Lebensverhältnisse, persönliches Gesundheits- und Krankheitsverhalten sowie Konsumgewohnheiten und Freizeitverhalten eine wichtige Rolle. Aber den arbeitsbedingten Belastungen kommt vielfach eine entscheidende oder zumindest mitverursachende Bedeutung für Entstehung, Entwicklung und Verlauf von Erkrankungen zu, die schließlich zu Frühinvalidität führen.

Dieser wesentliche Zusammenhang von *Belastungserfahrung* in der Arbeitswelt und *Frühinvalidisierungsrisiko* der Betroffenen ist in einer Reihe von empirischen Untersuchungen nachgewiesen worden. Wie die Analyse von Daten der Landesversicherungsanstalt in Baden-Württemberg aus den Jahren 1971/72 ergab, besteht ein deutlicher Zusammenhang zwischen Art und Schwere der Arbeitsbelastungen und dem Risiko, vorzeitig als Frühinvalide aus dem Erwerbsleben ausscheiden zu müssen (Oppolzer 1986: 87). Die wegen BU/EU vorzeitig in Rente gegangenen Männer waren nämlich 1,3 mal und die Frauen doppelt so oft im Arbeitsleben durch gesundheitsschädliche Belastungsfaktoren (körperliche Schwerarbeit, Klimaeinflüsse, Staub, Lärm und Erschütterungen) betroffen gewesen wie ihre Kolleginnen und Kollegen, die das normale Altersruhegeld erreicht hatten.

Auch als zehn Jahre später 1982 alle im Bereich der LVA Baden und der LVA Württemberg wegen BU/EU frühverrenteten Personen auf den Grund ihrer Frühinvalidität hin untersucht wurden, stellte man fest, daß Beschäftigte mit hohen Arbeitsbelastungen unter den Frühinvaliden häufiger sind; es ergab sich ein statistisch gesicherter Zusammenhang zwischen überdurchschnittlichen Belastungen am Arbeitsplatz und einem erhöhten Frühinvalidisierungsrisiko (Institut für empirische Soziologie, Nürnberg 1985: 133/34; Ministerium für Arbeit, Gesundheit und Sozialordnung Baden-Württemberg 1984: 552/53).

Der »Teufelskreis« von starken Arbeitsbelastungen, erhöhter arbeitsbedingter Erkrankungshäufigkeit und gesteigertem Frühinvalidisierungsrisiko wird auch aus den Untersuchungen der Enquete-Kommission »Strukturreform der gesetzlichen Krankenversicherung« und ihren Berichten an den Deutschen Bundestag deutlich (EK-GKV 1988; EK-GKV 1990; Oppolzer 1993). Das Risiko chronischer Erkrankungen und die Gefahr, an mehreren Krankheiten zugleich zu leiden

(Multimorbidität), steigt demnach mit der Häufigkeit und Schwere der Arbeitsbelastungen, denen die Betroffenen ausgesetzt sind.

Auf der Grundlage von Ergebnissen der Deutschen Herz-Kreislauf-Präventionsstudie aus den Jahren 1984-86 wurden Zusammenhänge zwischen Einzelbelastungen aus der Arbeitswelt und verschiedenen chronischen Herz-Kreislauf-Erkrankungen untersucht. Dabei wurde festgestellt (EK-GKV 1988: 18/19): Wer durch drei oder mehr Faktoren am Arbeitsplatz stark belastet war, war 1,7-1,9 mal häufiger von Durchblutungsstörungen am Herzen, im Gehirn oder in den Beinen betroffen als die Beschäftigten ohne solche Arbeitsbelastungen. Bei denen, die unter drei und mehr chronischen Erkrankungen litten, waren Beschäftigte, die drei und mehr starke Arbeitsbelastungen aufwiesen, 1,7 mal häufiger als jene ohne starke Belastungen am Arbeitsplatz. Wer bei der Arbeit bestimmten Belastungsarten (z.B. Klimaeinflüsse, körperliche Schwerarbeit, Lärm, Zeitdruck, hohes Arbeitstempo, Nachtarbeit, Lärm, Überstunden) in starkem Maße ausgesetzt ist, unterliegt einem doppelt so hohen Risiko an mehreren chronischen Herz-Kreislauf-Erkrankungen zu leiden wie Berufstätige ohne starke Arbeitsbelastungen.

Vermeidung von Frühinvalidität

Wenn die Arbeitswelt zwar nicht allein, aber doch entscheidend über das Risiko mitbestimmt, als Frühinvalide vorzeitig aus dem Erwerbsleben ausscheiden zu müssen, dann können Maßnahmen menschengerechter Arbeitsgestaltung die zugrunde liegenden chronischen Erkrankungen und Schädigungen der Gesundheit zwar nicht gänzlich verhindern, aber doch ihren Verlauf mildern und ihre Häufigkeit verringern. Das ist insbesondere deshalb möglich, weil es sich bei den Erkrankungen, die für Frühinvalidität überwiegend verantwortlich sind, um solche Krankheitsarten handelt, für die Einflüsse aus der Arbeitswelt von erheblicher Bedeutung sind.

Erkrankungen des Bewegungsapparates (z.B. der Wirbelsäule und der Bandscheiben, der Gelenke und Muskel- oder Sehnenansätze) werden vielfach durch schwere körperliche Arbeit (z.B. Heben und Tragen schwerer Lasten), durch einseitige körperliche Haltungs- oder Haltearbeiten (z.B. ständiges Sitzen oder Stehen und Zwangshaltungen) sowie durch einseitige Bewegungen hervorgerufen oder zumindest begünstigt. Für Herz-Kreislauf-Krankheiten stellen physische Beanspruchungen durch Schwerarbeit und ungünstige Arbeitszeit (z.B. Überstunden, Nacht- und Schichtarbeit) sowie psychische Belastungen (z.B. Streß durch Überforderung und Konflikte, hohes Arbeitstempo, geringer Spielraum) erhebliche Risikofaktoren dar. Psychische Krankheiten können in ihrem Verlauf und in ihrer Schwere durch die psychischen Belastungen bei der Arbeit (z.B. Monotonie, Streß, Konflikte, Überforderung, Unterforderung) nachdrücklich beeinflußt werden. Darüber hinaus können Über- und Fehlbeanspruchungen sowie Gefährdungen und Schädigungen aus der Arbeitswelt sowohl Erkrankungen der Atemwege und bösartige Neubildungen (Krebs) als auch Erkrankungen der Sinnesorgane und des Nervensystems sowie Magen-Darm- oder Haut-Krankheiten hervorrufen oder begünstigen.

Literatur
BMAS 1991; EK-GKV 1988 und 1990; Oppolzer 1986 und 1993; Salowsky 1991; van Eimeren/Selbmann/Überla 1972; VDR 1992; Zimmermann 1976; Zoike 1992

3. Körperliche Belastungen

Körperliche Belastungen bei der Arbeit sind im Zuge des technischen Wandels nicht durchgängig zurückgegangen. Zwar haben Mechanisierung und Automation in vielen Bereichen dazu geführt, daß Maschinen und Geräte körperliche Schwerarbeit überflüssig machen oder die körperliche Anstrengung verringern. Aber Untersuchungen, die 1985/86 vom Bundesinstitut für Berufsbildung (BIBB) in Verbindung mit dem Institut für Arbeitsmarkt- und Berufsforschung der Bundesanstalt für Arbeit (IAB) durchgeführt worden waren, ergaben, daß nur bei 6% der Erwerbstätigen in den letzten zwei Jahren die körperliche Belastung abgenommen hatte, während sie bei rund 20% zugenommen hatte (BIBB/IAB 1987: 422).

Körperliche Anforderungen bei der Arbeit können nachhaltige Auswirkungen auf die Gesundheit der Betroffenen haben. Als physiologische Grundregel bei der Belastung des Stütz- und Bewegungsapparats sowie des Herz-Kreislaufsystems bei der Arbeit gilt: »Übung kräftigt, Untätigkeit schwächt, Überlastung schadet.« (Kahle 1963: 299) Ziel menschengerechter Arbeitsgestaltung ist deshalb keineswegs die Vermeidung körperlicher Beanspruchung überhaupt. Ziel ist vielmehr eine angemessene, der Funktionsweise des menschlichen Organismus entsprechende Beanspruchung bei der Arbeit. Davon abweichende Formen körperlicher Unter-, Über- oder Fehlbeanspruchung können bei den Betroffenen zur Beeinträchtigung der Leistungsfähigkeit und zu vorzeitigem Gesundheitsverschleiß führen.

Im Rahmen arbeitsmedizinischer Vorsorgeuntersuchungen (1982-1987) wurde festgestellt, daß 13% der Beschäftigten unter gesundheitlichen Störungen des Bewegungsapparates litten (EKD 1990: 77). Hierbei handelt es sich insbesondere um Wirbelsäulen- und Bandscheibenschäden, rheumatische Erkrankungen, Sehnenscheidenentzündungen, Erkrankungen der Muskel- und Sehnenansätze sowie um krankhafte Veränderungen in den Gelenken und um Lähmungen von Nerven oder Schleimbeuteln. Bei etwa jeder zehnten *Berufskrankheit*, die 1990 den Trägern der gesetzlichen Unfallversicherung angezeigt wurde, handelte es sich um eine arbeitsbedingte Erkrankung des Bewegungsapparats, die durch physikalische Über- und Fehlbeanspruchungen hervorgerufen wurde (Unfallverhütungsbericht 1990).

Krankheiten des Bewegungsapparates
Krankheiten des Bewegungsapparates sind inzwischen zur häufigsten Ursache des *Krankenstandes* geworden: 1990 waren Erkrankungen von Skelett, Muskeln, Sehnen und Bindegewebe im Bewegungsapparat die Ursache für krankheitsbedingte Arbeitsunfähigkeit in 28% der AU-Tage sowie für 20% der AU-Fälle im Bereich der Allgemeinen Ortskrankenkassen; bei den Betriebskrankenkassen war es ebenso, dort waren Erkrankungen des Bewegungsapparates für 32% der AU-Tage und 22% der AU-Fälle verantwortlich (AOK-Bundesverband, Krankheitsartenstatistik 1992; Zoike 1992).

Die Krankheiten des Bewegungsapparates, die im Laufe der Zeit immer mehr zugenommen und in ihrer Häufigkeit die früher dominierenden Herz-Kreislauf-Krankheiten mittlerweile überholt haben, stellen die häufigste Ursache für *Frühinvalidität* dar: Sowohl in der Arbeiter- und Angestellten-Rentenversicherung der Männer (28%) als auch der Frauen (32%) entfielen 1990 die meisten Rentenzugänge wegen Berufs- oder Erwerbsunfähigkeit auf Erkrankungen im Bereich von Skelett, Muskeln und Bindegewebe (VDR 1992).

In einer Untersuchung der *Umsetzungsanträge* aus gesundheitlichen Gründen in einem Großbetrieb der Automobilindustrie wurde festgestellt, daß in mehr als der Hälfte der Fälle (56,2%) von den Betroffenen Beschwerden des Bewegungsapparates als Ursache für den Wunsch nach einem anderen Arbeitsplatz genannt wurden (Robra u.a 1991). Bei mehr als der Hälfte (53%) der gewerblichen Lohnempfänger, die ihren Antrag nach innerbetrieblicher Umsetzung innerhalb des untersuchten Betriebes mit Beschwerden des Bewegungsapparates begründet hatten, war die Ursache der gesundheitlichen Beeinträchtigung auf Wirbelsäulenschäden zurückzuführen.

Anerkannte Berufskrankheiten des Bewegungsapparates
Eine Reihe von arbeitsbedingten Erkrankungen gehört zum Kreis der anerkannten Berufskrankheiten, die in der Berufskrankheiten-Verordnung (BeKV von 1988) aufgeführt wurden. [1993 wurde die BeKV erneut geändert und erweitert.] Solche Erkrankungen können, wenn bestimmte Voraussetzungen erfüllt sind und wenn eine Minderung der Erwerbsfähigkeit von mindestens 20% vorliegt, in Form einer Rente (»MdE-Rente«) von den Trägern der gesetzlichen Unfallversicherung (Berufsgenossenschaften) nach § 551 (1) Reichsversicherungsordnung (RVO) entschädigt werden. Zu den durch physikalische Einwirkungen verursachten Berufskrankheiten, die auf Grund von körperlichen Über- und Fehlbeanspruchungen entstehen können, gehören (Unfallverhütungsbericht 1990):

- Erkrankungen der Sehnenscheiden oder des Sehnengleitgewebes sowie der Sehnen- oder Muskelansätze, die z.B. bei Schreibkräften oder Montagearbeiterinnen durch die ständige Wiederholung derselben Bewegungen hervorgerufen werden (BK 21 01; angezeigt 1990: 1.829 Fälle, erstmals entschädigt: 7 Fälle);
- Meniskusschäden nach langer oder häufiger Tätigkeit in körperlichen Zwangshaltungen (Knien oder Hocken) bei der Arbeit (z.B. im Bergbau) (BK 21 02; angezeigt 1990: 1.809 Fälle, erstmals entschädigt: 277 Fälle);
- chronische Erkrankungen der Schleimbeutel durch ständigen Druck z.B. bei kniender Körperhaltung in Bau- und Ausbauberufen (BK 21 05; angezeigt 1990: 581 Fälle, erstmals entschädigt: 6 Fälle)
- Drucklähmungen der Nerven bei einseitigen Bewegungen oder Zwangshaltungen, wie z.B. durch Aufstützen der Ellenbogen bei Montagearbeiten in der Uhrenindustrie (BK 21 06; angezeigt 1990: 70, erstmals entschädigt: 5 Fälle)
- Abrißbrüche der Wirbelfortsätze bei schwerer körperlicher Arbeit, wie z.B. bei langem Schaufeln schweren Materials (BK 21 07; angezeigt 1990: 40 Fälle, erstmals entschädigt: keine)

Diese Erkrankungen sind auch in die »Europäische Liste der Berufskrankheiten« aufgenommen worden, die in der »Empfehlung der Kommission vom 22. Mai 1990 betreffend die Annahme einer Europäischen Liste der Berufskrankheiten (90/326/EWG)« enthalten ist. Andere arbeitsbedingte Erkrankungen des Stütz- und Bewegungsapparats (z.B. Bandscheibenschäden), die nicht im Katalog der Berufskrankheiten-Verordnung enthalten sind, wurden bisher nur sehr selten als Berufskrankheit nach § 551 (2) RVO anerkannt, entschädigt oder statistisch erfaßt. Solche Arbeitsschäden sind auch weder in der »Europäischen Liste der Berufskrankheiten« noch in der »Ergänzenden Liste von Krankheiten, deren berufliche Verursachung vermutet wird« enthalten. Es ist deshalb davon auszugehen, daß die 1990 insgesamt 4.329 angezeigten Berufskrankheiten, die auf schwere, einseitige und statische Muskelarbeit zurückgehen, lediglich die Spitze eines Eisbergs ausmachen und daß das tatsächliche Ausmaß arbeitsbedingter Erkrankungen des Bewegungsapparats auf Grund der nicht erfaßten erheblichen Dunkelziffer (Steeger 1989a) weitaus höher ist.

Wirbelsäulenerkrankungen durch Heben und Tragen schwerer Lasten endlich anerkannt
Auf Empfehlung des Ärztlichen Sachverständigenbeirats (Sektion »Berufskrankheiten«) beim Bundesminister für Arbeit und Sozialordnung sind ab 1993 zwei durch körperliche Schwerarbeit verursachte

Erkrankungen in den Kreis der entschädigungspflichtigen Berufskrankheiten aufgenommen worden. Die Berufskrankheitenverordnung wird nämlich ergänzt um die Positionen:
- bandscheibenbedingte Erkrankungen der *Lendenwirbelsäule* durch langjähriges Heben und Tragen schwerer Lasten oder durch langjährige Tätigkeiten in extremer Rumpfbeugehaltung (BK 2108), wie sie z.b. beim Krankenpflegepersonal, bei Betonbauern oder Untertagearbeitern vorkommen;
- bandscheibenbedingte Erkrankungen der *Halswirbelsäule* durch langjähriges Tragen schwerer Lasten auf der Schulter (BK 2109), wie sie z.b. bei Transportarbeitern oder Lastenträgern in Schlachthäusern auftreten.

Einschränkende Voraussetzung für eine Anerkennung ist allerdings für beide Berufskrankheiten (wie bei der BK 2101), daß sie »zur Unterlassung aller Tätigkeiten gezwungen haben, die für die Entstehung, die Verschlimmerung oder das Wiederaufleben der Krankheit ursächlich waren oder sein können«.

Mit der Anerkennung dieser beiden Erkrankungen als entschädigungspflichtige Berufskrankheiten im Sinne von § 551 Abs. 1 ist die Bundesregierung dem Artikel 30 Abs. 6 Einigungsvertrag gefolgt, der vorschreibt, daß geprüft werden muß, inwieweit die in der ehemaligen DDR geltenden Regelungen über Berufskrankheiten künftig in der BRD insgesamt berücksichtigt werden können. In der ehemaligen DDR waren »Verschleißerkrankungen der Wirbelsäule (Bandscheiben, Wirbelkörperabschlußplatten, Wirbelfortsätze, Bänder, kleine Wirbelgelenke) durch langjährige mechanische Überlastungen« (Nr. 70 Berufskrankheiten-Liste) als Berufskrankheiten anerkannt, sofern »erhebliche Funktionseinschränkungen des Bewegungsapparates mit Aufgabe der schädigenden Tätigkeit« damit verbunden waren.

Die Berücksichtigung von Wirbelsäulen- und Bandscheibenschäden als entschädigungspflichtige Berufskrankheiten ist in Fachkreisen der Arbeitsmedizin und Arbeitswissenschaft seit längerer Zeit verlangt worden. Daß beim Heben und Tragen schwerer Lasten die Bandscheiben überbelastet werden, daß Rumpfbeuge- und Verdrehungshaltungen das Risiko einer Schädigung von Wirbelkörpern und Bandscheibenringen zusätzlich erhöhen, ist sowohl in experimentellen Versuchen als auch in epidemiologischen Studien (Querschnittuntersuchungen, Fallstudien, prospektiven Studien) bei Betroffenen wissenschaftlich belegt. Mit zunehmender Dauer und Intensität der Belastungen durch Heben und Tragen sowie Rumpfbeuge- und Verdrehungsbewegungen nimmt für die Betroffenen die Gefahr von Wirbelsäulenbeschwerden zu; es besteht also eine »Dosis-Häufigkeitsbeziehung« zwischen Belastung und Gefährdung. Diese gesicherten arbeitsmedizinischen Erkenntnisse haben schließlich 1993 zur Aufnahme von bandscheibenbedingten Erkrankungen der Lendenwirbelsäule (BK 2108) und der Halswirbelsäule (BK 2109) in die Liste der Berufskrankheiten geführt.

Literatur
EKD 1990; Elsner 1988; Gensch/Müller 1990; Jansen/Haas 1991; Kahle 1963; Norpoth 1991; Skiba 1991; Statistisches Jahrbuch 1990; Steeger 1989a und 1989b; Unfallverhütungsbericht 1990

3.1. Belastungen durch körperliche Schwerarbeit

Charakteristisch für schwere körperliche Arbeit ist, daß große Muskelgruppen insbesondere der Gliedmaßen (z.B. Arme und Beine) und des Rumpfes (z.B. Rücken und Becken) beim Heben und Tragen, Ziehen und Schieben von schweren Lasten oder beim Hantieren mit schweren Geräten und Werkzeugen stark oder häufig beansprucht werden.

Körperliche Schwerarbeit ist nicht verschwunden
Nach Erhebungen aus den Jahren 1984-86 war jeder zehnte Berufstätige von körperlich schwerer Arbeit »stark« belastet (EK-GKV 1988: 15). Auf alle Erwerbstätigen hochgerechnet ergibt sich daraus, daß mehr als zweieinhalb Millionen Personen starken Belastungen durch körperliche Schwerarbeit ausgesetzt waren. 23% der Erwerbstätigen, das sind 5,5 Mio. Personen, mußten 1985 Lasten von mehr als 20 kg heben und tragen (Bäcker u.a. 1989). Insbesondere in Lager- und Verkehrsberufen, im Dienstleistungs- und Baugewerbe sowie in der Industrie ist noch immer in erheblichem Umfang schwere körperliche Arbeit zu leisten; so mußten z.B. 1985 fast drei Viertel (72%) der Männer in Landwirtschafts-, Bergbau- und Bau-/Ausbauberufen praktisch immer bzw. häufig Lasten von mehr als 20 kg heben oder tragen (BIBB/IAB 1987).

Schwere körperliche Arbeiten weisen im Zuge des wirtschaftlichen Strukturwandels und aufgrund der technischen Entwicklung in den letzten Jahrzehnten zwar insgesamt eine rückläufige Tendenz auf, der Kreis der davon betroffenen Berufstätigen ist aber immer noch beträchtlich. Zwar sind die Beschäftigtenzahlen in solchen Wirtschaftszweigen, für die körperliche Schwerarbeit weithin typisch war (z.B. Bergbau, Landwirtschaft, Schwerindustrie) stark zurückgegangen, und der technische Wandel hat durch Transport-, Hebe- und Fördergeräte oder aufgrund von Mechanisierung und Automatisierung vieler Arbeitsvorgänge dazu beigetragen, daß körperlich schwere Arbeiten insgesamt weniger geworden sind. Aber in zahlreichen Berufsfeldern (z.B. Bauberufe, Transportberufe) und in vielen Wirtschaftszweigen (z.B. Grundstoffindustrie, Handwerk, Verkehr, Handel) ist körperliche Schwerarbeit in ihren unterschiedlichen Varianten vielfach erhalten geblieben.

Auch wenn in der Arbeitswelt generell eine Verschiebung des Belastungs-Beanspruchungs-Profils weg von schweren körperlichen Faktoren hin zu intensiven psychischen Anforderungen festgestellt werden kann, und im wirtschaftlichen Strukturwandel (»Dienstleistungsgesellschaft«) insbesondere solche Wirtschaftszweige ihren Anteil an den Beschäftigten vergrößern konnten, in denen körperliche Schwerarbeit relativ selten vorkommt (z.B. Banken und Versicherungen, Öffentliche Verwaltung), ist diese Art von Belastungen doch keineswegs verschwunden.

Schwere dynamische Muskelarbeit
Die Bewegungen des arbeitenden Menschen kommen in mechanischer Hinsicht dadurch zustande, daß die in Gelenken miteinander verbundenen Knochen durch die Anspannung der Muskulatur bewegt werden. Die quergestreiften, willkürlich gesteuerten Skelettmuskeln bestehen aus zahlreichen Bündelgruppen, in denen die einzelnen Fasergruppen, bestehend aus Muskelfasern sowie zugehörigen Blutgefäßen und Nerven durch Faszien (Muskelhüllgewebe, Bänder) gebündelt sind. Damit die Muskeln »arbeiten« können, müssen sie über die feinen Blutgefäße zwischen den einzelnen Muskelfasern mit Nährstoffen versorgt werden; ebenso wichtig ist der Abtransport von Abfallprodukten des Stoffwechsels aus der Muskulatur auf demselben Wege.

Das Blut, durch das die Muskeln mit Nährstoffen (Zucker, Fett, Eiweiß, Sauerstoff) versorgt werden und durch das zugleich die Stoffwechselendprodukte (Kohlensäure, Milchsäure, Wasser) abtransportiert werden, wird vom Herzen durch den Kreislauf gepumpt. Die dynamische Muskelarbeit zeichnet sich durch den rhythmischen Wechsel von Anspannung und Entspannung der Muskulatur aus. Durch diesen Wechsel von Anspannung und Entspannung bei ganzheitlicher dynamischer Muskelarbeit (Bewegungsarbeit) wird die Pumpwirkung des Herz-Kreislauf-Systems unterstützt und die Ver- und Entsorgung des Muskels durch das Blut gefördert. Blutbedarf und Blutzufuhr halten sich, sofern die Muskelkontraktionen nicht zu rasch aufeinander folgen und solange die Dauerleistungsgrenze des Muskels nicht überschritten wird, bei allseitiger dynamischer Muskelarbeit in der Regel die Waage. Auf diese Weise erhält der Muskel ausreichend Nährstoffe zugeführt und die anfallenden Abfallstoffe werden hinreichend abtransportiert.

Beanspruchungen
Mit ihrem rhythmischen Wechsel von Anspannung und Entspannung entspricht die dynamische Muskelarbeit (im Unterschied zur statischen Muskelarbeit, bei der die Muskulatur gegen innere oder äußere Kräfte in gespannter Haltung in Form von Haltungs- bzw. Haltearbeit verharrt) der natürlichen Funktionsweise der Muskulatur. Deshalb kann bei dynamischer Bewegungsarbeit eine viel größere Kraft entfaltet werden, als dies unter den Bedingungen der unphysiologischen statischen Haltungs- und Haltearbeit möglich ist. Für die Höhe der Belastungen, die bei dynamischer Muskelarbeit auftreten, sind Schwere, Häufigkeit und Dauer der Arbeit entscheidend.

Charakteristisch für schwere dynamische (auch: ganzheitliche oder allseitige) Muskelarbeit ist, daß große Muskelgruppen stark belastet werden, wobei vor allem zwei Organsysteme je nach Kraftaufwand, Häufigkeit und Dauer besonders beansprucht werden: das Herz-Kreislauf-System sowie der Stütz- und Bewegungsapparat. Insbesondere die Wirbelsäule unterliegt beim Heben und Tragen schwerer Lasten dem erhöhten Risiko »einmaliger Überlastungsschäden« (z.B. Bandscheibenvorfall) ebenso wie der Gefahr »langzeitiger Materialermüdung« (z.B. Bandscheibenverschleiß) (Jäger/Luttmann/Laurig 1989: 14).

Auswirkungen auf Kreislauf und Organe
Körperliche Schwerarbeit stellt eine besondere Belastung für Herz und Kreislauf dar. Denn mit dem Gewicht der zu bewegenden Last oder mit der Stärke der aufzubringenden Kraft steigt der Energiebedarf in der Muskulatur, der durch die Nährstoffversorgung über das Blut gedeckt werden muß. Die Erhöhung von Herzfrequenz, Blutdruck und Atmung sind sichtbare Anzeichen für die gesteigerte Beanspruchung des Organismus. Die Folge davon sind vorzeitige Ermüdung und vermehrter Erholungsbedarf; bei Überforderung der Leistungsfähigkeit (z.B. bei Überschreitung der Dauerleistungsgrenze) besteht die Gefahr von Überanstrengung und chronischer Ermüdung, von vorzeitigem Kräfteaufbrauch sowie Herz-Kreislauf-Erkrankungen. Beim Heben und Tragen sehr schwerer Lasten kommt schließlich die Gefahr einer Lungenüberdehnung oder eines Lungenrisses sowie von Leisten- und Nabelbrüchen hinzu.

Für Frauen besteht beim Heben und Tragen schwerer Lasten die Gefahr von Lageveränderungen der Gebärmutter in Form einer Gebärmuttersenkung oder eines Gebärmuttervorfalls (Hettinger/Hahn 1991: 21f.). Weil schweres Heben und Tragen insbesondere während einer Schwangerschaft nicht nur für die Frauen selbst, sondern auch für das ungeborene Kind gefährlich ist, dürfen nach § 4 Abs. 2 (1) Mutterschutzgesetz werdende Mütter nicht mit Arbeiten beschäftigt werden, »bei denen regelmäßig Lasten von mehr als 5 kg Gewicht oder gelegentlich Lasten von mehr als 10 kg Gewicht ohne mechanische Hilfsmittel von Hand gehoben, bewegt oder befördert werden.«

Gefährdungen für Stütz- und Bewegungsapparat
Körperliche Schwerarbeit stellt eine besondere Belastung für den Stütz- und Bewegungsapparat (Wirbelsäule, Bandscheiben, Gelenke, Sehnen, und Muskeln) dar. Denn beim Hantieren mit schweren Lasten und bei der Entfaltung großer Körperkräfte werden die Muskeln, Sehnen und Gelenke, insbesondere aber die Wirbelsäule und die Bandscheiben erhöhten mechanischen Belastungen durch Druck, Zug und Fehlbeanspruchung ausgesetzt. Dadurch kann es bei den Betroffenen zu akuten Überbeanspruchungsschäden (z.B. Ermüdungsbrüche von Knochen) sowie zu chronischen Abnutzungserscheinungen im Bewegungsapparat (z.B. Muskel-, Sehnen- und Bänderrisse) sowie im Stützapparat (z.B. Gelenke, Wirbelsäule und Bandscheiben) kommen.

Besondere Bedeutung kommt in diesem Zusammenhang den arbeitsbedingten Erkrankungen der *Wirbelsäule* zu. Insbesondere im Bereich der Lendenwirbelsäule kann es nämlich beim Heben und Tragen schwerer Lasten zu Über- und Fehlbeanspruchungen kommen. Nicht nur die Wirbelkörper geraten unter Druck und können beschädigt werden, durch den Druckanstieg im Inneren der Bandscheiben wird der Stoffwechsel des Bandscheibengewebes gestört, wobei es zu vorzeitigem Verschleiß des Faserringes der Bandscheiben kommt. Außerdem entstehen im Zuge des Bandscheibenverschleißes knöcherne Randleisten an den Wirbelkörpern. Durch diese Degeneration von Wirbelsäule und Bandscheiben können eine Bandscheibenvorwölbung oder sogar ein Bandscheibenvorfall hervorgerufen werden, wobei Bandscheibengewebe in den Wirbelkanal gelangt. Weil dabei im Wirbelkanal verlaufende Nerven zusammengepreßt und in ihrer Funktion gestört oder geschädigt werden, sind schmerzhafte Bewegungseinschränkungen und Behinderungen vielfach die Folge solcher Wirbelsäulen- und Bandscheibenschäden. Ab 1993 können nach der Ergänzung der Berufskrankheitenverordnung solche bandscheibenbedingten Erkrankungen der Lendenwirbelsäule (BK 2108) sowie der Halswir-

Wirbelsäule und Bandscheibe

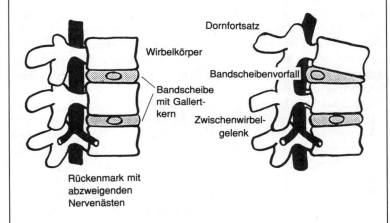

In aufrechter Position (linkes Bild) werden die zwischen den **Wirbelknochen** liegenden **Bandscheiben** durch das Eigengewicht des Körpers oder durch das Heben und Tragen von Lasten gleichmäßig belastet. Bei vorgebeugter Körperhaltung (rechtes Bild) und mehr noch beim Hantieren mit Lasten in dieser Stellung unterliegen die Bandscheiben allerdings am vorderen Rand der Wirbelkörper einer hohen Druckbelastung und am hinteren Rand einer erheblichen Belastung durch Zug. Durch solche mechanische **Über- und Fehlbeanspruchungen** beim Heben und Tragen schwerer Lasten bei vorgebeugten oder verdrehten Haltungen und Bewegungen des Körpers, aber auch auf Grund von Störungen im Stoffwechsel der Bandscheiben durch Bewegungsarmut im Sitzen oder Stehen verschleißen und zermürben die Faserringe der Bandscheiben vor allem im Bereich der **Lendenwirbelsäule.** Anschließende Kalkeinlagerungen an den Randleisten der Wirbelkörper und krankhafte Veränderungen in den Zwischenwirbelgelenken beeinträchtigen dann die Beweglichkeit. Wenn die Bandscheiben rissig und in ihrer Verbindung zu den Wirbelknochen locker werden, kommt es zur Vorwölbung oder zum **Vorfall** der Bandscheibe, die dabei mit ihrem gallertartigen inneren Kern nach hinten in den Wirbelkanal gelangt und dort schmerzhafte **Druckschäden** an Rückenmark und abzweigenden Nervenästen verursacht.

belsäule (BK 2109), die durch langjähriges Heben und Tragen schwerer Lasten hervorgerufen wurden, als entschädigungspflichtige Berufskrankheiten anerkannt werden.

Ungünstige Körperhaltungen und Belastungen
Neben der individuellen Leistungsfähigkeit (z.B. Kraft, Konstitution, Disposition) der Arbeitskräfte sind die jeweiligen Rahmenbedingungen (z.B. Umgebungseinflüsse), unter denen sich körperliche Schwerarbeit vollzieht, mitentscheidend dafür, welche Beanspruchungen bei den Betroffenen hervorgerufen werden. Die tatsächliche Stärke der Belastungen durch schwere körperliche Arbeit kann durch zusätzliche Faktoren erhöht werden:
– Durch körperliche *Zwangshaltungen* (z.B. hocken, knien, balancieren), insbesondere Rumpfbeuge- und Verdrehungshaltungen oder körperfernes Heben und Tragen von Lasten sowie das Hantieren in beengten räumlichen Verhältnissen wird die Wirbelsäule durch den hohen und ungleichmäßigen Druck auf die Bandscheiben sowie durch Dreh- und Schwerkräfte besonders beansprucht, wodurch das Risiko von Bandscheibenschäden erheblich gesteigert wird.
– Ungünstige *Klimaeinflüsse* (z.B. durch Wärmeklima, hohe Luftfeuchtigkeit, Strahlungswärme) stellen ebenso wie emotionale oder psychische Belastungen (z.B. durch Zeit- und Termindruck, Pensum- und Leistungsvorgaben) zusätzliche Faktoren der Kreislaufbelastung dar, wodurch die Beanspruchung aufgrund der körperlichen Schwerarbeit weiter gesteigert und die Dauerleistungsgrenze des Herz-Kreislaufsystems eher erreicht wird.
– Durch die *Bodenbeschaffenheit* (z.B. schräger, feuchter oder unebener Untergrund) und durch die *Lastenbeschaffenheit* (z.B. sperrige, unhandliche, scharfkantige oder glitschige Gegenstände) können die Belastungen und Gefährdungen beim Heben und Tragen oder bei der Entfaltung von Körperkräften erhöht werden, weil zusätzliche Anstrengungen in Gestalt statischer Muskelarbeit zum Hantieren und zur Körperhaltung erforderlich sind.

Gestaltungsmaßnahmen zur Erleichterung und Begrenzung körperlicher Schwerarbeit
Weil das Heben und Umsetzen schwerer Lasten einen »tätigkeitsspezifischen Risikofaktor« für Wirbelsäulenerkrankungen darstellt, treten Wirbelsäulenschäden bei Transportarbeitern über 20% häufiger auf als bei anderen Beschäftigten. Deshalb sind Gestaltungsmaßnahmen zur Erleichterung körperlicher Schwerarbeit dringend erforderlich (Jäger/Luttmann/Laurig 1989: 1).

Der menschengerechten Gestaltung körperlicher Schwerarbeit können eine Reihe von Maßnahmen zur Begrenzung und Verringerung der Belastungen dienen, die an verschiedenen Punkten ansetzen. Solche Maßnahmen werden z.B. in arbeitswissenschaftlichen Empfehlungen (Kaufmann/Pornschlegel 1982; Kirchner/Rohmert 1974; Hettinger 1981; Hettinger/Hahn 1991) und in Vorschriften des gesetzlichen Arbeitsschutzes (EG-Richtlinie 90/269/EWG) verlangt:
– Durch Verringerung des Gewichts der Lasten, durch Verkürzung des Transportweges, durch Vermeidung fremdbestimmten Arbeitstempos und durch Begrenzung von Häufigkeit und Dauer der Entfaltung eines hohen Kraftaufwandes oder der Manipulation schwerer Gewichte kann die Beanspruchung des Organismus reduziert werden. Auch durch mechanische Hebevorrichtungen (Hebezeuge) und Transportmittel (Wagen) sowie durch organisatorische Änderungen im Arbeitsablauf (Arbeitstempo, Leistungspensum, Kooperation) kann die Belastung durch Heben und Tragen verringert werden.
– Durch Begrenzung von Temperatur und Luftfeuchtigkeit sowie Herstellung ausreichender Belüftung im Arbeitsraum, durch Schaffung eines trittsicheren Untergrundes und durch handliche Gestaltung der zu bewegenden Lasten, durch Vermeidung ungünstiger Zwangshaltungen und schwieriger Körperbewegungen sowie durch die Beachtung wirbelsäulenschonender Techniken (körpernahes Hantieren in aufrechter Position, Lastenheben mit geradem Rücken »aus den Knien heraus«) bei der Handhabung von Lasten kann dem Risiko vorzeitigen Leistungsaufbrauchs und erhöhten Gesundheitsverschleißes begegnet werden (Windberg/Kuhn/Sondermann 1991; Hettinger/Hahn 1991).
– Durch eine Begrenzung der täglichen Arbeitszeit auf den »Normalarbeitstag« (ohne Überstunden) und durch ausreichende Ruhezeiten sowie durch zusätzliche Kurzpausen, die zur bezahlten Arbeitszeit gehören, kann einer Kumulation von Ermüdung und durch chronische Ermüdung bedingter Überforderung des Organismus zusätzlich entgegengewirkt werden.

Literatur
Birkwald u.a. 1978; EG-Richtlinie 90/269/EWG; Grandjean 1979; Hardenacke/Peetz/Wichardt 1985; Hettinger 1981; Hettinger/Hahn 1991; Jäger/Luttmann/Laurig 1989; Kaufmann/Pornschlegel 1982; Kirchner/Rohmert 1974; Laurig 1989; Murrell 1971; Oppolzer 1989; Rohmert 1983a; Rohmert 1983c; Rohmert/Jenik 1981; Steeger 1989a; Steeger 1989b; Windberg/Kuhn/Sondermann 1991; Zipp 1983

3.2. Belastungen durch einseitige Bewegungen

Typisch für einseitige, ständig wiederkehrende Körperbewegungen ist, daß dieselben relativ kleinen Muskeln in kurzen zeitlichen Abständen immer wieder in Anspruch genommen werden. Solche kurzzyklischen Bewegungsabläufe (»Bewegungsstereotypien«) treten z.B. bei Montagetätigkeiten am Fließband, bei Verpackungsarbeiten im Handel oder bei der Bedienung von Tastaturen an Bildschirmgeräten auf.

Der Mensch als »Lückenbüßer« der Technik

Nach Repräsentativbefragungen hatte jeder fünfte Erwerbstätige den gleichen Arbeitsgang immer wieder rasch aufeinanderfolgend auszuführen; in der industriellen Fertigung waren es bei hohem Mechanisierungsgrad sogar zwei von drei Beschäftigten, die solche gleichförmig wiederkehrenden Aufgaben (»repetitive Teilarbeit«) zu erledigen hatten (Oppolzer 1989: 103). Einseitige Bewegungswiederholungen sind aber nicht nur die typische Folge von Arbeitsteilung und Bewegungsvereinfachung bei der organisatorischen Rationalisierung des Arbeitsablaufes. Insbesondere bei fortschreitender Mechanisierung und Teilautomation entstehen aufgrund von verbleibenden »Mechanisierungslücken« oder »Automationssperren« vielfach »Einfacharbeiten« und »Resttätigkeiten«, die (noch) nicht von der Technik übernommen werden können. Wo der Mensch auf diese Weise zum »Lückenbüßer der Mechanisierung« (Friedmann 1953: 191) wird, sind Arbeitstakt und Bewegungsfolge in der Regel vom Gang der Maschine oder vom Ablauf der Produktion abhängig; von den arbeitenden Menschen werden dabei meist einseitige Bewegungen verlangt.

Mit fortschreitender Technisierung der Arbeitswelt haben über den industriellen Bereich hinaus auch im Büro- und Verwaltungsbereich sowie im öffentlichen und privaten Dienstleistungssektor die mit der Bedienung von Maschinen und Automaten verbundenen Formen kurzzyklisch wiederkehrender Routinearbeiten mit einseitigen Bewegungen erheblich zugenommen. Als Tendenz ist festzustellen: Der technische Wandel hat zwar weithin zu einem Abbau schwerer körperlicher Anforderungen geführt, aber einseitige Bewegungen mit hohen Beanspruchungen kleiner Muskelgruppen insbesondere in Armen und Händen haben durch Mechanisierung und Automation vielfach zugenommen.

In kurzen Zyklen regelmäßig wiederkehrende Bewegungsabläufe sind nicht nur in der industriellen Massenfertigung (z.B. Montage) anzutreffen, auch im Handel (z.B. Kassenarbeit) und in der Verwaltung (z.B. Schreibarbeiten) sowie im Dienstleistungsbereich (z.B. Bildschirmarbeit) haben einseitige Bewegungen weite Verbreitung gefunden.

Einseitig dynamische Muskelarbeit
Bei dynamischer Muskelarbeit wird die Durchblutung zur Versorgung der Muskulatur mit Nährstoffen und Sauerstoff und ihre Entsorgung von Stoffwechselabfallprodukten aufgrund des Wechsels von Anspannung und Erschlaffung der Muskeln gefördert. Denn bei seiner Kontraktion verkürzt sich der Muskel, sein Innendruck nimmt zu und die zwischen den Muskelfasern liegenden feinen Blutgefäße (Blutkapillaren) werden dabei komprimiert. Auf diese Weise wird das Blut bei der Kontraktion des Muskels herausgepreßt (Abtransport der Stoffwechselendprodukte) und kann in der anschließenden Phase der Erschlaffung mit dem vom Herzen erzeugten Blutdruck erneut in die Muskulatur einströmen (Zufuhr von Nährstoffen).

Im Unterschied zu schwerer ganzheitlicher Muskelarbeit, bei der große Muskelmassen zur gleichen Zeit im Einsatz sind, werden bei einseitig dynamischer Muskelarbeit relativ kleine Muskeln (z.B. Fingermuskeln bei Tastaturbedienung) wiederholt intensiv beansprucht. Zwei Merkmale sind für diese einseitig dynamische Muskelarbeit charakteristisch: 1. Es wird weniger als 1/7 der gesamten Skelettmuskulatur (das entspricht z.B. der Muskelmasse eines Armes) bei der Arbeit aktiv eingesetzt, 2. die beanspruchte Muskulatur wird mindestens 15 mal in der Minute angespannt (Oppolzer 1989: 104f.; Schmidtke 1976; Schulte 1987; Zipp 1983).

Beanspruchungen
Bei dynamischer Arbeit kann die Durchblutung des beanspruchten Muskels zwar um das zehn- bis zwanzigfache gegenüber der Ruhestellung gesteigert werden. Aber durch die ständig wiederholte Beanspruchung kleiner Muskeln, die aufgrund ihres geringen Querschnitts in ihrer Kraftentfaltung sehr beschränkt sind, kann es bei einseitig dynamischer Muskelarbeit zu einer Überschreitung der Dauerleistungsgrenze in den betroffenen Muskeln kommen. Durch ständig wiederkehrende Bewegungen wird vielfach nicht nur die Muskulatur überlastet, sondern auch die Sehnen sowie die Muskel- und Sehnenansätze, mit denen die Muskeln an den Knochen des Skelettes befestigt sind, können dabei überbeansprucht werden (Oppolzer 1989; Steeger 1989a; Steeger 1989b; Baader 1960; Schröter 1961; Kahle 1963).

Die Schwere der Belastungen durch einseitig dynamische Muskelarbeit ist letztlich davon abhängig, wie lange (Dauer) solche einseitigen Bewegungen ausgeübt werden müssen, wieviel Kraft (Kraftaufwand) bei jeder einzelnen Muskelanspannung aufzuwenden ist und wie oft (Häufigkeit) die beanspruchten Muskeln in Aktion treten müssen; belastungsverstärkend wirken sich dabei zusätzlich ungünstige Körperhaltungen (Zwangshaltungen) aus. Von dieser Höhe der Belastungen hängt schließlich das Risiko einer Beeinträchtigung der Leistungsfähigkeit und der Gefährdung der Gesundheit durch einseitig dynamische Muskelarbeit entscheidend ab.

Beschwerden in der Muskulatur
Wenn kleine Muskeln zu oft nacheinander in Anspruch genommen werden, können Engpässe in der Energie- und Sauerstoffversorgung auftreten. Der durch einseitig dynamische Arbeit überbeanspruchte Muskel wird dabei zu wenig mit Nährstoffen versorgt und zu schlecht von Stoffwechselabfallprodukten entsorgt. Vorzeitige Ermüdung und Muskelschmerzen (»Muskelkater«) sind dann die Folge. Bei gleichförmig wiederkehrenden, einseitigen Bewegungen kann vielfach der Energiebedarf die durch den geringen Querschnitt des Muskels begrenzte Energiezufuhr überschreiten, die Anforderungen durch einseitige Bewegungen übersteigen dann die physiologische Leistungsfähigkeit der betroffenen Muskulatur. Nur durch vermehrte Anstrengung und um den Preis verstärkter Ermüdung können die Beschäftigten vorübergehend solche Überforderungen ihrer Leistungsfähigkeit erfüllen.

Bei einseitiger, wiederholter Überanstrengung sehr kleiner Muskelgruppen (z.B. bei Tastaturarbeit) kann es auf längere Sicht zu Schädigungen und Verkürzungen von Muskelfasern kommen, die sich in schmerzhaften Beschwerden (z.B. kribbeln, stechen, Taubheit oder Kraftverlust) äußern können (Sorgatz 1990). Bei diesem RSI-Syndrom (»Repetitive Strain Injury«: Verletzung durch wiederholte Überanstrengung) handelt es sich um eine schleichende Degeneration einzelner Muskelfasern. Hervorgerufen werden die diesem Krankheitsbild zugrunde liegenden zahlreichen kleinen Verletzungen einzelner Muskelfasern dadurch, daß die Mikropausen zwischen den sehr schnell aufeinanderfolgenden Kontraktionen für die Regeneration der Muskeln nicht ausreichend lang sind.

Sehnenscheidenentzündungen
Die Muskeln sind vielfach nicht direkt, sondern durch Sehnen mit den Knochen verbunden. Diese Sehnen ermöglichen die Kraftübertragung der Muskeln auch über eine gewisse Entfernung hinweg (z.B. in Unterarm und Fingern). Durch die sie umhüllenden Sehnenscheiden werden insbesondere längere Sehnen zum einen geschützt und in ihrer

Lage stabilisiert, zum anderen können die Sehnen innerhalb der mit einer Gleitschicht ausgekleideten Sehnenscheiden leichter und reibungsloser bewegt werden.

Bei rasch aufeinanderfolgenden, einseitigen Bewegungen kommt es zu einer mechanischen Überbeanspruchung in den Sehnenscheiden, wodurch Entzündungen des Sehnenhüll- oder Sehnengleitgewebes (Paratenonitis, Tendovaginitis) hervorgerufen werden können, die sich durch einen charakteristischen Druck- und Bewegungsschmerz in den betroffenen Partien auszeichnen (Oppolzer 1989: 106-110). Darüber hinaus kann es zu bleibenden Einengungen des Sehnenfaches (Sehnenfachstenosen) mit schmerzhaften Bewegungseinschränkungen kommen. Denn durch anhaltende oder wiederholte Sehnenscheidenentzündungen kommt es zur Einlagerung von Gewebe (Faserknorpel, Nekrosen, Neubildungen) in die Wand der Sehnenscheide, die sich dadurch verdickt und das Sehnenfach verengt.

Erkrankungen der Muskel- und Sehnenansätze
Die Muskeln sind durch Faszien (Muskelhüllgewebe, Bänder) oder durch Sehnen an den von einer Knochenhaut umgebenen Knochen befestigt. Die Ansatzstellen der Muskeln an den Knochen können bei ständig wiederkehrender, einseitig dynamischer Muskelarbeit in mechanischer Hinsicht überbeansprucht werden. Dabei entstehen Reizungen und Entzündungen der Knochenhaut an den Verbindungsstellen zwischen Muskel und Knochen (Periostosen).

Von solchen bei Druck und Bewegung schmerzhaften und die Leistungsfähigkeit beeinträchtigenden Erkrankungen der Muskel- und Sehnenansätze durch einseitig dynamische Arbeit sind hauptsächlich das äußere und innere Ende des Oberarmbeines am Ellenbogen (Epikondylitis) sowie das daumenseitige äußere Ende der Unterarmspeiche und das kleinfingerseitige äußere Ende der Unterarmelle am Handgelenk (Styloiditis) betroffen.

Deformation der Gelenke
Bei einseitig dynamischer Muskelarbeit können die beanspruchten Gelenke überbelastet werden, wenn (z.B. mit Fingern, Händen oder Armen) ständig eine gewisse Kraft aufgewandt werden muß. Die stets wiederholte Kraftausübung kann schließlich zu Knorpelschwund mit anschließenden Gelenkveränderungen führen. Denn durch die Überbeanspruchung wird der Stoffwechsel des betroffenen Gelenkes gestört, aufgrund der übermäßigen Aktivität kommt es zum Schwund des Knorpels an den im Gelenk verbundenen Knochenenden. Die knöchernen Randwucherungen, die dadurch an den Knochenenden entstehen,

führen zu Deformationen der Gelenke (Arthrosis deformans) und rufen schmerzhafte Bewegungseinschränkungen hervor.

Druckschädigung von Nerven
Bei einseitigen, ständig wiederholten Bewegungen können Nervenbahnen, die zwischen Muskeln, Sehnen und Knochen verlaufen, durch Druck oder Reibung nachhaltig geschädigt werden (Oppolzer 1989: 124-128; Magun 1961). Insbesondere bei ungünstigen Dreh- und Beugebewegungen der Arme können einige Nerven (z.b. Mittelarmnerv, Speichen- und Ellennerv), die zur Steuerung der Muskulatur (z.b. in Armen und Händen) dienen, in den körpereigenen Engpässen, die sie durchlaufen (z.b. Ellenbogengelenk) durch Einschnürung, Reibung oder Quetschung in ihrer Funktion erheblich beeinträchtigt werden. Die dadurch hervorgerufenen Druckschädigungen der Nerven (»Arbeitsparesen«) gehen typischerweise einher mit einem starken Ermüdungsgefühl sowie mit Kribbeln und Taubheitsgefühl (»eingeschlafene« Körperteile) in der von dem betroffenen Nerv versorgten Muskulatur. Druckschädigungen der Nerven äußern sich vielfach in entsprechenden Schmerzen (Druck- oder Dehnungsempfindlichkeit) sowie in charakteristischen, bisweilen dauerhaften Ausfallerscheinungen im Bewegungsapparat (Lähmung, Empfindlichkeitsstörungen, Muskelschwund).

Folgeschäden: anerkannte Berufskrankheiten
Bei den Erkrankungen der Sehnenscheiden sowie der Muskel- und Sehnenansätze (BK 2101), aber auch bei den Drucklähmungen der Nerven (BK 2106) handelt es sich um arbeitsbedingte Krankheiten, die nach der Berufskrankheitenverordnung (BeKV) anerkannt und nach den Bestimmungen der Reichsversicherungsordnung (RVO) entschädigt werden können. Im Jahre 1990 wurden 1.829 Fälle von Erkrankungen der Sehnenscheiden sowie der Muskel- und Sehnenansätze angezeigt, erstmals entschädigt wurden allerdings nur 7 Fälle; 70 Fälle von Drucklähmungen der Nerven wurden angezeigt, aber nur 5 Fälle erstmals entschädigt (Unfallverhütungsbericht 1990). Die übrigen Formen arbeitsbedingter Erkrankungen durch einseitige Bewegungen werden statistisch nicht erfaßt und versicherungsrechtlich in der Regel nicht als entschädigungspflichtige Berufskrankheiten anerkannt.

Gestaltungsmaßnahmen
Unter Berücksichtigung der direkten und indirekten Kosten sowie im Hinblick auf die persönlichen Beeinträchtigungen der Betroffenen,

die mit Über- und Fehlbeanspruchungen durch einseitig dynamische Muskelarbeit verbunden sein können, sind Maßnahmen zur menschengerechten Gestaltung der Arbeit erforderlich.

Gestaltungsmaßnahmen zum Abbau und zur Vermeidung einseitiger Bewegungen sind hauptsächlich arbeitswissenschaftlichen Empfehlungen zu entnehmen (z.b. Kirchner/Rohmert 1974). Hinzu kommen Tarifverträge und Betriebsvereinbarungen, die Regelungen zu Arbeits- und Leistungsbedingungen sowie zu Mindesttaktzeiten und zur Arbeitsgestaltung enthalten (z.b. Metallindustrie in Nordwürttemberg-Nordbaden).

Durch Mischarbeit und *Aufgabenwechsel,* durch horizontale und vertikale *Aufgabenintegration,* durch Verlängerung von Taktzeiten und durch Vergrößerung von Arbeitszyklen ist es möglich, die Zeit zwischen den einzelnen Bewegungswiederholungen zu verlängern sowie mehr Abwechslung und vielfältigere Anforderungen im Bewegungsablauf herzustellen. Durch zusätzliche bezahlte *Kurzpausen* oder Erholungs- und Verteilzeiten kann ebenfalls vorzeitigem Gesundheitsverschleiß des Stütz- und Bewegungsapparates wirksam begegnet werden, weil dadurch die Möglichkeiten zur Kompensation der Überbeanspruchung und zur Regeneration der Muskulatur verbessert werden.

Literatur
Baader 1960; Friedmann 1953; Gensch/Müller 1990; Hoschek/Fritz 1978; Kahle 1963; Kirchner/Rohmert 1974; Magun 1961; Oppolzer 1989; REFA-MBO 1991; Rohmert/Jenik 1981; Schmidtke 1976; Schröter 1961; Schulte 1987; Sorgatz 1990; Steeger 1989a; Steeger 1989b; Zipp 1983

3.3. Belastungen durch Zwangshaltungen

Für Zwangshaltungen bei der Arbeit ist der hohe Anteil statischer Muskelarbeit charakteristisch. Die Aktivität der Muskulatur führt hierbei nicht zur Bewegung, sondern vielmehr zur Fixierung des Bewegungsapparates bei der Aufrechterhaltung unphysiologischer Körperstellungen. Solche körperlichen Zwangshaltungen treten beispielsweise bei Arbeiten im Stehen, Sitzen, Knien oder Hocken sowie bei vorgebeugter Körperhaltung und bei Überkopf-Arbeiten auf.

Ausmaß der Betroffenheit
In körperlichen Zwangshaltungen (Bücken, Hocken, Knien, Liegen, über Kopf) arbeiteten 1985 15% der Erwerbstätigen, das sind 3,4 Mio.

Personen; 57%, das sind 12,8 Mio. Erwerbstätige, arbeiteten im Stehen (Bäcker u.a. 1989); in den Landwirtschafts-, Bergbau-, Bau- und Ausbau- sowie in den Metall- und Elektro-Berufen mußten sogar 44% der Beschäftigten in gebückter, hockender, kniender, liegender Stellung oder über Kopf arbeiten (Müller/Gensch 1990: 7). Fast 14% der Berufstätigen gaben in Befragungen 1984-86 an, durch einseitige Körperhaltungen bei der Arbeit »stark« belastet zu sein (EK-GKV 1988: 15). Körperliche Zwangshaltungen sind in nahezu allen Bereichen der Arbeitswelt weit verbreitet: In Handwerk (z.B. Kfz-Reparatur) und Handel (z.B. Verkäuferin), in Dienstleistung (z.B. Friseur), Verwaltung (z.B. Schreibkräfte) und Industrie (z.B. Montage in der Massenproduktion) sind häufig relativer Bewegungsmangel und unterschiedliche Zwangshaltungen (Stehen, Sitzen, Bücken) zu beobachten.

Auch wenn vielfach durch Mechanisierungsfortschritte (z.B. Handhabungsautomaten) Arbeiten mit körperlichen Zwangshaltungen ganz weggefallen sind und obwohl durch Maßnahmen menschengerechter Arbeitsgestaltung (z.B. Arbeitssitz, Greifraum) solche ungünstigen Körperhaltungen oft abgebaut wurden, sind doch zugleich im Zuge des technisch-organisatorischen Wandels auch neue Tätigkeiten entstanden, die mit erheblichen Zwangshaltungen (z.B. Sitzen) verbunden sind. Denn je mehr die menschliche Arbeit im unmittelbaren Produktionsprozeß durch technische und verfahrensmäßige Neuerungen ersetzt wurde, um so mehr haben Aufgaben zugenommen, die sich auf Bedienung, Kontrolle und Überwachung von Maschinen, Automaten und Anlagen konzentrieren, wobei aktive körperliche Bewegung vielfach durch relative Bewegungsarmut abgelöst wurde.

Statische Muskelarbeit
Voraussetzung für die Aktivität der Muskulatur ist, daß dem Muskel über das Blut die erforderlichen Nährstoffe (z.B. Zucker, Eiweiß, Fett) sowie Sauerstoff zugeführt werden und daß die entstehenden Abfallprodukte (z.B. Milchsäure, Wasser) des Stoffwechsels sowie Kohlensäure aus den Muskeln abtransportiert werden. Eine ausreichende Durchblutung der Muskulatur ist deshalb die entscheidende Voraussetzung für ihre Leistungsfähigkeit bei der Arbeit.

Bei statischer Muskelarbeit wird die Durchblutung der Muskulatur nicht wie bei der dynamischen Muskelarbeit durch den rhythmischen Wechsel von Anspannung und Erschlaffung der Muskeln gefördert. Vielmehr wird die Blutversorgung gedrosselt, weil der Muskel in seiner angespannten Stellung verharrt. Denn bei der Muskelkontraktion steigt der Druck im Muskel, wobei die zwischen den einzelnen Muskelfasern gelegenen feinen Blutgefäße (Kapillaren) zusammenge-

Muskel und Arbeit

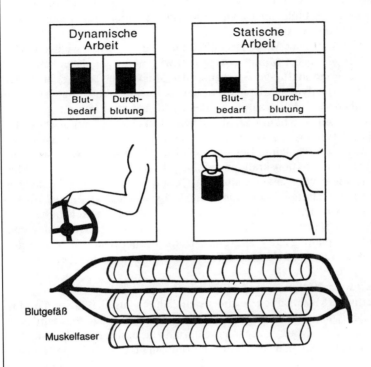

Bewegungs- oder Haltekräfte kommen dadurch zustande, daß sich die an Knochen befestigten Muskeln bei Anspannung verkürzen. Diese Muskeln bestehen aus einer Vielzahl einzelner Fasern, die mit den zugehörigen Blutgefäßen und Nervenbahnen durch Bindegewebe zu immer größeren Bündeln vereinigt sind. Beim Zusammenziehen (Kontraktion) verdicken sich die einzelnen **Muskelfasern**, wodurch die zwischen ihnen liegenden feinen **Blutgefäße** (Kapillaren) zusammengepreßt werden. Bei **dynamischer Arbeit** (Bewegungsarbeit) wird der Ein- und Ausstrom des Blutes in die Muskulatur durch den ständigen Wechsel von An- und Entspannung der einzelnen Muskelfasern gefördert. Blutbedarf und Durchblutung befinden sich bei Bewegungsarbeit, solange die Leistungsgrenzen des betroffenen Muskels nicht überschritten werden, im Gleichgewicht. Bei **statischer Arbeit** (Haltungs- und Haltearbeit) wird hingegen die Durchblutung nachhaltig gedrosselt, weil die ständige Anspannung des Muskels dazu führt, daß die zusammengezogenen und verdickten Muskelfasern die zwischen ihnen liegenden haarfeinen Blutgefäße einschnüren. Auf Grund dieser weitgehenden Blockade in der Blutversorgung ist die Muskulatur bei Haltungs- und Haltearbeit weniger leistungfähig und ermüdet vorzeitig.

drückt werden, so daß sie weniger oder gar kein Blut mehr hindurchlassen können. Wenn der Muskelinnendruck auf diese Weise größer wird, als der vom Herz-Kreislauf-System erzeugte Druck des Blutes, kann die ständig angespannte Muskulatur nicht mehr hinreichend durchblutet werden.

Von statischer Muskelarbeit wird dann gesprochen, wenn ein Muskel länger als 0,1 Minute angespannt wird und wenn dabei keine oder nur eine geringfügige Bewegung der Muskulatur erfolgt. Im Unterschied zur dynamischen Muskelarbeit, bei der die Bilanz zwischen Blutbedarf und Blutzufuhr in der Regel ausgeglichen ist, gehört es zum Charakteristikum der statischen Muskelarbeit, daß die tatsächliche Blutversorgung weit hinter dem effektiven Blutbedarf in der Muskulatur zurückbleibt. Bei einer Kraft, die 20-30% der maximalen Muskelkontraktionskraft entspricht, wird die Durchblutung des Muskels sogar vollständig gedrosselt (Rohmert 1983b: 36). Deshalb ist die Kraftentfaltung der Muskulatur bei statischer Arbeit auf 10-20% der maximalen Kontraktionskraft des jeweiligen Muskels beschränkt. Typisch für statische Muskelarbeit ist zudem der rasch eintretende hohe Ermüdungsgrad aufgrund unzureichender Sauerstoffversorgung und sich ansammelnder Stoffwechselschlacken im Muskelgewebe.

Statische Haltungs- und Haltearbeit

Statische Muskelarbeit zeichnet sich dadurch aus, daß durch die Muskelaktivität keine Bewegung des Skelettsystems ausgeführt wird, sondern daß die Muskelanspannung dazu dient, bestimmte Körperhaltungen bei der Arbeit einzunehmen und einzuhalten. Die ständig anhaltende Muskelkontraktion kann dabei entweder einer Kraftentfaltung nach außen oder einer inneren Kraftentwicklung dienen. Deshalb unterscheidet man zwei Grundformen statischer Muskelarbeit: Haltungs- und Haltearbeit.

Bei statischer *Haltungsarbeit* ist die ständige Anspannung der Muskulatur im Sinne einer inneren Kraftentwicklung für das bloße Halten des gesamten Körpers oder einzelner Körperteile erforderlich. Ohne daß irgendeine Arbeit nach außen geleistet wird, ist bei vielen Körperhaltungen statische Muskelarbeit bereits zur Fixierung des Bewegungsapparates notwendig, durch die allein das Eigengewicht von Körperteilen kompensiert werden muß.

Bei statischer *Haltearbeit* dient die andauernde Muskelkontraktion der Kraftentfaltung nach außen, damit Werkzeuge, Werkstücke oder andere Gewichte in einer bestimmten Position fixiert werden können. Ohne daß irgendwelche Bewegungen ausgeführt werden, ist bei solcher Haltearbeit die statische Muskelarbeit zur Überwindung des Eigengewichts von Gegenständen sowie zur Ausübung von Zug und Druck gegenüber von außen angreifenden Kräften erforderlich.

Beanspruchungen durch statische Muskelarbeit
Statische Muskelarbeit stellt eine unphysiologische Beanspruchung der Muskulatur dar, weil sie keinen natürlichen Wechsel von Anspannung und Erschlaffung des Muskels erlaubt (Grandjean 1979). Die nachhaltige Störung des natürlichen Stoffwechsels in den Muskeln aufgrund unzureichender Durchblutung stellt eine Fehlbeanspruchung der Muskulatur bei statischer Haltungs- und Haltearbeit dar. Dadurch wird die mögliche Kraftentfaltung auf etwa 15% der Maximalkraft des betroffenen Muskels begrenzt. Es kommt außerdem zu einer außerordentlich raschen Ermüdung mit vorübergehenden oder sogar bleibenden Muskelschmerzen (Ermüdungsschmerz) in der betroffenen Muskulatur, denn eine Kraft von z.B. der Hälfte der maximalen Muskelkraft kann bei statischer Muskelarbeit lediglich eine Minute lang aufgebracht werden. Erst wenn der verlangte Kraftaufwand weniger als 20% der maximalen Kraft des betreffenden Muskels beträgt, kann die statische Muskelarbeit auch über einen längeren Zeitraum ausgeübt werden, bei höherem Kraftaufwand sind in kurzen Abständen wiederkehrende Unterbrechungen der Arbeit notwendig.

Die unzureichende Abfuhr der Milchsäure kann zu Verhärtungen (Myogelosen) der durch statische Arbeit belasteten Muskulatur führen. Hinzu kommen Fehl- und Überbeanspruchungen der Gelenke, Bänder und Sehnen aufgrund der Bewegungsarmut bei statischer Muskelarbeit in körperlichen Zwangshaltungen. Denn die andauernde unnatürliche Fixierung des Bewegungsapparates stört den Stoffwechsel in den Gelenken, deren Versorgung mit Nährstoffen durch die Bewegungsaktivität unterstützt wird, was schließlich zu Beschwerden, Abnutzungserscheinungen und Erkrankungen führen kann. Solche Überlastungsschäden am Stütz- und Bewegungsapparat treten insbesondere in Form von Entzündungen der Gelenke sowie der Sehnenscheiden und Sehnenansätze auf.

Verschiedene Formen körperlicher Zwangshaltungen gehen einher mit Unterschieden in der Art der Beanspruchung des Bewegungsapparates. Zu den wichtigsten Zwangshaltungen gehören Überkopf-Arbeiten sowie Arbeiten im Stehen, Sitzen, Knien, Hocken oder Liegen. Diesen Zwangshaltungen ist der hohe Anteil statischer Muskelarbeit gemeinsam, der zu verstärkter Minderung der Leistungsfähigkeit und vorzeitiger Ermüdung sowie zu Überanstrengung und Überbelastung des Stütz- und Bewegungsapparates führen kann.

Gefährdung durch andauerndes Stehen
Das Stehen an einem Ort stellt eine Zwangshaltung bei der Arbeit dar, weil bei aufrechter Körperhaltung in erheblichem Umfang statische Muskelarbeit (Haltungsarbeit) zur Fixierung der Gelenke in Füßen, Beinen, Becken, Rücken, Nacken und Schultern zu leisten ist (Grandjean 1979; Dupuis 1989). Die damit verbundene Anstrengung führt zu verstärkter und vorzeitiger Ermüdung der Muskulatur. Hinzu kommt der erhöhte Druck (hydrostatischer Druck) mit allmählichem Stau von Blut und Gewebsflüssigkeit in den Gefäßen und der dadurch gesteigerten Gefahr von Gefäßerweiterungen, Krampfadern, Ödemen, Thrombosen und Geschwüren insbesondere in den Beinen. Denn der anhaltende Muskelinnendruck bei statischer Haltungsarbeit verhindert, daß die Pumpwirkung des Herz-Kreislauf-Systems durch den Wechsel von Anspannung und Erschlaffung der Muskulatur den Stoffwechsel der Muskulatur und den Austausch der Gewebsflüssigkeit auf natürliche Weise unterstützt. Durch die Bewegungsarmut beim Stehen an einem Ort wird der Stoffwechsel in den Gelenken und in den Zwischenwirbelscheiben (Bandscheiben) behindert, was eine Versteifung von Gelenken insbesondere in Hüften und Beinen sowie eine Schädigung von Bandscheiben und Wirbelsäule zur Folge haben kann.

Wirbelsäulenschäden durch ständiges Sitzen
Das andauernde Sitzen bei der Arbeit stellt eine Zwangshaltung dar, die mit erheblichen Beanspruchungen durch statische Muskelarbeit insbesondere in Rücken, Schultern und Nacken verbunden ist (Grandjean 1979; Grandjean/Hünting 1978; BKK 1991). Die aufrechte Sitzhaltung mit ihrer für die Wirbelsäule vorteilhaften gleichmäßigen Druckbelastung der Bandscheiben verlangt allerdings besondere Anstrengungen der Rückenmuskulatur in Form statischer Haltungsarbeit. Wenn die Rückenmuskulatur aufgrund der ständigen Anspannung jedoch bei längerem Sitzen ermüdet, der Oberkörper in sich zusammensinkt und die Wirbelsäule eine stärker gekrümmte Haltung einnimmt, erhöht sich der Druck in den Bandscheiben, die zudem ungleichmäßig belastet werden.

Der Zielkonflikt zwischen aufrechter Sitzhaltung mit hoher statischer Belastung der Rückenmuskulatur und geringer Bandscheibenbelastung auf der einen Seite und nach vorn gebeugter Sitzhaltung mit geringer Belastung der Rückenmuskulatur und hoher Bandscheibenbelastung auf der anderen Seite wird vom Organismus angesichts der Ermüdung in der Rückenmuskulatur in der Regel zu Lasten der Wirbelsäule entschieden. Das bedeutet, daß bei lang andauerndem Sitzen eine entspannte, leicht nach vorn gebeugte Körperhaltung eingenommen wird, bei der das Gewicht des Rumpfes weitgehend in sich selbst ausbalanciert ruht. Durch diese Lösung des Zielkonfliktes zwischen den Bedürfnissen der Wirbelsäule und dem Verlangen der Muskulatur wird zwar die statische Haltungsarbeit erheblich verringert, die Über- und Fehlbeanspruchung der Bandscheiben aber stark erhöht.

Der Stoffwechsel in den Bandscheiben verlangt nach Bewegung, weil die Zwischenwirbelscheiben durch den Wechsel von Be- und Entlastung der Wirbelsäule mit den erforderlichen Nährstoffen besser versorgt werden (Junghanns 1979). Wird aufgrund des Bewegungsmangels die Versorgung der Bandscheiben beeinträchtigt, so wird der Faserring zwischen den Wirbeln spröde und rissig, schließlich wird die Verbindung zwischen den einzelnen Wirbelkörpern gelockert und instabil. Dadurch kann es zu knöchernen Randwucherungen an den Wirbelkörpern kommen und durch die Schädigung des Faserringes der Bandscheibe kann daraufhin eine Verwölbung oder ein Vorfall des Gallertkernes der Bandscheibe in den Wirbelkanal erfolgen. Die im Wirbelkanal verlaufenden Nervenbahnen, die insbesondere der Steuerung des Bewegungsapparates dienen, können auf diese Weise beeinträchtigt oder geschädigt werden, was letztlich für die Betroffenen schmerzhafte Einschränkungen und Behinderungen der Bewegungsfähigkeit zur Folge haben kann.

Vorzeitige Ermüdung durch Überkopf-Arbeit und andere Zwangshaltungen

Alle Formen statischer Muskelarbeit, bei denen Arme und Hände in einer Position über Kopfhöhe oder auch nur über Herzhöhe fixiert werden müssen, stellen besonders belastende Arten körperlicher Zwangshaltungen dar. Denn bei solchen Überkopf- und Überherz-Arbeiten wird die beanspruchte Muskulatur erheblich schlechter durchblutet, weil der Kreislauf beim Bluttransport durch die bei statischer Muskelanspannung ohnehin gedrosselten Gefäße zusätzlich das Gefälle zum Herzen überwinden muß. Diese besonders belastenden Zwangshaltungen in Form von *Überkopf-Arbeiten* sind jedermann aus Alltagstätigkeiten z.B. beim Aufhängen von Gardinen oder beim Hantieren unter dem Auto bekannt. Die Durchblutung der Muskulatur ist dabei derart stark beeinträchtigt, daß diese Art von Zwangshaltungen allenfalls über kurze Zeit hinweg ausführbar ist, so daß häufig zwischendurch Zwangspausen eingelegt werden müssen.

Auch kniende und hockende Arbeiten beinhalten einen großen Anteil statischer Muskelarbeit, die zur Aufrechterhaltung der Zwangshaltung erforderlich ist. Bei solchen besonders angespannten Körperhaltungen wird die Blutversorgung der beanspruchten Muskulatur außerordentlich gedrosselt, Gelenke (vor allem das Kniegelenk) werden durch Druck stark belastet und Muskeln, Sehen, Bänder und Nerven werden übermäßig gedehnt. Auf diese Weise wird das Risiko von Meniskusschäden und Schleimbeutelerkrankungen im Knie sowie die Gefahr von Drucklähmungen der Nerven und von Zerrungen der Sehnen, Bänder und Muskeln erhöht. Kommen zu den Beanspruchungen durch die Haltungsarbeit im Knien oder Hocken zusätzliche Anforderungen in Gestalt von Haltearbeit durch das Hantieren mit schweren Werkzeugen oder Lasten hinzu, steigern sich die Belastungen durch statische Muskelarbeit aufgrund vermehrter Kreislaufbelastung noch mehr (Dupuis 1989).

Gestaltungsmaßnahmen zum Abbau körperlicher Zwangshaltungen

Durch ungünstige Körperhaltung können bei der Arbeit bereits bis zu 40% der Leistungsfähigkeit verlorengehen (Sämann 1970), dadurch wird die für den eigentlichen Leistungsvollzug im Zusammenhang mit der Arbeitsaufgabe verbleibende Leistung entsprechend reduziert, Minderleistung durch Nebenarbeit ist die Folge.

Gestaltungsmaßnahmen zur Vermeidung und zur Verringerung körperlicher Zwangshaltungen bei der Arbeit sind daher nicht nur aus arbeitsmedizinischen und sozialpolitischen sondern auch aus ökonomischen Gründen möglichst zu vermeiden. Zum Abbau und zur Vermeidung körperlicher Zwangshaltungen liegen zahlreiche arbeitswissenschaftliche Empfehlungen vor (Grandjean 1979; Dupuis 1989; Kirchner/Rohmert 1974; VDI-ADB 1980), die sich hauptsächlich auf die technische Gestaltung des Arbeitsplatzes sowie auf die organisatorische Gestaltung des Arbeitsablaufes erstrecken:

Durch *konstruktive* Maßnahmen am Arbeitsplatz lassen sich Zwangshaltungen beseitigen oder verringern, wenn z.B. Hand-, Arm- und Fußstützen vorgesehen werden, die zur Abstützung des Körpers und zur Entlastung von statischer Haltearbeit (z.B. bei Feinmontage oder Kassenarbeit) genutzt werden können (Moede 1935; Grandjean 1979; VDI-ADB 1980). Durch die Berücksichtigung der menschlichen Körpermaße (Anthropometrie) bei der Festlegung von Arbeitshöhe und Greifraum sowie bei der räumlichen Anordnung von Mensch und Werkstück oder Werkzeug können Umfang und Schwere statischer Haltungs- und Haltearbeit vielfach erheblich reduziert werden.

Bei sitzender Arbeitsweise kann durch ergonomisch gestaltete, für die jeweilige Aufgabe geeignete *Arbeitssitze* mit einem entsprechenden Profil (z.B. Lendenbausch) ein entscheidender Beitrag zur Entlastung der Wirbelsäule und der Rückenmuskulatur geleistet werden.

Solche Arbeitssitze sind den Beschäftigten nach § 25 (1) Arbeitsstättenverordung in Verbindung mit ASR 25/1 Arbeitsstättenrichtlinien vom Arbeitgeber zur Verfügung zu stellen. Die Beachtung der Vorschrift, daß überall dort, wo »die Arbeit ganz oder teilweise sitzend verrichtet werden« kann, geeignete Sitzgelegenheiten zur Verfügung zu stellen sind (§ 25 ArbStättV), ist ein wirksamer Beitrag zur Vermeidung oder zur Verringerung der mit stehender Haltungsarbeit verbundenen Gefährdung der Gesundheit.

Durch *organisatorische* Maßnahmen (z.B. durch Aufgabenwechsel und Mischarbeit, Erweiterung und Anreicherung der Aufgaben bei horizontaler und vertikaler Aufgabenintegration) kann von der Gestaltung des Arbeitsinhaltes her eine größere Bewegungsvielfalt und eine Verringerung des Anteils statischer Muskelarbeit geschaffen werden. Bei der organisatorischen Gestaltung des Arbeitsablaufes ist darauf zu achten, daß wechselnde Arbeitsstellungen eingenommen werden können, damit einseitige Zwangshaltungen weitgehend unterbleiben. Ein Wechsel von sitzender, gehender und stehender Arbeitshaltung sowie die Gelegenheit, dieselbe Aufgabe in alternierender Körperhaltung erledigen zu können, dient ebenfalls dem Abbau unphysiologischer Zwangshaltungen. Schließlich kann auch durch zusätzliche Kurzpausen, die zur bezahlten Arbeitszeit gerechnet werden, dafür gesorgt werden, daß die Erholung von unvermeidlichen Zwangshaltungen und ihre Kompensation durch abwechslungsreichere Bewegungen beschleunigt, erleichtert und verbessert wird.

Literatur
Bäcker u.a. 1989; BKK 1991; Dupuis 1989; Grandjean 1979; Grandjean/Hünting 1983; Junghanns 1979; Kirchner/Rohmert 1974; Moede 1935; Oppolzer 1986; Oppolzer 1989; Rohmert 1983b; Sämann 1970; VDI-ADB 1980

4. Belastungen durch Umgebungseinflüsse

Den Einflüssen der Arbeitsumgebung auf den Menschen gilt seit jeher das besondere Interesse von Arbeitswissenschaft und Arbeitshygiene im Rahmen der »Arbeitsökologie« (Lanc 1983). Für den betrieblichen Arbeits- und Gesundheitsschutz spielen die physikalischen, chemischen und biologischen Umgebungseinflüsse, denen der Mensch bei der Arbeit ausgesetzt ist, die herausragende Rolle. Die meisten rechtlichen Regelungen zum Arbeits- und Arbeiterschutz (z.B. Arbeitsstättenverordnung, Gefahrstoffverordnung, Gerätesicherheitsgesetz, Unfallverhütungsvorschriften) erstrecken sich auf Umwelteinflüsse und auf Unfallgefahren am Arbeitsplatz; das gilt auch für die vorliegenden EG-Richtlinien zum Arbeits- und Gesundheitsschutz am Arbeitsplatz sowie für zahlreiche Übereinkommen der Internationalen Arbeitsorganisation. Fragen der Umweltgefährdung und des Umweltschutzes haben in den letzten Jahren immer mehr öffentliche Aufmerksamkeit erfahren. Vor dem Hintergrund der allgemeinen Umweltdebatte haben auch Bestrebungen nach einer Verbesserung der betrieblichen Arbeitsumwelt stärkere Beachtung gefunden.

Bei den anerkannten Berufskrankheiten, die in der Berufskrankheitenverordnung (BeKV) verzeichnet sind, handelt es sich fast ausschließlich um Erkrankungen, die durch schädliche Umgebungseinflüsse verursacht werden. Die Gliederung der BeKV selbst folgt in ihrer Systematik der Einteilung nach unterschiedlichen Arten von Umgebungseinflüssen bzw. der dadurch geschädigten Organsysteme: In der *Gruppe 1* sind durch chemische Einwirkungen (z.B. Metalle und Metalloide, Erstickungsgase, Lösemittel) verursachte Krankheiten zusammengefaßt, in *Gruppe 2* sind durch physikalische Einwirkungen (z.B. durch Lärm, Vibrationen, Druck) verursachte Krankheiten enthalten, zur *Gruppe 3* gehören durch Infektionserreger oder Parasiten verursachte Krankheiten; die in *Gruppe 4* aufgeführten Erkrankungen der Atemwege und der Lungen durch Stäube werden ebenso durch Umgebungseinflüsse hervorgerufen, wie die zur *Gruppe 5* gehörenden Hautkrankheiten.

4.1. Belastungen durch Lärm und Erschütterungen

Lärm und Erschütterungen in der Arbeitswelt haben oft dieselben Ursachen bzw. Quellen (z.B. Preßlufthammer, Baumaschine), sie stellen allerdings unterschiedliche Arten von Schwingungen mit unterschiedlichen Belastungen für den Menschen dar. Bei Lärm handelt es sich um akkustische Schwingungen, die sich vor allem durch die Luft ausbreiten und die vor allem über das Gehör einwirken, während es sich bei Erschütterungen und Vibrationen um mechanische Schwingungen handelt, die sich vor allem durch feste Körper ausbreiten und die vor allem auf Bewegungsapparat, Gefäß- und Nervensystem wirken.

4.1.1. Lärm

Lärm ist Schall der stört oder schädigt (REFA-MBO 1991: 289), Lärm stellt deshalb für die Betroffenen sowohl eine unerwünschte Belastung als auch eine Gefährdung der Gesundheit dar. Schall entsteht hauptsächlich durch Schwingungen der Luft in Form von Schwankungen des Luftdrucks (Luftschall), er kann sich außerdem in festen Stoffen ausbreiten (Körperschall). Lärm am Arbeitsplatz besteht aus Geräuschen, die sich aus Tönen unterschiedlicher Frequenz zusammensetzen. Weil das menschliche Gehör auf unterschiedliche Frequenzen mit unterschiedlicher Empfindlichkeit reagiert, erfolgt bei der Lärmmessung im Betrieb eine Bewertung des Frequenzspektrums (Beurteilungspegel), die der menschlichen Lautstärkeempfindung ebenso entsprechen wie der Lästigkeit und Schädlichkeit des Lärms auf den Menschen.

Die Schallintensität im Betrieb (»bewerteter Schalldruck«) wird in der Regel in »Dezibel (A)« [dB(A)] gemessen (VDI 2058), wobei durch Verwendung eines Frequenzfilters (»A-Filter«) tiefe und hohe Töne geschwächt werden (DIN 45630), um der physiologischen Schallwahrnehmung des Menschen Rechnung zu tragen (REFA-MBO 1991; Skiba 1991; Bernhardt/Jeiter 1975). Weil auch für das Ohr gilt, daß die Empfindungsstärke eines Sinnesreizes mit dem Logarithmus der Reizstärke wächst (Weber-Fechnersches Gesetz), weist die logarithmische dB(A)-Skala zur Lärmmessung eine Reihe von Besonderheiten auf (Müller-Limmroth 1981a), die bei der Beurteilung von Schallpegelwerten zu berücksichtigen sind. Beim Vergleich zweier Meßwerte ist zu beachten: Eine Erhöhung des Schallpegels um 10 dB(A) bedeutet eine Verdoppelung der Lautstärke; eine Verringerung des Schallpegels um 10 dB(A) bedeutet eine Halbierung der Lautstärke (REFA-MBO 1991: 304).

Ein Viertel der Erwerbstätigen belastet
Lärm stellt heute nicht nur am Arbeitsplatz, sondern auch in anderen Lebensbereichen (z.b. Straßenverkehr, Flugverkehr, Nachbarn) einen der wichtigsten Belastungsfaktoren dar (Umweltbundesamt 1992; Umweltbundesamt 1978). Diese allgegenwärtige Belastung und Belästigung durch Lärm scheint die Vermutung von Robert Koch zu bestätigen, daß der Lärm in unserem Jahrhundert zu einer ähnlichen Gefährdung für die Menschen werde, wie die großen Seuchen (z.B. Typhus, Cholera, Tuberkulose) im vorigen Jahrhundert. Mit dem Rückgang der Beschäftigung in lärmintensiven »Altindustrien« (z.b. Eisen und Stahl, Schiffbau) und durch konstruktive Verbesserungen mögen zwar extreme Formen der Lärmbelastung abgenommen haben. Aber im Zusammenhang mit fortschreitender Mechanisierung und Automation hat sich der Lärm in der Arbeitswelt insgesamt stark ausgebreitet. Das Lärmproblem ist deshalb nicht nur auf Industrie, Handwerk und Gewerbe beschränkt, es findet sich auch in Büro und Verwaltung, Handel und Dienstleistung.

Aus Befragungen geht hervor, daß 1985 rund ein Viertel (24%) der Erwerbstätigen, das sind 5,4 Mio. Personen, durch Lärm bei der Arbeit belastet waren (Bäcker u.a. 1989: 2/42); in den Landwirtschafts-, Bergbau-, Bau- und Ausbau- sowie in den Fertigungsberufen der Industrie mußten sogar 61% der Beschäftigten praktisch immer oder häufig unter Lärm arbeiten (BIBB/IAB 1987). Rund 12% der Berufstätigen erklärten 1984-86, durch Lärm bei der Arbeit sogar »stark« belastet zu sein (EK-GKV 1988: 15). Etwa 3 Mio. Arbeitnehmer waren dem Unfallverhütungsbericht 1990 der Bundesregierung zu Folge gefährlichem Lärm von mehr als 85 dB(A) ausgesetzt, das bedeutet, daß etwa jeder siebte Arbeitnehmer durch derart starken Lärm belastet ist, daß dadurch Lärmschwerhörigkeit verursacht werden kann (Unfallverhütungsbericht 1990: 36; Statistisches Jahrbuch 1990: 106).

Hörschäden gehören zu den häufigsten als Berufskrankheit anerkannten gesundheitlichen Beeinträchtigungen der Beschäftigten; im Rahmen arbeitsmedizinischer Vorsorgeuntersuchungen im Rheinland wurde 1982-1987 festgestellt, daß 14,5% der Arbeitnehmer unter Gesundheitsstörungen der Ohren litten (EKD 1990: 77). Lärmschwerhörigkeit ist nach schweren Hauterkrankungen (BK 51 01) die zweithäufigste angezeigte und die bei weitem häufigste erstentschädigte Berufskrankheit (BK 23 01): rund 18% aller angezeigten und 23% aller erstmals entschädigten Berufskrankheiten entfielen 1990 auf Lärmschwerhörigkeit; es wurden 10.018 Fälle angezeigt, 1.039 Fälle erstmals entschädigt (Unfallverhütungsbericht 1990). Lärmschwerhörig-

Ohr und Gehör

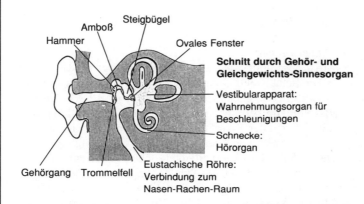

Schnitt durch Gehör- und Gleichgewichts-Sinnesorgan

Durch den **Gehörgang** gelangt der Luftschall zum **Trommelfell,** das in Schwingungen versetzt wird, die über eine Kette von gelenkig miteinander verbundenen Gehörknöchelchen (**Hammer, Amboß, Steigbügel**) auf das **ovale Fenster** am Eingang der mit Flüssigkeit gefüllten **Schnecke** übertragen werden. In der Schnecke, dem eigentlichen Hörorgan, erfolgt die Umwandlung der mechanischen Schwingungen in Wanderwellen, die sich entlang der Windungen des Schneckenkanals fortpflanzen. Diese Wellenbewegungen in der Schneckenflüssigkeit werden in dem zwischen den Membranen im Schneckenkanal gelegenen eigentlichen Hörorgan (**Cortisches Organ**) über die darin befindlichen Sinneszellen (**Haarzellen**) in Nervenimpulse umgewandelt und von den Nervenfasern (Hörnerv) zum Gehirn geleitet, wo eine akustische Wahrnehmung ausgelöst wird.

Durch die Einwirkung eines Schallpegels von hinreichender Intensität und Dauer wird der Stoffwechsel der Haarzellen im Cortischen Organ derart gestört, daß diese für das Gehör wesentlichen Sinneszellen **unwiederbringlich** zerstört werden. Schwerhörigkeit oder Taubheit sind die Folge. Solche lärmbedingten Gehörschäden sind **irreparabel**, weil sie auf einer endgültigen Zerstörung von Sinneszellen beruhen, so daß der Schall nicht mehr im erforderlichen Maße in die zur Wahrnehmung notwendigen Nervenimpulse umgesetzt werden kann.

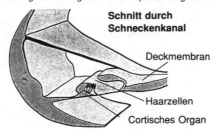

Schnitt durch Schneckenkanal

keit verursacht zudem mehr Kosten in der gesetzlichen Unfallversicherung als jede andere Berufskrankheit: 27.000 Betroffene beziehen derzeit eine Rente (MdE-Rente) wegen Lärmschwerhörigkeit, die Berufsgenossenschaften müssen dafür jährlich rund 94 Mio. DM aufwenden (Norpoth 1991: 202).

Mehrfachbelastungen
Schall wird als Medium akustischer Wahrnehmung vom Gehör aufgenommen. Die Schallwellen, die sich in Form von Schwankungen des Luftdrucks ausbreiten, gelangen an das Ohr, wo sie durch den Gehörgang das Trommelfell erreichen. Dort wird der Luftschall in mechanische Schwingungen der Trommelfells umgewandelt und über die Gehörknöchelchen-Kette von Hammer, Amboß und Steigbügel auf das ovale Fenster der Schnecke, dem eigentlichen Hörorgan, übertragen. Diese im Innenohr entstehenden Schwingungen lösen über die Steigbügelfußplatte und das ovale Fenster in der Schnecke, die mit Flüssigkeit gefüllt ist, Wanderwellen (Schlauchwellen) aus. Im Inneren des zweieinhalbfach gewundenen Schneckenkanals liegt zwischen zwei Membranen in einem Raum mit dreieckigem Querschnitt das eigentliche Sinnesorgan, das nach seinem Entdecker »Cortisches Organ« genannt wird. Die in Ausschlag und Geschwindigkeit unterschiedlichen Schlauchwellen in der Flüssigkeit der Schnecke werden im Cortischen Organ über Haarzellen in elektrische Impulse umgewandelt und über den Hörnerv zum Gehirn geleitet, wo sie als Schall wahrgenommen werden (Müller-Limmroth 1981a).

Neben diesen spezifischen Wirkungen auf das Gehör (*aurale* Lärmwirkungen) besitzt der Schall auch unspezifische Wirkungen auf den Organismus (*extraaurale* Lärmwirkungen). Denn vom Hörorgan (Cortisches Organ) führt sowohl eine spezifische Hörbahn zur Hörrinde im Großhirn, wo sich die akustische Wahrnehmung vollzieht, als auch eine unspezifische Hörbahn zu den Bereichen in Stammhirn (Formatio reticularis) und Zwischenhirn (Hypothalamus), die den Aktivierungsgrad des Zentralnervensystems regulieren. Über die unspezifische Hörbahn bewirkt der Schall eine Reihe unwillkürlicher (vegetativer) Reaktionen im Organismus, durch die verschiedene Körperfunktionen zu erhöhter Aktivität angeregt werden, was schließlich in gesteigerter Leistungsbereitschaft (Ergotropie) zum Ausdruck kommt (Jansen/Schwarze 1989a).

Die unspezifischen, extrauralen Lärmwirkungen auf den Menschen finden ihren objektiv meßbaren Niederschlag in allen Funktionsbereichen des Organismus, die unwillkürlich vom vegetativen Nervensystem, das dem bewußten Willen nicht unterworfen ist, gesteuert werden. Lärm wirkt sich deshalb aus auf Herzfrequenz, Blutdruck, Atemfrequenz und Pupillendurchmesser, auf Muskelspannung, Magensaftabsonderung, Magen-Darm-Tätigkeit, Hirnströme und Hirndurchblutung, auf Durchblutung, Temperatur und Widerstand der Haut, auf Cholesterin- und Blutzuckerspiegel, auf die Ausschüttung der Streßhormone Adrenalin und Noradrenalin sowie auf den Magnesiumhaushalt der Betroffenen (Jansen/Schwarze 1989a).

Schall dient der akustischen Wahrnehmung von Signalen aus der Umwelt, dazu gehört insbesondere die sprachliche Kommunikation zwischen den Menschen. Lärm erschwert nicht nur die Wahrnehmung und Verständlichkeit beim Hören der Sprache, Lärm zwingt auch zum Anheben der Stimme bis zum Schreien beim Sprechen (Lombardreflex). Durch Lärm kann die sprachliche Kommunikation erheblich gestört, überdeckt oder sogar verhindert werden. Sprecher und Hörer werden deshalb durch Lärm zusätzlich belästigt, beeinträchtigt, behindert, überfordert, angestrengt und vorzeitig erschöpft. Wenn auch Lärm nicht immer zum Schreien zwingen muß, verlangt er doch, daß die Stimme um etwa 10 dB(A) lauter als der Geräuschpegel im Arbeitsraum werden muß, damit ein sprachverständlicher Kommunikationspegel erreicht wird.

Leistungsbeeinträchtigung und Gesundheitsschädigung
Lärm kann zunächst einmal mit seinen spezifischen Wirkungen das *Gehör* schädigen, Lärm kann aber auch mit seinen unspezifischen Wirkungen die *Gesundheit* gefährden. Lärm stellt darüber hinaus eine *psychische* Belastung dar, die insbesondere bei schwierigen und Konzentration verlangenden Tätigkeiten stört. Schließlich behindert Lärm die *soziale Kommunikation* bei der Arbeit und erschwert die Verständigung.

Schwerhörigkeit und Taubheit
Lärm schädigt das Gehör, er kann zu Schwerhörigkeit und vollständiger Taubheit führen. Das Risiko eines lärmbedingten Hörschadens ist abhängig von der Schallintensität und der Einwirkungsdauer. Auch wenn es kaum möglich zu sein scheint, einen unteren Grenzwert festzulegen, der eine Gehörgefährdung ausschließt (86/188/EWG), wird in der Regel davon ausgegangen, daß jedenfalls ab 85 dB(A) [z.B. Schallintensität 80 dB(A): Straßenverkehr, 90 dB(A): LKW, 100 dB(A): Kompressor] mit einer zunächst vorübergehenden (temporären) und schließlich mit einer dauerhaft bleibenden (permanenten) Verschiebung der Hörschwelle zu rechnen ist. Neben diesem allmählich physiologisch entstehenden lärmbedingten Hörschaden kann das

Gehör auch durch Schallpegel ab 125 dB(A) [z.B. Schallintensität 120 dB(A): Drucklufthammer, 130 dB(A): Nietpistole, 140 dB(A): Düsentriebwerk] unmittelbar akut mechanisch geschädigt werden.

Lärmschwerhörigkeit und Lärmtaubheit sind grundsätzlich nicht wieder gut zu machen (*irreparabel*); es gibt keine Möglichkeit, lärmbedingte Hörschäden zu heilen. Denn die Lärmschwerhörigkeit beruht auf einer irreparablen Zerstörung der Haarzellen im eigentlichen Hörorgan (Cortisches Organ) in der Schnecke des Innenohres. Durch den Lärm wird nämlich der Stoffwechsel dieser feinen Haarzellen derart beeinträchtigt, daß sie schließlich zerstört werden, diese abgestorbenen Zellen können sich dann nicht mehr regenerieren. Es besteht allerdings die Möglichkeit, einer beginnende Lärmschwerhörigkeit dadurch Einhalt zu gebieten, daß die Betroffenen dem Lärm nicht mehr ausgesetzt werden oder daß Einwirkungsdauer bzw. Lärmstärke reduziert werden. Auf diese Weise kann die Lärmschwerhörigkeit zwar zum Stillstand gebracht werden, eine Besserung des Gehörs ist jedoch nicht mehr möglich.

Für den Zusammenhang von Schallintensität, Einwirkungsdauer (Expositionszeit) und Risiko der Gehörgefährdung gilt für einen bewerteten Schallpegel von mehr als 85 dB(A) als Faustregel: Eine Steigerung des Lärmpegels um 3 dB(A) hat denselben Effekt wie eine Verdoppelung der Expositionsdauer und bewirkt eine Verdoppelung der Gehörgefährdung; eine Senkung des Lärmpegels um 3 dB(A) hat denselben Effekt wie eine Halbierung der Expositionsdauer und bewirkt eine Halbierung der Gehörgefährdung. Die Zunahme des bewerteten Schalldruckpegels um 10 dB(A) bedeutet für die Betroffenen (bei gleicher Einwirkungsdauer) eine Steigerung der Gehörgefährdung um das Zehnfache; umgekehrt bedeutet eine Senkung des Schallpegels um 10 dB(A) eine Verringerung der Gehörgefährdung auf ein Zehntel (REFA-MBO 1991: 304).

Lärmschwerhörigkeit ist von altersbedingter Schwerhörigkeit in Gehöruntersuchungen (Audiometrie) dadurch zu unterscheiden, daß sich bei Altersschwerhörigkeit ein zunehmender Hörverlust bei steigender Frequenz einstellt, während sich der Hörverlust durch Lärmschädigung durch einen Abfall um 4 kHz auszeichnet (C-5-Senke im Audiogramm). Die für lärmbedingte Hörschäden typische bleibende Hörschwellenverschiebung um 4 kHz beruht darauf, daß die Haarzellen im Hörorgan des Innenohres (Cortisches Organ) durch den Lärm in unterschiedlicher Weise geschädigt werden, wobei die Schädigung bei den Haarzellgruppen in der Region um 4 kHz am stärksten ist, von dort aus breitet sich die Schädigung auch auf die benachbarten Frequenzregionen aus (Jansen/Haas 1991: 194).

Streß durch Lärm
Weit unterhalb des für lärmbedingte Hörschäden wichtigen Grenzbereiches von 80-85 dB(A), bei Lärm von etwa 55 dB(A) [z.B. Schallintensität 50 dB(A): leises Gespräch, Großraumbüro; 60 dB(A): normales Gespräch; 70 dB(A): Schreibmaschine, PKW] kommt es bereits zu vegetativen, unwillkürlichen Reaktionen im Organismus. Denn die unspezifischen Wirkungen des Lärms rufen im zentralen Nervensystem eine allgemeine Aktivierung hervor, wie sie für Streßzustände charakteristisch ist (Müller-Limmroth 1981c; Hacker/Richter 1984). Unwillkürlich werden dabei wichtige Körperfunktionen, die erhöhter Leistungsbereitschaft dienen (z.B. Atmung, Herzfrequenz, Blutdruck und Muskelspannung), gesteigert, während andere, der Regeneration dienende Funktionen (z.B. Verdauung) gedrosselt werden. Diese Überaktivierung bei gleichzeitiger Mangelerholung führt schließlich zur Gefahr der Überforderung des Organismus. Dabei werden die Betroffenen neben der körperlichen und nervlichen Beanspruchung, die von der Arbeitsaufgabe herrührt, zusätzlich durch die lärmbedingten Streßreaktionen des Organismus belastet.

Folgen dieser körperlichen Wirkungen von Lärm auf den Organismus insgesamt sind eine Minderung der Leistungsfähigkeit sowohl bei Schwer- als auch bei Geschicklichkeitsarbeit, vorzeitige Ermüdung und gesteigerter Erholungsbedarf sowie vermehrte Fehlerhäufigkeit und erhöhte Unfallgefährdung. Aufgrund der körperlichen Überforderung durch lärmbedingten Streß erhöht sich für die Betroffenen das Risiko typischer Streß-Krankheiten (Unfallverhütungsbericht 1990: 37; EG-Richtlinie 86/188/EWG). Dazu gehören in erster Linie Herz-Kreislauf-Krankheiten (z.B. Bluthochdruck) und Magen-Darm-Erkrankungen (z.B. Magengeschwüre) sowie psychische Beeinträchtigungen und Störungen (Nervosität, Schlaflosigkeit), aber auch Soffwechselstörungen (mit erhöhtem Zucker- oder Cholesteringehalt des Blutes) sowie eine Schwächung des Immunsystems mit gesteigerter Infektionsgefahr (Jansen/Schwarze 1989a). Durch Lärm kann auch die Entwicklung von Kindern im Mutterleib beeinträchtigt werden (z.B. Untergewicht). Deshalb dürfen schwangere Frauen nach § 4 Abs. 1 Mutterschutzgesetz nur an Arbeitsplätzen beschäftigt werden, an denen ein Lärmpegel von maximal 80 dB(A) herrscht.

Störung von Konzentration und Kommunikation
Bereits ab etwa 35 dB(A) kann Lärm mit seinen psychischen Wirkungen für die Betroffenen belastend sein [z.B. Schallintensität 30 dB(A): Flüstern, 40 dB(A): leise Musik, 50 dB(A): leise Gespräche, Großraumbüro]. Bei Arbeiten mit hohen Anforderungen an Konzentration

und Aufmerksamkeit kann schon Lärm von relativ geringer Intensität [30-40 dB(A)] eine Belastung darstellen. Bei überwiegend geistiger Arbeit und bei Büroarbeit wird bei Lärm von 55-70 dB(A) die Leistungsfähigkeit der Betroffenen erheblich beeinträchtigt, was zu vorzeitiger Ermüdung und gesteigerter Nervosität (Reizbarkeit) führt.

Soziale Wirkungen von Lärm werden bereits bei einem Schallpegel von etwa 40 dB(A) [z.B. leise Musik] als Störung der Kommunikation zur Belastung der Betroffenen. Lärm überdeckt nämlich die menschliche Sprache und beeinträchtigt die Verständigung, weil der Sprechpegel über den Umgebungspegel angehoben werden muß, was insbesondere bei höheren Schallpegeln ab etwa 70 dB(A) [z.B. Schreibmaschine] zu erheblichen Belastungen für den Sprecher wie den Hörer führt. Ab einem Lärm von etwa 80 dB(A) [z.B. Straßenverkehr] ist eine normale sprachliche Kommunikation nicht mehr möglich, dadurch werden die Betroffenen faktisch sozial weitgehend isoliert. Lärm überdeckt schließlich insbesondere bei höheren Schallpegeln von über 80 dB(A) die Wahrnehmung von Signalen, die warnende Informationen enthalten, dadurch wird die Arbeitssicherheit beeinträchtigt und die Unfallgefahr erhöht.

Lärmbekämpfung und Lärmschutz

Die Notwendigkeit zur Vermeidung und Minderung von Lärm am Arbeitsplatz ergibt sich aus den Vorschriften der Arbeitsstätten-Verordnung (ArbStättV) und der Unfallverhütungsvorschrift »Lärm« (VBG 121). In § 15 ArbStättV ist vorgeschrieben, daß der Schallpegel in Arbeitsräumen so niedrig zu halten ist, »wie es nach der Art des Betriebes möglich ist.« Der Lärm darf demnach folgende Höchstwerte nicht übersteigen (Opfermann/Streit 1990: B Erl. zu § 15 Abs. 1): 55 dB(A) bei überwiegend geistigen Tätigkeiten; 70 dB(A) bei einfachen oder überwiegend mechanisierten Bürotätigkeiten und vergleichbaren Arbeiten; 85 dB(A) bei allen anderen Tätigkeiten [soweit nicht einhaltbar höchstens 90 dB(A)].

Nach § 6 Abs. 1 der Unfallverhütungsvorschrift »Lärm« sind im Betrieb »Lärmbereiche«, in denen ein Schallpegel von 90 dB(A) erreicht oder überschritten wird (§ 2 Abs. 3 VBG 121), besonders zu kennzeichnen. Sofern es nicht möglich ist, solchen Lärm durch Maßnahmen der Lärmminderung an Arbeitsstätten und Arbeitsverfahren nach § 3 VBG 121 zu vermeiden, müssen den Betroffenen ab 85 dB(A) »persönliche Schallschutzmittel« zur Verfügung gestellt werden, die ab 90 dB(A) auch benutzt werden *müssen* (§ 4 Abs. 1 VBG 121). Für Beschäftigte in Lärmbereichen sind nach §§ 3 und 4 der Unfallverhütungsvorschrift »Arbeitsmedizinische Vorsorge« (VBG

100) Gehörvorsorgeuntersuchungen entsprechend dem »Berufsgenossenschaftlichen Grundsatz G 20 – Lärm« vorgeschrieben, die nach der Erstuntersuchung bei Aufnahme der Tätigkeit, nach einem Jahr und dann jeweils nach 3 Jahren [bei Lärm ab 90 dB(A)] oder nach 5 Jahren [bei Lärm von 85-89 dB(A)] durchzuführen sind (Jansen/Haas 1991: 196).

Maßnahmen zum Lärmschutz können darauf abzielen, die Entstehung von Lärm zu vermeiden und seine Ausbreitung zu verhindern, sie können für eine räumliche Trennung von Mensch und Lärmquelle sorgen oder durch persönlichen Gehörschutz das Schädigungsrisiko herabsetzen. Der Vermeidung von *Lärmentstehung* durch konstruktive Veränderungen von Arbeitsmitteln (lärmarmes Konstruieren) und durch Änderung der Arbeitsverfahren (lärmarme Verfahrenstechnik) kommt die erste Priorität zu, weil man damit den Lärm an seiner Wurzel bekämpft. Sind die Möglichkeiten der Lärmvermeidung ausgeschöpft, kommen Maßnahmen in Frage, die eine *Lärmausbreitung* durch Schalldämmung und Schalldämpfung z.B. unter Verwendung von schallschluckenden Wänden, Vorhängen, Abschirmungen oder Kapselungen verhindern.

Als letzte Schutzmaßnahme bleibt die Verwendung von persönlichem *Gehörschutz* in Form von Gehörschutz-Watte, -Stöpsel, -Kapsel, -Helm oder -Anzug, je nach Stärke der Lärmbelastung. Persönliche Gehörschutzausrüstungen können zwar die Stärke der Einwirkung von schädigendem Schall auf das Gehör um 15-30 dB(A) herabsetzen, indem sie den Gehörgang verschließen oder abdecken. Gehörschutzmittel erschweren allerdings die Sprachverständigung, sie beeinträchtigen die Wahrnehmung wichtiger akustischer Reize (z.B. Warnsignale) und sie stellen eine erhebliche Belästigung dar. Deshalb sind die Betroffenen oft erst nach eingehender Information bereit, solche persönliche Gehörschutzmittel zu benutzen. Nicht in allen Fällen kann daher erreicht werden, daß persönlicher Lärmschutz auch getragen wird.

Literatur
Bernhardt/Jeiter 1975; Christ 1989a; Christ 1989b; Dieroff 1979; EG-Richtlinie 86/188/EWG; EKD 1990; Grandjean 1979; Hacker/Richter 1984; Jansen/Haas 1991; Jansen/Schwarze 1989a; Jansen/Schwarze 1989b; Kirchner/Baum 1990; Maue 1989; Meine 1982a; Müller-Limmroth 1981a; Müller-Limmroth 1981b; Müller-Limmroth 1981c; Norpoth 1991; Opfermann/Streit 1990; REFA-MBO 1991; Skiba 1991

4.1.2. Mechanische Schwingungen

Erschütterungen oder Vibrationen stellen mechanische Schwingungen dar, die dadurch entstehen, daß sich Gegenstände regelmäßig (periodisch) oder unregelmäßig (stochastisch) um ihre Ruhelage bewegen. Mechanische Schwingungen können entweder vom gesamten Körper (Ganzkörper-Schwingungen) z.b. im Stehen oder Sitzen oder von einzelnen Körperteilen, z.b. vom Hand-Arm-System (Teilkörper-Schwingungen) der Betroffenen aufgenommen werden. Die Höhe der Schwingungsbelastung (bewertete Schwingstärke: K-Wert), die nach der VDI-Richtlinie 2057 und nach den internationalen Normen ISO-2631 und ISO-5349 ermittelt wird, ist abhängig von Frequenz, Geschwindigkeit, Beschleunigung und Schwingweg (Ausschlag) der Schwingung (Hartung 1989a). Das Risiko einer Beeinträchtigung der Leistungsfähigkeit und einer Schädigung der Gesundheit nimmt mit der Schwingstärke und der Belastungsdauer zu.

Belastungen durch Fahrzeuge und Geräte
Etwa 6% der Erwerbstätigen, das entspricht 1,3 Mio. Personen, waren 1985 durch Erschütterungen, Stöße und Schwingungen bei der Arbeit belastet (Bäcker u.a., 1989: 2/42); in der Land- und Forstwirtschaft kamen bei 39% der Beschäftigten starke Erschütterungen, Stöße und Schwingungen vor, die man im ganzen Körper spürt (Müller/Gensch 1990: 7). Durch Ganzkörper-Schwingungen, bei denen die Erschütterungen über das Gesäß auf den sitzenden Menschen einwirken, werden insbesondere Beschäftigte auf Fahrzeugen (z.B. LKW, Stapler, Schlepper, Erdbaumaschinen) belastet; bei der Bedienung schwerer Maschinen (Pressen, Schmiedehämmer) können Ganzkörper-Schwingungen auch über die Füße auf den stehenden Menschen einwirken. Teilkörper-Schwingungen werden hauptsächlich beim Arbeiten mit vibrierenden Handarbeitsgeräten, die elektrisch oder durch Druckluft betrieben werden (Kettensägen, Bohrhämmer, Schlagschrauber, Preßlufthämmer, Nagler, Niethämmer, Rüttelplatten), als Belastung für das Hand-Arm-System der Betroffenen wirksam. Erschütterungen bei der Arbeit sind nicht auf Transportwesen und Bauwirtschaft, Schwerindustrie, Land- und Forstwirtschaft beschränkt. Auch in Handel, Gewerbe und Handwerk, wo im Zuge von Mechanisierung und Motorisierung vielfach Fahrzeuge und Geräte zum Einsatz gelangen, die mechanische Schwingungen erzeugen, gibt es solche Belastungen.

Vibrationsbedingte Berufskrankheiten
Die Folgekosten vorzeitigen Gesundheitsverschleißes durch mechanische Schwingungen sind erheblich; allein für die anerkannten Berufs-

krankheiten, die durch Erschütterungen bei der Arbeit mit Druckluftwerkzeugen (BK 21 03) hervorgerufen werden, fallen bei den Berufsgenossenschaften Kosten von jährlich rund 25 Mio. DM in Form von Renten für Betroffene an (Norpoth 1991: 194).

Lediglich zwei Krankheiten, die durch mechanische Schwingungen verursacht werden, wurden bisher als Berufskrankheiten nach der Berufskrankheitenverordnung anerkannt: Erkrankungen durch Erschütterungen bei Arbeit mit Druckluftwerkzeugen oder gleichartig wirkenden Werkzeugen oder Maschinen (BK 21 03; 1990 angezeigte Fälle: 619, erstmals entschädigte Fälle: 125) und vibrationsbedingte Durchblutungsstörungen an den Händen (BK 21 04; 1990 angezeigte Fälle: 105, erstmals entschädigte Fälle: 20). Auch in der »Europäischen Liste der Berufskrankheiten« (90/326/EWG) werden nur durch mechanische Schwingungen verursachte Knochenerkrankungen (osteoartikuläre Erkrankungen) der Hand einschließlich des Handgelenks (505.01) und durch mechanische Schwingungen verursachte Durchblutungsstörungen (Angioneurosen) (505.02) als Krankheiten anerkannt, die in einem unmittelbaren Zusammenhang mit der ausgeübten Berufstätigkeit stehen.

Die in der amtlichen Berufskrankheitenstatistik für 1990 ingesamt 724 erstmals angezeigten und 145 erstmals entschädigten Fälle vibrationsbedingter Berufskrankheiten (Unfallverhütungsbericht 1990) stellen aber lediglich die Spitze des Eisberges des tatsächlichen arbeitsbedingten Gesundheitsverschleißes durch mechanische Schwingungen dar. Zwar enthält die »Internationale Liste der Berufskrankheiten« der Internationalen Arbeitsorganisation (Genf) seit längerem als Berufskrankheit Nr. 23 zusätzlich durch Vibrationen verursachte Erkrankungen der Muskeln, Sehnen, Knochen, Gelenke, Gefäße und Nerven (IAO-Übereinkommen Nr. 121) und von Experten wurde immer wieder bestätigt, daß z.B. bei Fahrzeugführern durch Erschütterungen während der Arbeit vielfach Wirbelsäulenerkrankungen verursacht werden.

Bisher aber wurden vibrationsbedingte Bandscheiben- bzw. Wirbelsäulenerkrankungen nicht als entschädigungspflichtige Berufskrankheit im Sinne von § 551 RVO anerkannt, weil der berufliche Ursprung solcher Erkrankungen im Einzelfall nicht als zwingend angesehen wurde. Im Zuge der jüngsten Änderung der Berufskrankheitenverordnung (1993) wurde der Tatsache Rechnung getragen, daß in der Arbeitsmedizin mittlerweile das erhöhte Risiko einer Wirbelsäulenschädigung für Berufsgruppen, die langjährig intensiven Ganzkörperschwingungen im Sitzen ausgesetzt waren, allgemein als gesichert gilt und daß mit zunehmender Belastungsintensität nachweislich auch das

Schädigungsrisiko für die Betroffenen zunimmt (Dosis-Wirkungs-Beziehung). Deshalb wurden auf Empfehlung des Ärztlichen Sachverständigenbeirats (Sektion »Berufskrankheiten«) beim Bundesminister für Arbeit und Sozialordnung »Bandscheibenbedingte Erkrankungen der Lendenwirbelsäule durch langjährige, vorwiegend vertikale Einwirkung von Ganzkörperschwingungen im Sitzen« als BK 2110 neu in die Liste der entschädigungspflichtigen Krankheiten aufgenommen; allerdings mit der Einschränkung, daß sie »zur Unterlassung aller Tätigkeiten gezwungen haben, die für die Entstehung, die Verschlimmerung oder das Wiederaufleben der Krankheit ursächlich waren oder sein können«.

Belastungen durch Ganzkörper-Schwingungen
Bei Ganzkörper-Schwingungen werden Rumpf und Kopf des Menschen meist bei sitzender Arbeitshaltung über das Gesäß belastenden Erschütterungen ausgesetzt (Dupuis 1989c). Der menschliche Körper besteht nicht aus einer homogenen Masse, sondern aus verschiedenen Teilsystemen unterschiedlicher Beschaffenheit, die durch Bänder und Gewebe miteinander verbunden sind. Deshalb reagiert der Organismus auf Schwingungen von außen nicht einheitlich, vielmehr werden einzelne Teilkörperbereiche in unterschiedlicher Weise selbst in Schwingung versetzt. Stimmt die Frequenz des jeweiligen Organsystems mit der Frequenz der Erschütterungen von außen überein, dann kommt es zu einem Aufschaukeln (Resonanz-Frequenzen). Insbesondere Becken und Wirbelsäule, Oberkörper, Schulter und Nacken sowie Magen, Lunge und Eingeweide (bei Frequenzen von 2 bis 8 Hz) aber auch Kopf und Augäpfel können dabei in Eigenschwingungen versetzt werden. Es kommt zu einer Steigerung der Muskelaktivität, durch die der Organismus stabilisiert und die Körperhaltung reguliert werden soll. Die Atmung beschleunigt sich auf Grund der Eigenschwingungen von Eingeweiden, Zwerchfell und Bauchdecke. Durch Eigenresonanzen des Kopfes und der Augäpfel wird die Sinneswahrnehmung, vor allem die visuelle Wahrnehmung (Sehschärfe) herabgesetzt. Beeinträchtigungen des Nervensystems stören die Regulation des Körpergleichgewichts und die Koordination der Bewegungen.

Wirbelsäulenschäden
Ganzkörper-Schwingungen sind die Menschen meist im Sitzen ausgesetzt, z.B. Fahrer auf Schleppern, Erdbaumaschinen und LKWs. Deshalb kann hauptsächlich die Wirbelsäule und das damit verbundene Nervensystem durch solche Erschütterungen geschädigt werden (Dupuis 1989b; Steeger 1989b). Denn durch den ständigen Wechsel von

Stauchung und Streckung werden Wirbelsäule und Bandscheiben überbeansprucht. In Folge der mechanischen Ganzkörperschwingungen, die insbesondere zwischen drei und fünf Hertz Schwingungsfrequenz den Rumpf und die Wirbelsäule in sich »aufschaukelnde« Resonanzschwingungen versetzen, erhöht sich der Druck innerhalb der Bandscheiben, wodurch vor allem der Faserring der zwischen den Wirbelkörpern liegenden Badscheiben (»Zwischenwirbelscheiben«) rissig werden kann. Zu dieser mechanischen Schädigung der Bandscheibe hinzu kommt die Störung ihres Stoffwechsels unter der anhaltenden Kompression, wodurch ihr Gewebe »zermürbt« wird.

Die zwischen den knöchernen Wirbelkörpern befindlichen Bandscheiben unterliegen durch den Einfluß der Vibrationen einem vorzeitigen Verschleißrisiko, das durch gleichzeitig wirkende Beuge- und Verdrehungshaltungen beim Sitzen noch verstärkt wird. Wenn sich die geschädigte Bandscheibe, die letztlich auch durch die entstehenden knöchernen Randwucherungen an den Wirbelkörpern nicht an ihrem Platz gehalten werden kann, in den Wirbelkanal vorwölbt oder vorfällt, werden dadurch die dort verlaufenden und aus den Zwischenwirbellöchern austretenden motorischen und sensorischen Nervenbahnen, die insbesondere der Versorgung der Beine und Füße dienen, durch Druck geschädigt (Ischias, Lumbago).

Von solchen schmerzhaften Beeinträchtigungen und Behinderungen der Bewegungsfähigkeit durch mechanische Ganzkörperschwingungen ist hauptsächlich der Bereich der Lendenwirbelsäule betroffen, welcher der Schwingungseinleitung beim Sitzen am nächsten liegt und den größten Kräften ausgesetzt ist; weniger häufig kommt es zu Schädigungen durch Ganzkörperschwingungen im Bereich der Brustwirbelsäule.

Durch Ganzkörperschwingungen können außerdem Störungen der inneren Organe bei den Betroffenen in Form von Magen- und Darmerkrankungen sowie Schädigungen der weiblichen Unterleibsorgane (Uterusentzündungen, Zyklusstörungen) hervorgerufen werden. Schließlich deutet vieles darauf hin, daß Ganzkörper-Schwingungen durch ihre Wirkungen auf das Zentralnervensystem auch zu einer »Vibrationskrankheit« führen können, die sich in anhaltenden Ermüdungszuständen, Kopfschmerzen, Reizbarkeit und Vergeßlichkeit niederschlägt.

Belastungen durch Teilkörper-Schwingungen
Am häufigsten werden Teilkörper-Schwingungen in der Arbeitswelt über das Hand-Arm-System der Betroffenen wirksam (Dupuis 1989c; Dupuis 1989d). Bei solchen Hand-Arm-Schwingungen werden Vibra-

tionen und Stöße, die von Maschinen, Geräten oder Werkstücken herrühren, über die Handflächen aufgenommen. Aufgrund der dämpfenden Wirkung von Muskeln, Sehnen, Bändern und Gelenken werden die Schwingungen von der Einleitungsstelle (Hand) über Hand-, Ellenbogen- und Schultergelenk allmählich abgebaut. Im Resonanzbereich des Hand-Arm-Systems (10-20 Hz) sind die Schwingungsbelastungen besonders intensiv, deshalb gehen von Geräten und Werkzeugen mit Vibrationen zwischen 10 und 20 Hertz (z.B. Abbau- und Aufbruchhämmer) stärkere Belastungen aus als von solchen Maschinen, die Schwingungen höherer Frequenz erzeugen (z.B. Schleif- und Trennschleifmaschinen).

Bei Teilkörper-Schwingungen erhöht sich die Muskelanspannung, die insbesondere zur Stabilisierungsarbeit des betroffenen Hand-Arm-Systems erforderlich ist. Die Durchblutung der Hände, die bei der Arbeit mit vibrierenden Geräten und Werkzeugen auf Grund der statischen Haltearbeit ohnehin schon gedrosselt ist, wird unter dem Einfluß mechanischer Schwingungen weiter verschlechtert. Denn die Vibrationen verursachen eine Verringerung der peripheren Durchblutung der Haut; durch niedrige Temperaturen (z.B. bei Arbeiten im Freien) wird diese vibrationsbedingte Durchblutungsstörung noch verstärkt.

Gelenkschäden, Durchblutungs- und Nervenstörungen

Durch niederfrequente Erschütterungen, wie sie z.B. von Abbauhämmern im Baugewerbe auf das Hand-Arm-System der Betroffenen einwirken, können zumeist im Ellenbogen oder in der Handwurzel in den überbeanspruchten Gelenken irreversible und einer Therapie kaum zugängliche degenerative Gelenkschäden (Arthrosis deformans) verursacht werden, die als Berufskrankheit (BK 21 03) anerkannt sind. Auf mechanische Weise und durch Störung des Stoffwechsels bewirken die Vibrationen und Stöße eine Zerstörung des Knorpels, der die im Gelenk verbundenen Knochenenden überzieht. Es kommt dadurch zu Verletzungen, Knochen- und Gewebewucherungen im Gelenk, die sich in einer Deformation des Gelenkes mit schmerzhaften Bewegungseinschränkungen und druckempfindlichen Schwellungen niederschlagen. In der Folge kann es zu Muskelschwund (Muskelatrophie) und zu einer Drucklähmung von Nerven in den betroffenen Partien kommen.

Durch höherfrequente Vibrationen, wie sie z.B. Motorkettensägen in der Forstwirtschaft auf das Hand-Arm-System der Beschäftigten bewirken, können an den Händen bleibende Störungen der peripheren Durchblutung und Nervenfunktion (Vibrationsbedingtes Vasospastisches Syndrom VVS) hervorgerufen werden, die als Berufskrankheit

(BK 21 04) anerkannt sind. In Untersuchungen wurde festgestellt, daß z.T. mehr als die Hälfte der Beschäftigten, die mit Motorkettensägen, Bohrhämmern und ähnlichen Geräten gearbeitet hatten, solche vibrationsbedingten Durchblutungs- und Nervenfunktionsstörungen aufwiesen (Dupuis 1989a: 4). Kälte und niedrige Temperaturen begünstigen die Entstehung dieser Störungen. Die anfallsartig auftretenden, chronischen Durchblutungsstörungen (Raynaud-Phänomen) und die Störung der Nervenfunktion in den Fingern, die mit Prickeln, Kribbeln und Brennen sowie mit Gefühllosigkeit und Kälteempfindungen einhergehen, sind nicht nur eine schmerzhafte Beeinträchtigung für die Betroffenen, sie stellen auch eine erhebliche Behinderung der Leistungsfähigkeit (Handfertigkeit, Geschicklichkeit) dar.

Gestaltungsalternativen
Maßnahmen zur Vermeidung und Verringerung mechanischer Schwingungen am Arbeitsplatz (Hartung 1989b) werden in einer Reihe von Vorschriften zum Arbeits- und Gesundheitsschutz verlangt:
Nach der Arbeitsstättenverordnung (§ 16 ArbStättV) sind die Belastungen durch mechanische Schwingungen »so niedrig zu halten, wie es nach der Art des Betriebes möglich ist.« Daraus ergibt sich, daß mechanische Schwingungen im Betrieb vollständig zu vermeiden sind, so weit das unter Berücksichtigung des Standes der Technik möglich ist (Opfermann/Streit 1990: B § 16 Abs. 1 Erl. Rn 24). Ist die völlige Vermeidung mechanischer Schwingungen technisch nicht möglich, so ist durch geeignete Maßnahmen dafür zu sorgen, daß Art, Intensität und Dauer der Schwingungsbelastung auf ein Maß begrenzt werden, durch das eine Belästigung und Beeinträchtigung der Betroffenen oder eine Gefährdung ihrer Gesundheit vermieden wird. Möglichkeiten der technischen Vermeidung und Verringerung von mechanischen Schwingungen ergeben sich aus der VDI-Richtlinie 3831 »Schutzmaßnahmen gegen Einwirkung mechanischer Schwingungen auf den Menschen«, aus der VDI-Richtlinie VDI 2062 (Blatt 1) »Schwingungsisolierung, Begriffe, Methoden« und aus der VDI-Richtlinie 2062 (Blatt 2) »Schwingungsisolierung, Isolierelemente«.

Die Vermeidung gesundheitsschädlicher Erschütterungen auf Fahrersitzen ist speziell in den Unfallverhütungsvorschriften »Fahrzeuge« (§ 8 VBG 12), »Erdbaumaschinen« (§ 7 VBG 40) und »Maschinen, Geräte, Werkzeuge, technische Anlagen und Baufahrzeuge« der Landwirtschaftlichen Berufsgenossenschaften (§ 10 UVV 3.1) vorgeschrieben.

Technische Maßnahmen zur Schwingungsminderung zielen darauf ab, die *Entstehung* von Erschütterungen und Schwingungen ganz zu vermeiden oder in ihrer Art (Frequenz) und Intensität (Ausschlag) so zu beeinflussen, daß Beeinträchtigungen und Gefährdungen der Gesundheit vermieden oder verringert werden (VDI-ADB 1980; Kirchner/Baum 1990). Dazu sind typischerweise neben der Federung und Dämpfung von Ganzkörper-Schwingungen z.b. auf Fahrersitzen (z.B. auf Baumaschinen) die Isolation und Dämmung von Teilkörper-Schwingungen z.b. bei Werkzeuggriffen (z.b. an Motorkettensägen) geeignet (Dupuis 1989e). Durch persönliche Schutzausrüstung (z.b. gepolsterte Handschuhe) kann die *Übertragung* von Vibrationen auf den Menschen gedämpft werden. Schwingungsabsorbierende Handschuhe und Schuhe wirken zudem einer Abkühlung der Extremitäten entgegen und verringern dadurch das Risiko vibrationsbedingter Durchblutungs- und Nervenstörungen.

Ergänzend kann durch arbeitsorganisatorische Maßnahmen in Form eines *Aufgabenwechsels* z.B. in Form von Mischarbeit die Dauer der Belastung verringert werden, wenn dabei für einen Wechsel der Arbeitsbelastung gesorgt wird. Weil der Grad der Beeinträchtigung, Störung und Gefährdung der Betroffenen von Intensität und Dauer der Schwingungsbelastung abhängt (Dosis-Wirkungs-Beziehung), sind zusätzliche bezahlte *Kurzpausen* geeignet, zusätzliche Erholungsmöglichkeiten für den belasteten Organismus zu schaffen (REFA-MBO 1991; Dupuis 1989a).

Literatur
Dupuis 1989a-e; Hartung 1989a-b; Kirchner/Baum 1990; Opfermann/ Streit 1990; REFA-MBO 1991; Schnauber 1979; Skiba 1991; Steeger 1989a-b; VDI-ADB 1980

4.2. Belastungen durch Klimaeinflüsse

Zu den Klimaeinflüssen, die bei der Arbeit für die Betroffenen belastend sein können, gehören insbesondere hohe oder niedrige Temperaturen sowie Zugluft, Temperaturunterschiede und hohe oder niedrige Luftfeuchtigkeit (Hettinger 1989a-b; REFA-MBO 1991).

Ein Viertel der Berufstätigen belastet

Fast jeder vierte deutsche Erwerbstätige (24% bzw. 5,2 Mio.) war 1979 durch Nässe, Kälte, Hitze oder Zugluft belastet (v.Henninges 1981: 363). Einer umfangreichen Untersuchung zu Folge waren 1985 21% praktisch immer oder häufig durch Kälte, Hitze, Nässe oder Zugluft belastet (BIBB/IAB 1987); in Landwirtschafts-, Bergbau-,

Bau- und Ausbauberufen mußten fast zwei Drittel (63%) der Beschäftigten unter Kälte, Hitze, Nässe, Feuchtigkeit oder Zugluft arbeiten. Rund 12% der Berufstätigen waren 1984-86 durch Hitze, Kälte, Nässe sogar »stark« belastet (EK-GKV 1988: 15). Durch einzelne Klimaeinflüsse waren 1980 von allen Berufstätigen in Form von Hitze 11%, Kälte 9%, Zugluft 12% und Arbeit im Freien 12% belastet (Oppolzer 1986: 77).

Durch Klimaeinflüsse bei der Arbeit belastet sind nicht nur die vielfach im Freien tätigen Arbeiter der Land- und Forstwirtschaft, die unter Tage arbeitenden Bergleute oder die gewerblichen Arbeitskräfte in der Eisen- und Stahlindustrie. Auch wenn in weiten Bereichen des Sekundären Sektors (Industrie und Handwerk) sowie im Tertiären Sektor (Handel, Verkehr, Dienstleistungen) die Klimaeinflüsse für die Beschäftigten vielfach weniger extrem als im Primären Sektor sind, spielen sie doch an vielen Arbeitsplätzen eine erhebliche Rolle. Sind es im Baugewerbe oder in der Land- und Forstwirtschaft hauptsächlich Witterungseinflüsse, so ist es im Bergbau oder in der Eisen- und Stahlindustrie meist die Hitze, in der Nahrungsmittelindustrie oft die Kälte, während es in Handel und Dienstleistungen vielfach Temperaturunterschiede, ungünstige Luftfeuchtigkeit oder Zugluft sind, die für Belastungen durch Klimaeinflüsse sorgen.

Wärmehaushalt und Thermoregulation des menschlichen Organismus

Der menschliche Organismus ist nur innerhalb eines eng begrenzten Körpertemperaturbereichs funktionsfähig. Abweichungen der Körper-Kerntemperatur (Kopf, Brust, Bauchhöhle) um (plus/minus) 0,8°C von der mittleren Tagestemperatur (ca. 37°C) können bereits zur Beeinträchtigung der Behaglichkeit sowie zu Störungen der Körperfunktionen und der Leistungsfähigkeit führen. Eine Zunahme um mehr als 1,5°C kann schon zum Hitzschlag, eine Abnahme um etwa 2°C kann schon zu Kältezittern führen. Die Körpertemperatur fällt mit der Entfernung vom Körperkern ab, sie ist in den Armen und Beinen erheblich niedriger als in Rumpf und Kopf. In den Muskeln und Gliedmaßen sowie in der Haut kann die Körpertemperatur um mehrere Grad von der Temperatur im Körperkern abweichen. Unter Nutzung des Temperaturgefälles zwischen Kernbereich und Außenschale des Körpers kann der notwendige Wärmeaustausch zwischen Mensch und Umwelt stattfinden. Dieser Wärmeaustausch kann entweder zwischen Haut und Luft (Wärmekonvektion) oder durch Strahlung vom wärmeren zum kälteren Körper (Wärmestrahlung) sowie durch Wärmeaustausch beim Berühren von Gegenständen (Wärmeleitung) oder indem dem

Körper durch Verdunstung des in den Schweißdrüsen gebildeten Wassers Wärme entzogen wird (Wasserverdunstung) erfolgen.

Die körpereigene Wärme, die beim Stoffwechselumsatz in den inneren Organen und in der Skelettmuskulatur entsteht, wird durch das Blut (als »Kühlmittel«) von den wärmeren Kernbereichen des Körpers an die Körperschale (Haut, Unterhaut-Fettgewebe, Muskulatur) sowie in die kältere Peripherie des Körpers (Extremitäten) transportiert oder über die Ausatemluft aus der Lunge an die Umwelt abgegeben. Auf diese Weise kann der menschliche Organismus bei der Arbeit innerhalb bestimmter Grenzen eine ausgeglichene Wärmebilanz herstellen. Die durch chemische Verbrennungsvorgänge in der Muskulatur und in den inneren Organen produzierte Wärme wird über die Lunge oder die Hautoberfläche nach außen abgegeben, damit die Körperkerntemperatur auch bei gesteigerter Muskelaktivität und hohen oder niedrigen Raumtemperaturen möglichst im optimalen Bereich um 37°C bleibt.

Hitzearbeit
Wenn durch Wärmestrahlung und hohe Lufttemperatur das Temperaturgefälle zwischen Mensch und Arbeitsumgebung nicht ausreicht, um die Abgabe der körpereigenen Wärmeproduktion ohne weiteres zu gewährleisten, reagiert der Organismus mit einer Reihe zusätzlicher Regulationsmaßnahmen, um schließlich wieder eine ausgeglichene Wärmebilanz herzustellen. Zunächst einmal kann durch Steigerung der Atemfrequenz die Wärmeabgabe über die Lunge durch die Ausatemluft erhöht werden. Zum anderen kann durch vermehrte Schweißproduktion mit Hilfe von Wasserverdunstung auf der Haut der Abkühlungseffekt für das Blut in der Körperhülle verstärkt werden.

Insbesondere kann durch entsprechende Reaktionen des Herz-Kreislauf-Systems mehr Blut rascher von den wärmeerzeugenden inneren Organen und der aktiven Skelettmuskulatur aus dem Kern an die Schale des Körpers gebracht werden, wobei Wärme vom Organismus an die Umgebung abgegeben wird. Dabei können die peripheren Gefäße erweitert werden, um die Menge durchfließenden Blutes zu vergrößern, das sich in der Körperhülle abkühlt. Außerdem können der Blutdruck und die Pulsfrequenz gesteigert werden, so daß eine größere Blutmenge rascher die Wärme vom Körperkern zur Peripherie transportieren kann.

Bei warmen Umgebungstemperaturen ist die Leistungsfähigkeit mit zunehmender Hitzebelastung herabgesetzt; weil der Organismus bereits durch die gesteigerte Herz-Kreislauf-Aktivität zur Wärmeregulation erheblich beansprucht wird, ist er nur zu verringerter körperlicher Aktivität in der Lage; auch die geistige und nervliche Leistungsfähigkeit sinkt mit steigender Temperaturbelastung (REFA-MBO 1991). Arbeit bei höheren Temperaturen führt zu vorzeitiger Ermüdung, sie ist vielfach nur begrenzte Zeit ausführbar und macht zusätzliche Pausen erforderlich.

Hitzebedingte Gesundheitsschäden (Hettinger 1989b) können in Form von Verbrennungen durch Wärmestrahlung oder Kontakt mit heißen Flächen auftreten, wobei verschiedene Stufen von der schmerzhaften Hautrötung über Blasenbildungen bis zur Verkohlung der Haut unterschieden werden können. Seltener kommt es durch starke infrarote Wärmestrahlung, wie sie von hellglühenden Stoffen ausgeht, zur Schädigung der Augen, die als Grauer Star durch Wärmestrahlung (BK 2401) als Berufskrankheit anerkannt ist (Norpoth 1991; Jansen/Haas 1991); 1990 wurden 14 Fälle dieser Berufskrankheit angezeigt und kein Fall erstmals entschädigt (Unfallverhütungsbericht 1990).

Durch Hitze können Erkrankungen des Gesamtorganismus hervorgerufen werden: Beim »Hitzekollaps« reicht die verfügbare Blutmenge nicht mehr zur Versorgung der inneren Organe aus, weil zur Abkühlung des Körpers zu viel Blut in die erweiterten peripheren Blutgefäße strömt. Symptome dieses Hitzekollapses sind Steigerung der Herzfrequenz, kalter Schweiß, Kopfschmerz, Übelkeit, Schwindel und Schwächegefühl bis zur Ohnmacht. Beim »Hitzschlag« erfolgt unter dem Hitzestau eine derartige Erhöhung der Körpertemperatur, daß Gewebeschäden im Zentralnervensystem auftreten und die Thermoregulation versagt. Im Unterschied zum Hitzekollaps, dessen Symptome relativ rasch vergehen, wenn die Betroffenen in kühlere Umgebung gebracht werden, ist die Sterblichkeit beim Hitzschlag hoch und nimmt mit der erreichten Körperkerntemperatur stark zu (Hettinger 1989b).

Kältearbeit

Bei niedrigen Temperaturen besteht die Gefahr, daß der Körper zu viel Wärme an die Umgebung verliert und die Kerntemperatur unter die Grenze der Behaglichkeit und Leistungsfähigkeit fällt. In dem Bestreben, eine ausgeglichene Wärmebilanz im Organismus aufrecht zu halten, können eine Reihe körpereigener Regulationsmechanismen in Gang gesetzt werden, die der Abkühlung des Körpers entgegenwirken. Zusätzliche Belastungen des Organismus entstehen dadurch, daß er versucht, sich vor Wärmeverlust zu schützen und zusätzliche Wärme zu erzeugen, was mit einer vermehrten Beanspruchung der betroffenen Körperteilsysteme verbunden ist.

Die Abgabe von Wärme nach außen kann hauptsächlich durch zwei Mechanismen gedrosselt werden: Zum einen sorgt die Verringerung der Hautdurchblutung durch Verengung der peripheren Gefäße dafür, daß die Blutmenge reduziert wird, durch die Wärme vom Körperkern nach außen transportiert wird. Zum anderen werden durch Zusammenziehen der Haarbalg-Muskeln (»Gänsehaut«) die Körperhaare aufgerichtet, zwischen denen eine wärmeisolierende Luftschicht gebildet werden kann, die zum Schutz vor Wärmeverlust dient.

Für die zusätzliche Erzeugung von Wärme im Körper stehen vor allem zwei Mechanismen zur Verfügung: Zum einen kann in den inneren Organen (z.B. Leber) durch eine Verstärkung der Verbrennungsprozesse eine Steigerung der körpereigenen Wärmeproduktion erfolgen. Zum anderen kann durch unwillkürliche Muskelkontraktionen (»Kältezittern«) eine erhebliche Stoffwechselsteigerung in der Muskulatur mit entsprechender Wärmeerzeugung herbeigeführt werden, zumal das »Kältezittern« als muskuläre Schwerarbeit zu betrachten ist.

Die bei Kältearbeit mobilisierten körpereigenen Mechanismen zur Reduktion des Wärmeverlustes und zur Steigerung der Wärmeerzeugung sowie das Kälteempfinden können die Leistungsfähigkeit der Betroffenen beeinträchtigen und ihre Gesundheit gefährden (Piekarski/Wenzel 1983; Hettinger 1989b). Aufgrund der verringerten Durchblutung in kalter Umgebung werden die Sensibilität, die Beweglichkeit und die Geschicklichkeit in Händen und Füßen gemindert, wodurch insbesondere die manuelle Leistungsfähigkeit bei Aufgaben mit hohen Anforderungen an die Handfertigkeit erheblich beeinträchtigt wird. Weil die Konzentrationsfähigkeit im Zustand des Frierens ebenfalls herabgesetzt ist, wird durch Kälte auch die Leistungsfähigkeit bei Arbeiten mit geistigen Anforderungen und bei Tätigkeiten, die hohe Aufmerksamkeit verlangen, beeinträchtigt. In Kälte sinkt nicht nur die Geschicklichkeit, auch die Beobachtungs- und Reaktionsfähigkeit verringert sich; damit erhöht sich schließlich das Unfallrisiko für die Betroffenen.

Gesundheitliche Schädigungen aufgrund zu starker Abkühlung des Organismus können akut in Form unterschiedlich starker örtlicher Erfrierungen von Haut und Gewebe vor allem an Fingern, Zehen und Ohren auftreten. Im Zusammenwirken mit Vibrationen (z.B. Motorsägen, Schleifmaschinen) kann Kälte bei der Arbeit die Entstehung von chronischen Durchblutungs- und Nervenstörungen in den Fingern (»Weißfingerkrankheit«) verstärken.

Belastungen durch Temperaturunterschiede
Erhebliche Temperaturunterschiede am Arbeitsplatz oder ein regelmäßiger Wechsel zwischen Arbeitsumgebungen mit recht unterschiedlicher Temperatur sind für die Betroffenen deshalb mit besonderen

Beanspruchungen verbunden, weil dadurch die Anpassung (»Akklimatisation«) an die Klimabelastungen erschwert wird. Durch den ständigen Wechsel der Temperatur wird der Kreislauf (Herz und Blutdruck) besonders beansprucht. Schließlich erhöhen große Temperaturunterschiede bei der Arbeit die Anfälligkeit gegen Erkältungskrankheiten (Infektionen der Atemwege).

Zugluft

Die Wasserverdunstung auf der Hautoberfläche wird durch die darüber streichende Luft gefördert. Bei der Verdunstung des Wassers, das in den Schweißdrüsen der Haut gebildet wurde, wird dem Körper Wärme entzogen. Je stärker die Luftbewegung und je kälter der Luftstrom, um so größer ist der Abkühlungseffekt. Starke Luftbewegung in Form von Zugluft kann zu einer übermäßigen Abkühlung der betroffenen Körperpartien führen; Nacken und Füße sind besonders empfindlich für Zugluft. Von hinten wird Zugluft als unangenehmer empfunden als von vorn. Je geringer die körperliche Anstrengung und je niedriger die Temperatur, um so eher wird Zugluft als Beeinträchtigung wahrgenommen.

Zugluft stellt nicht nur eine Beeinträchtigung der Behaglichkeit und der Leistungsfähigkeit, sondern auch eine Gefährdung der Gesundheit dar. Denn durch die mit Zugluft verbundene gänzliche oder teilweise Abkühlung des Körpers erhöht sich die Erkältungsgefahr. Schließlich wird durch Zugluft bei der Arbeit die Entstehung von Rheuma und von Gelenkentzündungen begünstigt.

Luftfeuchtigkeit

Sowohl eine zu hohe (über 70%) als auch eine zu niedrige (unter 30%) Luftfeuchtigkeit stellt bei Raumtemperaturen zwischen 18-24°C eine Belastung bei der Arbeit dar, die zu gesteigerter Beanspruchung und zu vorzeitiger Ermüdung führen kann (Grandjean 1979; REFA-MBO 1991; Piekarski/Wenzel 1983; Meine 1982b).

Bei zu *hoher* Luftfeuchtigkeit im Arbeitsraum wird die Verdunstung des von den Schweißdrüsen der Haut erzeugten Wassers, erschwert und damit die Abgabe überschüssiger Wärme behindert. Die Umgebungsluft kann um so weniger von der Haut abgegebenes Wasser (Schweiß) aufnehmen, je höher ihr relativer Feuchtigkeitsgehalt ist. Deshalb kann der Körper bei hohen Lufttemperaturen und hoher Luftfeuchtigkeit nur wenig Wärme durch Wasserverdampfung an die Umgebung abgeben, obwohl er mit vermehrter Schweißproduktion reagiert. Die Folge ist eine gesteigerte Kreislaufbeanspruchung, denn ist die Wärmeabgabe über Wasserverdunstung durch die hohe Luftfeuchtigkeit reduziert, muß der Organismus die Wärmeabgabe über die vermehrte Durchblutung der Haut steigern.

Bei zu *geringer* Luftfeuchtigkeit im Arbeitsraum können die Schleimhäute der Augen und der Atemwege austrocknen, wodurch die Widerstandskraft gegen Infektionen und Entzündungen herabgesetzt wird. Wenn aufgrund geringer Luftfeuchtigkeit die Flimmerhaare (Flimmerepithel) der Atemwege, die eindringende Verunreinigungen mit dem Schleim herausbefördern, austrocknen, wird die Selbstreinigungskraft der Luftröhre beeinträchtigt. Dadurch erhöht sich dort die Anfälligkeit für Erkältungskrankheiten sowie für chronische Entzündungen.

Gestaltungsziel: menschengerechtes Arbeitsklima
Welches Raumklima bei der Arbeit von den Betroffenen als behaglich empfunden wird, hängt letztlich von der Art der Tätigkeit ab, die auszuführen ist. Insbesondere der körpereigene Energieumsatz, der Aufschluß über die muskuläre Belastung gibt, entscheidet darüber, welche Raumtemperatur für die Betroffenen behaglich oder erträglich ist. Als Faustregel gilt: Je höher die muskuläre Beanspruchung ist, um so niedriger sollte das Raumklima sein, damit die im Zusammenhang mit der Muskelaktivität erzeugte Wärme an die Umgebung abgegeben und eine ausgeglichene Wärmebilanz hergestellt werden kann. Dem Grundsatz, bei unterschiedlichen Arbeiten für ein unterschiedliches Raumklima zu sorgen, folgen die zahlreichen Vorschriften, Richtlinien und Empfehlungen zur menschengerechten Arbeitsklimagestaltung (Opfermann/Streit 1990; REFA-MBO 1991; Skiba 1991; Schmidtke 1976; Schmidtke 1989):

In § 6 Abs. 1 Arbeitsstättenverordnung (ArbStättV) wird »eine unter Berücksichtigung der Arbeitsverfahren und der körperlichen Beanspruchung der Arbeitnehmer gesundheitlich zuträgliche Raumtemperatur« verlangt, durch die persönliche Belästigungen, Beeinträchtigungen der Leistungsfähigkeit oder Gefährdungen der Gesundheit vermieden werden. In der Arbeitsstättenrichtlinie ASR 6/1,3 werden ergänzend Mindest-Raumtemperaturen vorgeschrieben, die sich nach der Art der Arbeit richten; demnach muß die Raumtemperatur mindestens betragen (Opfermann/Streit 1990):
- 20°C in Büroräumen,
- 19°C bei überwiegend sitzender Tätigkeit sowie in Verkaufräumen,
- 17°C bei überwiegend nicht sitzender Tätigkeit,
- 12°C bei schwerer körperlicher Arbeit,
- 21°C in Pausen- und Sanitärräumen,
- 24°C in Wasch- und Umkleideräumen.

Die Raumtemperatur soll in Arbeitsräumen 26°C nicht überschreiten. Aufgrund des engen Behaglichkeitsbereiches sollte von den Mindestwerten der ArbStättV und der ASR um nicht mehr als 2-3°C abgewichen werden, um Beeinträchtigungen der Betroffenen zu vermeiden. Weitere Klima-Richtwerte, die der körperlichen Beanspruchung, der Luftbewegung und Luftfeuchtigkeit sowie der Belüftung Rechnung tragen, sind z.b. den DIN-Normen »Klima am Arbeitsplatz und in der Arbeitsumgebung« (DIN 33 403, Teil 1-3) und »Raumlufttechnik« (DIN 1946, Teil 2) zu entnehmen.

Außer technischen Maßnahmen zur Klimatisierung von Arbeitsräumen kommen zum Schutz der Arbeitenden vor Hitze oder Kälte persönliche Schutzmaßnahmen durch Hitze- oder Kälte-Schutzkleidungen in Betracht, die allerdings meist die Beweglichkeit beeinträchtigen und bei der Arbeit hinderlich sind. Durch physiologische Schutzmaßnahmen in Form von arbeitsmedizinischen Eignungs- und Einstellungsuntersuchungen nach den Berufsgenossenschaftlichen Grundsätzen (G 21 »Kältearbeiten« und G 30 »Hitzearbeiten«) ist dafür zu sorgen, daß nur Personen, die als voll hitze- bzw. kältetauglich eingestuft wurden und die durch gezielte Akklimatisation auf die Klimabelastung vorbereitet wurden, zum Einsatz kommen. Durch Bereitstellung geeigneter Getränke und Speisen sollte dafür gesorgt werden, daß die Belastungen der Hitze- oder Kältearbeit besser ertragen werden können. Die Verkürzung der effektiven Arbeitszeit und die Unterbrechung durch eingestreute Pausen stellen arbeitsorganisatorische Maßnahmen dar, durch die eine bessere Erholung von den Klimabelastungen ermöglicht und die Belastungsdauer insgesamt verringert wird.

Literatur
Hettinger 1989a-c; Meine 1982b; Opfermann/Streit 1990; Piekarski/ Wenzel 1983; REFA-MBO 1991; Schmidtke 1976; Schmidtke 1989; Skiba 1991; Wenzel 1981; Wenzel/Piekarski 1982

4.3. Belastungen durch Schadstoffe

Schadstoffe können am Arbeitsplatz in fester und flüssiger Form vorkommen oder in der Luft schwebend (Luftverunreinigung) auftreten; es kann sich dabei um Staub, Rauch, Gas, Dampf, Nebel, Öl, Fett, Nässe oder Schmutz handeln, die auf den Menschen beeinträchtigend oder schädigend einwirken. Schadstoffe können natürliche Substanzen sein, die aufgrund übermäßiger Konzentration den menschlichen Organismus belasten (z.B. Schwefeldioxid, Nitrat), oder sie können vom

Menschen neugeschaffene Substanzen darstellen, zu deren Abwehr der Organismus des Menschen nicht in der Lage ist (z.B. chlorierte Kohlenwasserstoffe, Dioxine).

Schadstoffe: für die meisten Berufskrankheiten verantwortlich
Belastungen durch Schadstoffe sind für die weitaus meisten Berufskrankheitsfälle verantwortlich: 1990 machten die auf Schadstoffeinwirkungen beruhenden Krankheiten 67% aller angezeigten und 61% aller erstmals entschädigten Berufskrankheiten aus (Unfallverhütungsbericht 1990).

Allein durch chemische Schadstoffe waren Befragungen 1984-86 zu Folge 5,4% der Berufstätigen »stark« belastet (EK-GKV 1988: 15). Durch Staub am Arbeitsplatz waren 1980 rund 13% der Berufstätigen belastet (Oppolzer 1986: 77). Befragungen zu Folge waren 1985 von den Erwerbstätigen »häufig/praktisch immer« 20% (das entspricht 4,5 Mio. Personen) bei der Arbeit Öl, Fett, Schmutz oder Dreck ausgesetzt; 15% (3,4 Mio.) waren durch Rauch, Staub, Gase oder Dämpfe bei der Arbeit belastet; 10% (2,2 Mio.) mußten beim Umgang mit gefährlichen Stoffen besondere Sicherheitsvorschriften beachten oder Schutzkleidung tragen (Bäcker u.a. 1989: 2/42). In einigen Bereichen spielen solche Belastungsarten eine besonders wichtige Rolle (BIBB/IAB 1987): Über die Hälfte (52%) der Arbeiter in Landwirtschaft, Bergbau, Produktionsgütererzeugung, Bau- und Ausbaugewerbe sowie in Metall- und Elektroberufen arbeiten praktisch immer oder häufig mit Öl, Fett, Schmutz oder Dreck; fast ein Drittel (32%) der Beschäftigten in Landwirtschafts-, Bergbau-, Fertigungs- und sachbezogenen Dienstleistungs-Berufen arbeiten ständig oder häufig bei Rauch, Staub, Gasen oder Dämpfen; jeder fünfte Erwerbstätige in Grundstoff- und Produktionsgüter erzeugenden Berufen sowie in Bau- und Ausbau- oder in Metall- und Elektroberufen ist beim Umgang mit gefährlichen Stoffen einem besonderen Unfallrisiko ausgesetzt.

Unübersehbare Zahl von Schadstoffen
Innerhalb der Europäischen Gemeinschaft kommen jedes Jahr rund 3.000 neue Stoffe auf den Markt, allein in der Bundesrepublik gelangen mehrere Hundert neuer chemischer Substanzen in Verkehr; mehr als 45.000 chemische Stoffe in über 2 Mio. verschiedenen Zubereitungen befinden sich in Umlauf. Das EG-Altstoffverzeichnis führt rund 100.000 chemische Substanzen auf, die im Hinblick auf ihre schädigenden Wirkungen weitgehend unbekannt sind; erst über etwa 5.000 chemische Stoffe liegen inzwischen Angaben über ihr Gefährdungspotential vor (REFA-MBO 1991: 345; Kaufmann/Ewers 1982: 102).

Angesichts der unübersehbaren und ständig wachsenden Zahl von Schadstoffen mit ihrem zumeist unbekannten Wirkungen auf die Betroffenen wird aus der Gesamtzahl angezeigter Berufskrankheiten, die auf Schadstoffeinfluß beruhen, allenfalls die Spitze des Eisberges der tatsächlichen Gefährdung durch Schadstoffe in der Arbeitswelt sichtbar, die um ein Vielfaches größer ist. Hinzu kommt, daß Schadstoffe nicht allein bei der Arbeit, sondern überall auftreten können: Im Straßenverkehr und im Krankenhaus, in Schule und Kindergarten, auf dem Spielplatz und im Eigenheim, im Wald und auf der See, in der Nahrung, im Wasser, im Boden und in der Luft – Schadstoffe mit ihren fatalen Wirkungen auf Mensch und Umwelt sind allgegenwärtig (Umweltbundesamt 1992; Bossel 1990).

Eingangspforten: Atemwege und Haut
Schadstoffe können am Arbeitsplatz hauptsächlich über die Atemwege und die Haut belastend auf den menschlichen Organismus wirken, sie können aber auch über den Verdauungstrakt aufgenommen werden oder die Schleimhäute z.B. der Augen angreifen. Über Magen und Darm können Schadstoffe insbesondere dann in den Organismus gelangen, wenn die Betroffenen Nahrungsmittel und Getränke am Arbeitsplatz aufbewahren oder zu sich nehmen und wenn mit dem Speichel in der Luft befindliche Verunreinigungen verschluckt werden.

Die Augen können vor allem durch die Schleimhäute reizende und ätzende Schadstoffe, die sich als Staub, Rauch, Gas, Dampf oder Nebel in der Luft befinden sowie durch Schadstoffe in Flüssigkeiten, Nässe, Öl, Fett oder Schmutz und Dreck gefährdet werden. Die wichtigsten Eingangspforten für Schadstoffe bei der Arbeit sind allerdings die Atemwege und die Haut, durch die gefährliche Stoffe den gesamten Organismus und insbesondere die stoffwechselaktiven Organe (Leber, Niere, Darm, Blase) schädigen können. Auf die Gruppe der durch chemische Einflüsse verursachten Krankheiten entfielen 1990 mit 2.796 Fällen 5% aller angezeigten und mit 140 Fällen 3,2% aller erstmals entschädigten Berufskrankheiten (Unfallverhütungsbericht 1990).

Atmungsorgane
Durch die Atmungsorgane verschafft sich der Mensch den Sauerstoff, den er zum Leben braucht, aus der ihn umgebenden Luft, an die er Kohlendioxid abgibt (Faller 1988; Bücker 1974). Durch Mund oder Nase, über Rachen und Kehlkopf wird die Atemluft von der Luftröhre und ihren Verzweigungen (Bronchen) in die kleinen Lungenbläschen (Durchmesser: 1/5 mm) transportiert, die zu kleinen Lungenläppchen

Eingangspforten für Schadstoffe

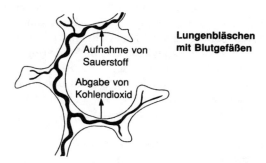

Lungenbläschen mit Blutgefäßen

Die Aufnahme von Sauerstoff in das Blut und die Abgabe von Kohlendioxid aus dem Blut (Gaswechsel) erfolgt in der **Lunge** über rund 500 Mio winzige **Lungenbläschen** auf einer Fläche von insgesamt etwa 200 qm, zwischen denen sich auf rund 300 qm ein Netz haarfeiner **Blutgefäße** (Kapillaren) erstreckt. Damit bietet sich den Schadstoffen, die mit der Atemluft in die Lunge gelangen, eine breite Angriffsfläche. Je nach ihrer Beschaffenheit und ihren Eigenschaften können die Schadstoffe entweder über das Blut vom Organismus aufgenommen oder in der Lunge abgelagert werden, außerdem können sie dort auch krankhafte Prozesse (z.B. Allergien oder Krebs) auslösen. Die Schädigung innerer Organe (z.B. Leber) oder die Einschränkung der Atemfunktion sowie Krebs der Atemwege und des Brustraumes können die Folge sein.

Schadstoffe können aber auch über die **Haut** aufgenommen (resorbiert) werden, über die ein kleiner Teil des Gaswechsels im Organismus erfolgt. Mit der Aufnahme von Sauerstoff und der Abgabe von Kohlendioxid gelangen über das Netz feiner Kapillaren in der **Lederhaut** und die darunter liegenden Blutgefäße der **Unterhaut** gasförmige Schadstoffe in den Organismus. Auf diesem Wege können auch feste oder flüssige Schadstoffe durch die Haut aufgenommen werden und zu Schädigungen oder Erkrankungen innerer Organe führen. Schließlich können Schadstoffe die **Oberhaut** selbst direkt schädigen (z.B. ätzen) oder dort krankhafte Prozesse (z.B. Allergien, Krebs) hervorrufen.

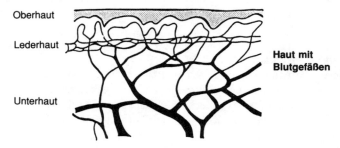

Haut mit Blutgefäßen

Alfred Oppolzer, Ökologie der Arbeit © VSA-Verlag Hamburg

(Durchmesser: 1-1,5 cm) und schließlich zu größeren Lungenlappen (3 Lappen auf der rechten, 2 auf der linken Seite) zusammengefaßt sind. Die Lunge enthält etwa 500 Mio. einzelne Lungenbläschen (Alveolen), womit sie eine Fläche von durchschnittlich 80 qm bis maximal 200 qm für die Aufnahme des Sauerstoffes und die Abgabe von Kohlendioxid besitzt; zwischen diesen Lungenbläschen befindet sich ein weitverzweigtes Netz feiner Blutgefäße (Kapillarnetz) von etwa 300 qm (Faller 1988: 244/245; Norpoth 1991: 233). Den Schadstoffen bietet sich daher in der Lunge eine breite Angriffsfläche.

In den kleinen Lungenbläschen geschieht der Gasaustausch, bei dem zum einen Sauerstoff aus der eingeatmeten Luft in das Blut übergeht, der dann von den feinen Kapillaren abtransportiert und vom Herz über den Kreislauf im gesamten Organismus verteilt wird. Zum anderen erfolgt auf umgekehrtem Wege beim Gasaustausch in den Lungenbläschen die Abgabe von Kohlendioxid aus dem Blut in die Luft, die ausgeatmet wird. Je nach körperlicher Beanspruchung gelangen pro Minute zwischen 7 Liter (in Ruhe) und 90 Liter (bei starker körperlicher Anstrengung) Luft in die Atemwege, wodurch in erheblichem Maße Schadstoffe, die sich in der Luft am Arbeitsplatz befinden, in den Organismus der Betroffenen gelangen können. Im Durchschnitt werden 17-21 Liter Luft pro Minute aufgenommen, das sind in einer achtstündigen Schicht 8.000-10.000 Liter oder 1-1,25 Kubikmeter in der Stunde (Norpoth 1991: 233; Jansen/Haas 1990: 243)

Auf diese Weise können entweder die Atmungsorgane selbst oder der gesamte Organismus und seine inneren Organe geschädigt werden. Die Schadstoffe können sich in der Lunge ablagern (z.B. Quarzstaub), sie können dort Erkrankungen (z.B. Tuberkulose, Allergien, Asthma) und Krebs (z.B. Lungen- und Bronchial-, Brust- und Bauchfell-Krebs) hervorrufen oder begünstigen. Erkrankungen der Atemwege und der Lunge, des Rippenfells und Bauchfells stellen die zweithäufigste Gruppe anerkannter Berufskrankheiten nach der BeKV dar: 1990 wurden 13.393 Fälle angezeigt und 1.823 erstmals entschädigt, das sind 24% aller angezeigten und 41% aller erstmals entschädigten Berufskrankheiten (Unfallverhütungsbericht 1990). Über die Lunge können die Schadstoffe in das Blut- und in das Lymphgefäßsystem gelangen, wodurch sie im Organismus verteilt und in Muskulatur und Knochen sowie in inneren Organen (z.B. Leber, Niere) oder im Fettgewebe abgelagert werden, von wo aus sie den Körper in seiner Funktionsfähigkeit stören und beeinträchtigen können.

Haut

Die Haut, die als Schutz- und Kontaktorgan den Körper umgibt, kann durch feste und flüssige Schadstoffe sowie durch Verunreinigungen aus der Luft am Arbeitsplatz belastet werden. Die Haut besteht aus drei Schichten (Brücker 1974: 217/218): Oberhaut (Epidermis), Lederhaut (Corium) und Unterhaut (Tela subcutanea). Neben ihrer aktiven und passiven Schutzfunktion kommen der Haut eine ganze Reihe von Funktionen bei der Regulation des Wärmehaushaltes, bei der Absonderung von Talg, bei der Abgabe von Schlackenstoffen über den Schweiß, bei der Sinneswahrnehmung (Tast-, Wärme-, Schmerz- und Vibrationsempfindung) sowie als Atmungsorgan (Aufnahme von Sauerstoff und Abgabe von Kohlendioxid) zu.

Dem passiven Schutz vor äußeren physikalischen und chemischen Einflüssen dient die Oberhaut mit ihren beiden Schichten, der oberen Hornschicht und der darunter liegenden Keimschicht, die selbst keine Blutgefäße besitzen und die von den darunter liegenden Schichten der Leder- und Unterhaut versorgt werden. Die an der Oberfläche liegenden verhornten Zellen werden ständig abgeschuppt und von der darunter befindlichen Schicht stets erneuert. Mit ihrem Fett- und Säuremantel schützt die Oberhaut den Organismus gegen chemische und biologische Einflüsse.

Durch Schadstoffe können zunächst einmal die Fett- und Hornschicht sowie der Säuremantel der Oberhaut z.B. durch Wasser, Säuren, Laugen oder Lösungsmittel geschädigt werden (toxisches oder degeneratives Ekzem), zum anderen können durch Schadstoffe allergische Reaktionen hervorgerufen werden (allergisches Kontakt-Ekzem). Die Fälle arbeitsbedingter Hauterkrankungen sind im Laufe der letzten zehn Jahre stark angestiegen; das spiegelt sich auch in der Entwicklung der anerkannten Berufskrankheiten wider: Seit 1982 stellen Hautkrankheiten die häufigsten Berufskrankheiten dar; 1990 waren 37% (20.702 Fälle) aller angezeigten und 17% (760 Fälle) aller erstmals entschädigten Berufskrankheiten nach der BeKV auf Hautkrankheiten zurückzuführen (Unfallverhütungsbericht 1990).

Die Beeinträchtigung des Schutzmantels der Oberhaut erleichtert auch das Eindringen von Schadstoffen in die darunter liegende Lederhaut. Wenn die Schadstoffe in die Lederhaut eindringen, können sie dort über die feinen Blutgefäßnetze (Kapillaren) aufgenommen und über die zahlreichen Blutgefäße der Unterhaut in den Kreislauf und in den gesamten Organismus transportiert werden. Die Haut ist besonders stark mit Blutgefäßen durchzogen, weil durch das Blut die im Körper erzeugte Wärme an die Umwelt abgegeben wird. Drei Viertel der Wärme, die zur Aufrechterhaltung einer ausgeglichenen Wärmebilanz vom Organismus nach außen abgegeben werden müssen, gelangen über die Haut aus dem Körper. Durch die Haut aufgenommene (resorbierte) Schadstoffe können deshalb mit dem Blut im gesamten Organismus verteilt werden und können dort innere Organe schädigen.

Gesundheitsgefährdung durch Schadstoffe
Schadstoffe stellen nicht nur eine Behinderung oder Belästigung am Arbeitsplatz dar, durch die z.B. in Form von Staub und anderen Luftverunreinigungen oder Schmutz und Nässe die Leistungsfähigkeit und der Komfort der Betroffenen beeinträchtigt wird. Schadstoffe können darüber hinaus Gesundheitsgefährdungen unterschiedlicher Schwere und Reichweite hervorrufen; sie können mit ihrer Kurz- oder Langzeitwirkung akut oder chronisch giftig sein, sie können durch Zellveränderungen (somatische Mutation) krebserregend sein, sie können durch Keimzellenveränderungen (genetische Mutation) bei den Nachkommen Erbschäden bewirken und sie können während der Schwangerschaft auch den Embryo (teratogene Wirkungen) schädigen.

Für eine Reihe von Schadstoffen lassen sich Schwellenwerte angeben, unter denen mit einer Gesundheitsschädigung nicht zu rechnen ist (Schwellenwert-Beziehung), weil der Organismus diese Stoffe in begrenztem Maße abzubauen vermag. Für andere Schadstoffe, die vom Organismus nicht entsprechend abgebaut werden können, kann eine Schädigung bereits bei kleinster Dosis erfolgen, wobei das Risiko mit der Dosis steigt (lineare Dosis-Wirkungs-Beziehung).

Die Gefährlichkeit von Schadstoffen am Arbeitsplatz ist in erster Linie abhängig von der Art der Substanz und ihren Eigenschaften sowie von der Konzentration (Dosis) und von der Dauer (Expositionszeit), in der sie auf die Betroffenen einwirken. Zu berücksichtigen sind aber auch zusätzliche Belastungsfaktoren wie körperliche und geistige Anforderungen oder Nacht- und Schichtarbeit, die vor dem Hintergrund der persönlichen Konstitution und Disposition die Schadwirkungen verstärken oder abschwächen können. Da nur selten ein Schadstoff allein oder in chemisch reiner Form am Arbeitsplatz auftritt, sondern meist mehrere verschiedene Stoffe miteinander vermischt vorkommen, ist nach möglichen Kombinationseffekten im Hinblick auf das Schädigungsrisiko zu fragen. Über solche Gesamtwirkungen von Schadstoffen ist bisher außerordentlich wenig bekannt, eine Voraussage solcher Kombinationseffekte ist aufgrund der Vielzahl von Kombinationen nur in sehr begrenztem Umfang möglich. Wenn mehrere Schadstoffe zusammentreffen, können sie sich in ihren Wirkungen meist entweder addieren oder wechselseitig verstärken (Synergismus);

denkbar ist, daß sie sich in ihren Effekten auch gegenseitig abschwächen können (Antagonismus).

Gefährdungen durch Staub
Durch metallischen, mineralischen oder organischen Staub am Arbeitsplatz können die Betroffenen erheblich belastet werden. Staub besteht ebenso wie Rauch aus feinverteilten festen Schwebstoffen in der Luft. Staub kann sich zunächst einmal auf dem Körper und der Kleidung niederschlagen und den Komfort sowie die Leistung beeinträchtigen. Staub in der Atemluft kann darüber hinaus auf der Haut, in den Augen und in den Atmungsorganen zu Schädigungen oder Reizwirkungen führen. Außerdem können im Staub enthaltene Schadstoffe über die Atemwege, durch die Haut und über den Verdauungstrakt vom Organismus aufgenommen werden und innere Organe schädigen.

Stäube können schwere gesundheitliche Gefährdungen mit sich bringen. Dasselbe gilt im wesentlichen auch für Belastungen durch Rauch (z.B. Löt- und Schweiß-Rauch), bei dem sich Ergebnisse von Verbrennungsvorgängen (z.B. Ruß) oder Schwermetalle (z.B. Blei, Zink) mit Gasen vermischt in der Luft befinden. Besonders belastend sind beispielsweise:
- allergisierende Stäube (z.B. Zement- bzw. Chromat-Staub, Mehlstaub, Staub tropischer Hölzer), die Entzündungen der Haut und der Atemorgane (z.B. allergisches Bronchialasthma) hervorrufen können;
- fibrogene Stäube (z.B. Asbest- oder Silikat-Staub), die krankhafte Gewerbeveränderungen mit Funktionseinbußen der Lunge (z.B. Asbestose, Silikose) hervorrufen können;
- toxische Stäube (z.B. Blei-, Zink-, Chrom-, Cadmium-Staub), die mit ihren Giftwirkungen den Organismus und innere Organe schädigen können,
- kanzerogene Stäube (z.B. Asbest-, Nickel-, Chromat-Staub), die Krebs (z.B. Lungen- und Brustfell-Krebs bei Asbest) hervorrufen können;
- radioaktive Stäube (z.B. Uran-, Thorium-, Radium-Staub; z.B. Tritium- bzw. Promethium-Staub in Leuchtfarben), die durch ionisierende Strahlen den Organismus schädigen können (z.B. Blutkrebs).

Gefährdungen durch Gase und Dämpfe
Durch Gase und Dämpfe können erhebliche Reizwirkungen auf Haut, Augen und Atmungsorgane ausgehen. Dasselbe gilt im wesentlichen auch für Nebel, bei denen sich flüssige Schwebeteilchen in der Luft

befinden. Gase, Dämpfe und Nebel stellen mit ihren Geruchs- und Geschmacksbelästigungen, sowie mit ihren Reiz- und Schädigungswirkungen nicht nur eine erhebliche Beeinträchtigung der Leistungsfähigkeit, sondern darüber hinaus eine mögliche Gefährdung der Gesundheit dar.

Wenn gesundheitsschädliche Arbeitsstoffe in Gas-, Dampf- oder Nebel-Form über die Haut und die Atemwege sowie über den Mund und Verdauungstrakt in den Organismus gelangen, kann die Gesundheit gefährdet werden. Das gilt beispielsweise für:
– Gase, die giftig, ätzend oder erstickend wirken können (z.B. Kohlenmonoxid, Schwefeldioxid und Kohlendioxid in Auspuffgasen, Nitrosegase, Ozon und Phosgen beim Schweißen);
– Dämpfe, die sich unter üblichen Raumtemperaturen aus Flüssigkeiten, insbesondere aus Lösungsmitteln bilden und die in vielfacher Hinsicht gesundheitsschädlich (toxisch, kanzerogen, mutagen) sein können (z.B. Benzol, Halogenkohlenwasserstoffe; Tri-, Tetra-, Perchloräthylen; Fluorchlorkohlenwasserstoffe, Quecksilber);
– Nebel, bei dem flüssige Schwebeteilchen z.B. von Öl oder Kühlschmierstoffen bei Zerspanungsarbeiten in die Luft gelangen, können die Unfallgefahr erhöhen, Hautschäden hervorrufen und krebserzeugend sein.

Gefährdungen durch Nässe und Schmutz
Bei Arbeiten mit Flüssigkeiten sowie beim Umgang mit Öl und Fett (z.B. Reinigungs- und Lösungsmitteln oder Kühl- und Schmiermitteln) sind Hände und Arme sowie die Kleidung der Feuchtigkeit ausgesetzt. Durch benetzte und durchnäßte Kleidung sowie durch schmutzige, klebrige oder fettige Werkstücke oder Werkzeuge kann zunächst einmal die Leistungsfähigkeit beeinträchtigt werden. Darüber hinaus können bei Arbeiten im Freien und mit kalten Flüssigkeiten oder wenn die Kleidung stärker durchnäßt wird, Erkältungskrankheiten und rheumatische Erkrankungen hervorgerufen oder begünstigt werden. Sofern die Flüssigkeiten ganz oder teilweise aus *Schadstoffen* bestehen, können dadurch allergische, ekzematische, oder kanzerogene Hauterkrankungen hervorgerufen werden. Wenn Schadstoffe in flüssiger Form (z.B. Benzol, Nitro- oder Aminoverbindungen, Fluorchlorkohlenwasserstoffe oder Halogenkohlenwasserstoffe) über die Haut durch Resorption in den Organismus gelangen, kann der Organismus nachhaltig geschädigt werden.

Schmutz und Dreck beeinträchtigen nicht nur die Leistungsfähigkeit, sie steigern auch die Unfall- und Verletzungsgefahr. Von Schmutz und Dreck können darüber hinaus je nach ihrer Beschaffenheit auch

Gefahren für die Gesundheit der Betroffenen ausgehen. Wenn Schmutz und Dreck nämlich *Schadstoffe* in fester oder flüssiger Form enthalten, können insbesondere Schädigungen der Haut in Gestalt allergischer, ekzymatischer oder kanzerogener Hautkrankheiten hervorgerufen werden. Falls solche Stoffe über die Haut aufgenommen werden, können schließlich Schädigungen des gesamten Organismus die Folge sein.

Schutz vor Schadstoffen am Arbeitsplatz

Die Gewerbeordnung verpflichtet den Unternehmer dazu, für die »Beseitigung des bei dem Betrieb entstehenden Staubes, der dabei entwickelten Dünste und Gase« Sorge zu tragen (GewO § 120a Abs. 2). In der Arbeitsstättenverordnung wird diese Bestimmung konkretisiert: »Soweit in Arbeitsräumen das Auftreten von Gasen, Dämpfen und Nebeln oder Stäuben in unzuträglicher Menge oder Konzentration nicht verhindert werden kann, sind diese an ihrer Entstehungsstelle abzusaugen und zu beseitigen.« (§ 14 ArbStättV) Als »unzuträglich« und deshalb zu vermeiden sind solche Umgebungseinflüsse bereits dann zu beurteilen, wenn sie das Wohlbefinden der Betroffenen beeinträchtigen oder wenn sie eine Belastung darstellen und nicht erst dann, wenn sie gesundheitsschädlich sind (Opfermann/Streit 1990: B § 14 Erl, Rn 2, 4, 6, 27).

In der Gefahrstoffverordnung wird eine Reihe von Schutzmaßnahmen verlangt, durch die eine Gefährdung der Betroffenen durch Gefahrstoffe am Arbeitsplatz vermieden oder verringert werden kann (§ 19 GefStoffV): Vorrang kommt Maßnahmen zu, die durch entsprechende Arbeitsverfahren dafür sorgen, daß Gefahrstoffe nicht entstehen oder nicht frei werden und die vermeiden, daß Menschen mit diesen Stoffen in Berührung kommen. Erst wenn dies »nach dem Stand der Technik« nicht möglich ist, kommen Maßnahmen in Betracht, durch die Gefahrstoffe bereits am Ort ihres Auftretens vollständig erfaßt und beseitigt werden können. Wenn Gefahrstoffe nicht vollständig erfaßt und beseitigt werden können oder wenn auch durch entsprechende Lüftungsmaßnahmen die »Maximale Arbeitsplatzkonzentration oder der Biologische Arbeitsplatztoleranzwert« dieses Gefahrstoffes nicht unterschritten werden, muß der Arbeitgeber den Beschäftigten geeignete persönliche Schutzausrüstung zur Verfügung stellen und die Zeit, in der die Arbeitnehmer diesen Umgebungseinflüssen ausgesetzt sind, auf das unbedingt erforderliche Ausmaß begrenzen.

Die in § 15 GefStoffV herangezogenen Grenzwerte (MAK-Wert: Maximale Arbeitsplatz-Konzentration; BAT-Wert: Biologischer Arbeitsstoff-Toleranzwert) sollen dafür sorgen, daß die rund 500 Gefahrstoffe, die in der Technischen Regel für Gefahrstoffe (TRGS 900) aufgeführt sind, keine Gesundheitsschädigung bei den Betroffenen hervorrufen. Bei den MAK-Werten, die am Arbeitsplatz gemessen werden und bei den BAT-Werten, die im Rahmen arbeitsmedizinischer Vorsorgeuntersuchungen ermittelt werden, wird davon ausgegangen, daß ihre Unterschreitung bei einer Schadstoffbelastung von 8 Stunden täglich und 40 Stunden in der Woche eine Beeinträchtigung und Schädigung der Gesundheit verhindert. Solche Grenzwerte können nur für Stoffe angegeben werden, die erst oberhalb einer bestimmten Schwelle eine schädigende Wirkung besitzen (Schwellenwert-Beziehung).

Für krebserzeugende und krebsverdächtige Stoffe, die bereits bei kleinster Dosis gefährlich oder schädigend sind (lineare Dosis-Wirkungs-Beziehung), werden TRK-Werte (Technische Richtkonzentrationen für gefährliche Stoffe) in den Technischen Regeln für Gefahrstoffe (TRGS 102) festgelegt. Diese TRK-Werte stellen die Konzentration eines Stoffes in der Luft am Arbeitsplatz dar, die »nach dem Stand der Technik« erreicht werden kann. Wenn schon die Einwirkung solcher außerordentlich gefährlicher Stoffe auf die Beschäftigten nicht verhindert werden kann, so soll durch Beachtung dieser TRK-Werte doch ein möglichst hoher technischer Schutzstandard erreicht werden.

Die Einhaltung der geltenden Grenzwerte (MAK-, BAT- oder TRK-Werte) stellt keine Garantie dafür dar, daß Schadstoffbelastungen am Arbeitsplatz nicht zu Beeinträchtigungen und Schädigungen der Gesundheit führen. Bislang erwiesen sich solche Grenzwerte im Lichte neuer wissenschaftlicher Erkenntnisse als zu hoch, immer wieder wurden sie deshalb nach unten korrigiert. Hinzu kommt, daß allein die Wirkung einzelner, chemisch reiner Schadstoffe berücksichtigt wird, das Zusammenwirken und die Wechselwirkung mehrerer Stoffe sowie Gemische und Zubereitungen werden dabei ebenso wenig beachtet wie Wechselwirkungen mit anderen Belastungsfaktoren (z.B. körperliche Schwerarbeit, psychische Arbeitsintensität). Die Grenzwerte erstrecken sich auf einen Arbeitstag und eine Arbeitswoche von normaler Länge, die Mehrbelastungen bei Überstunden bleiben unberücksichtigt. Die Grenzwerte tragen individuellen Faktoren der Konstitution und Disposition sowie der unterschiedlichen Empfindlichkeit oder Widerstandskraft der Betroffenen nicht Rechnung, denn sie beziehen sich auf eine fiktive Durchschnittsperson.

Obwohl viele Einschränkungen im Hinblick auf ihre tatsächliche Schutzfunktion angebracht sind (Albracht/Schwerdtfeger 1991: 94ff.), können Grenzwerte für Gefahrstoffe doch einen Beitrag dazu leisten, daß zumindest extreme Formen von Schadstoffbelastung vermieden werden. Im übrigen ist zu beachten, daß Schadstoffe stets einen Eingriff in die Funktionsfähigkeit des Organismus darstellen, weshalb sie soweit irgend möglich vermieden oder wenigstens verringert werden müssen; das ergibt sich auch aus den einschlägigen Vorschriften der Arbeitsschutzes (GewO, ArbStättV, GefStoffV, UVV).

Literatur

Beyersmann 1988; Bossel 1990; Bücker 1974; Faller 1988; Hardenakke u.a. 1985; Heilmann 1989; Jansen/Haas 1990; Kalberlah 1983, 1988; Kaufmann/Ewers 1982; Norpoth 1991; Opfermann/Streit 1990; REFA-MBO 1991; Schmidt 1981; Skiba 1991; Umweltbundesamt 1992

5. Psychische Belastungen

Die Bedeutung psychischer Belastungen in der Arbeitswelt ist im Laufe der Zeit erheblich gewachsen. Bestimmten früher im wesentlichen schwere körperliche Belastungen und belastende Umgebungseinflüsse in der Industrie weithin das Bild der Arbeitswelt, so sind es heute mehr die intensiven psychischen Anforderungen, die in großen Teilen der Industrie, aber auch in Verwaltung, Handel und Dienstleistungen das Belastungsgeschehen prägen. Durch den Einsatz technischer Neuerungen und rationeller Arbeitsabläufe wird die menschliche Arbeitskraft zunehmend intensiv und nicht mehr bloß extensiv genutzt. Verstärkte Arbeitsteilung, erhöhte Arbeitsintensität und gesteigertes Arbeitstempo sowie stärkere Beanspruchung der Sinne und Nerven führen zu psychischen Belastungen, von denen *Monotonie* und geistige Unterforderung sowie *Streß* durch quantitative und qualitative Überforderung besonders weit verbreitet sind.

Psychische Belastungen verdienen als mögliche Ursachen- oder zumindest Einflußfaktoren bei der Entstehung typischer »Zivilisationskrankheiten« besondere Aufmerksamkeit: Mehr als die Hälfte der Todesfälle beruhen auf Herz-Kreislauf-Erkrankungen, für deren Entstehung, Schwere und Verlauf psychische Faktoren (z.B. Streß) eine wichtige Rolle spielen. Aber auch für die vermehrt festgestellten Allergien, für Stoffwechselerkrankungen und für Störungen der Persönlichkeitsentwicklung haben psychische und soziale Einflußfaktoren (z.B. Arbeitsbelastungen) erhebliche Bedeutung.

Im Unterschied zu anderen Belastungsarten kann man allerdings psychische Belastungen nicht sehen und greifen, sie erhalten ihre spezifische Wirkung meist erst aus dem Zusammenwirken verschiedener Faktoren (»multifaktorielle Einflüsse«), und sie rufen vielfach unterschiedliche individuelle Reaktionen hervor. Der große Einfluß subjektiver Faktoren bei der Wahrnehmung und Wirkung psychischer Belastungen führt dazu, daß ihre Effekte von den Beteiligten unterschätzt werden; vielfach lassen sich die Wirkungen psychischer Belastungen erst indirekt und mittelbar z.B. in Leistungs-, Verhaltens- und Gesundheits-Befunden erschließen und nicht schon direkt und unmittelbar feststellen oder messen.

Nachdem psychische Belastungen bei der Arbeitsbewertung (z.B. Anforderungsermittlung im Rahmen der Analytischen Arbeitsbewertung) und in der Tarifpolitik, aber auch in Arbeitswissenschaft und Arbeitsmedizin lange Zeit hinter den materiellen und energetischen Aspekten der Arbeitstätigkeit zurückstehen mußten, haben inzwischen mehr und mehr Fragen der psychischen Belastung und Beanspruchung (z.b. Streß, Monotonie, informatorische Arbeit, Sinneswahrnehmung) im Rahmen der Arbeitsgestaltung verstärkte Aufmerksamkeit erfahren.

5.1. Belastungen durch Monotonie und Unterforderung

Die Entwicklung der Arbeitsteilung durch berufliche Spezialisierung und betriebliche Aufgabendifferenzierung trägt erheblich zur Erhöhung von Intensität und Produktivität der Arbeit bei und ermöglicht die Steigerung des Wirkungsgrades der Arbeitskraft (Oppolzer 1990). Zudem erlaubt die Zerlegung komplizierter Arbeitsvollzüge in einfache Verrichtungen den Einsatz gering qualifizierter Arbeitskräfte aus einem größeren Arbeitsmarktreservoir, die einen niedrigeren Lohn erhalten und die sich in Leistung und Verhalten besser kontrollieren lassen. Diese wirtschaftlichen Vorteile der Arbeitsteilung im Betrieb haben dazu geführt, daß an vielen Arbeitsplätzen in Industrie und Verwaltung, Handel und Dienstleistung in kurzem zeitlichen Abstand ständig wiederkehrende, gleichförmige Aufgaben zu verrichten sind, die zwar geringe Anforderungen an die berufliche Qualifikation stellen, die aber die Aufmerksamkeit ständig binden.

5.1.1. Monotonie

Die im Zusammenhang mit der Einengung und Verkleinerung der Arbeitsinhalte auftretende Eintönigkeit, Abwechslungslosigkeit und Reizarmut der Tätigkeit bewirkt für die Betroffenen erhebliche psychische Belastungen, von denen am wichtigsten die Monotonie ist; aber auch andere ermüdungsähnliche Zustände wie herabgesetzte Wachsamkeit (Vigilanz), psychische Sättigung und Langeweile können durch einen stark arbeitsteiligen Aufgabenzuschnitt bei den Betroffenen hervorgerufen werden (Bartenwerfer 1988).

Vor allem gering Qualifizierte betroffen
In Befragungen gaben 1980 insgesamt 20% der Berufstätigen an, daß sie durch Monotonie belastet waren, bei den an- und ungelernten Arbeitern waren es sogar 43% (Oppolzer 1986: 77). Rund 5% der Berufstätigen waren 1984-86 einer Befragung zu Folge »stark« durch langweilige, gleichförmige Arbeit belastet (EK-GKV 1988: 15). In

einer umfangreichen Erhebung, die das Bundesinstitut für Berufsbildung gemeinsam mit dem Institut für Arbeitsmarkt- und Berufsforschung der Bundesanstalt für Arbeit 1985 durchgeführt hatte, gab fast die Hälfte (47%) der Erwerbstätigen an, daß praktisch immer oder häufig ein und derselbe Arbeitsgang bis in alle Einzelheiten zu wiederholen war; ebenso viele (48%) mußten die ganze Aufmerksamkeit auf einen einzelnen Vorgang konzentrieren; bei fast einem Drittel (31%) war die Art der Arbeitsdurchführung bis in alle Einzelheiten genau vorgeschrieben (BIBB/IAB 1987).

Zwar sind monotone Arbeiten durch Mechanisierung und Automation insbesondere in der industriellen Massenproduktion vielfach weggefallen, weil sie sich aufgrund ihres schematischen und routinemäßigen Charakters zur Rationalisierung geradezu anbieten. Alles deutet aber darauf hin, daß an den verbliebenen Arbeitsplätzen die Monotonie nach der Einführung technischer Neuerungen eher zu- als abgenommen hat: 44% der Befragten stimmten in einer Repräsentativbefragung, die Infratest in Zusammenarbeit mit der Firma Siemens 1980 durchgeführt hatte, der These zu »Die Technik macht die Arbeit monoton«, nur 7% sprachen sich dagegen aus; 13% gaben an, daß an ihrem eigenen Arbeitsplatz die Arbeit durch technische Neuerungen monotoner geworden war (Oppolzer 1989: 134/135). Einer umfangreichen Befragung der IG Metall 1983 ist zu entnehmen, daß 41% der Arbeiter und 24% der Angestellten eine Zunahme der Monotonie und nur 7% der Arbeiter und 3% der Angestellten eine Abnahme von Monotonie erfahren hatten (Bäcker u.a. 1989: 2/44). Offenbar bleiben auch nach dem Einsatz technischer Neuerungen vielfach Formen repetitiver Teilarbeit als »Resttätigkeiten« bestehen – oder sie entstehen erst, wobei die Menschen als »Lückenbüßer der Mechanisierung« fungieren.

Merkmale monotoner Arbeit
Arbeiten, die Monotonie hervorrufen, können sehr unterschiedlicher Art sein, z.B.: Datentypistin in einer Versicherung, Näherin am Fließband in der Bekleidungsindustrie, Montagetätigkeiten in der Uhren- oder Elektroindustrie, Maschinenkontrolle in der Stahlindustrie, Maschinenbedienung an Metallpressen – diese Aufzählung ließe sich noch lange fortsetzen. Bei allen Unterschieden im einzelnen sind solchen monotonen Arbeiten doch zwei Merkmale (Hauptbedingungen) gemeinsam: die Einengung des Beachtungsumfanges auf wenige Tätigkeitselemente und die Bindung der Aufmerksamkeit auf gleichförmig wiederkehrende Aufgaben.

Es handelt sich bei monotonen Arbeiten um Tätigkeiten, die nur niedrige Anforderungen an berufliche Qualifikationen stellen, die in ständiger Gleichförmigkeit wiederkehren und die wenig Abwechslung bieten. Zugleich ist es den Betroffenen aber nicht möglich, sich durch die Umgebung ablenken zu lassen oder in Gedanken auf andere Gebiete abzuschweifen, weil die Arbeit ihre volle Aufmerksamkeit und Beachtung verlangt. Je weniger unterschiedliche Handlungselemente in gegebener Zeit zu erledigen sind, je kürzer also die Zykluszeiten sind, umso anregungsärmer wird die Tätigkeit, um so eher ist damit zu rechnen, daß Monotoniezustände auftreten (Schmidtke 1976; Bartenwerfer 1970, 1988).

Das Zustandekommen von Monotoniezuständen kann durch eine reizlose und abwechslungsarme Umgebung bei der Arbeit zusätzlich gefördert werden; je mehr solcher Nebenbedingungen zusammenkommen, um so größer wird die Gefahr, daß Monotoniezustände entstehen. Zu den Rahmenbedingungen, die eine monotone Arbeitssituation noch verstärken, gehören insbesondere: Mangel an körperlicher Bewegung, eintönige Geräusche, Wärme und schwache Beleuchtung sowie fehlende Gelegenheit zu Kontakt und Kommunikation mit Kolleginnen und Kollegen. Eine bereits eingetretene Ermüdung sowie die nachmittags und vor allem nachts herabgesetzte Leistungsfähigkeit begünstigen die Entstehung von Monotoniezuständen ebenso wie unzureichende Pausen und mangelhafte Abwechslung in den Arbeitspausen.

Durch die länger dauernde Ausführung einförmiger Wiederholungstätigkeiten können die Betroffenen in einen langsam entstehenden, ermüdungsähnlichen Zustand herabgesetzter Aktivierung geraten, den man als *Monotoniezustand* bezeichnet (DIN 33 405; Bartenwerfer 1988). Solche Monotoniezustände werden zunächst von den Arbeitenden *subjektiv* erlebt in Form von Müdigkeitsempfindungen und Absinken der Aufmerksamkeit, sie drücken sich aus in Gähnen und tiefem Luftholen sowie in Augenbrennen oder Augenflimmern. Später kommt es zur Verringerung der Geschicklichkeit, zu Lidschwere mit Zufall der Augen und Schläfrigkeit; vielfach haben die Betroffenen den Eindruck von Traumbildern und vorübergehender Geistesabwesenheit.

Monotoniezustände sind nicht allein eine Angelegenheit subjektiver Empfindung, sie lassen sich auch *objektiv* feststellen und an Hand physiologischer Körpervorgänge messen, wobei insgesamt ein herabgesetzter Grad allgemeiner, unspezifischer Aktivierung deutlich wird: Im Zustand der Monotonie ist bei den Betroffenen die Pulsfrequenz geringer und der Herzschlag unregelmäßiger (Herzschlag-Arrythmie), sind die Sauerstoffaufnahme, die Muskelspannung und die elektrische Hautleitfähigkeit niedriger, außerdem verändert sich die Frequenz der Hirnströme, die im EEG (Elektroenzephalogramm) gemessen werden können.

Monotonie

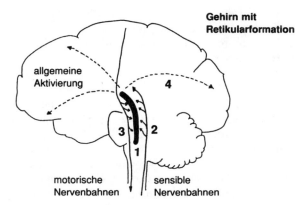

Gehirn mit Retikularformation

Der Grad psychischer Aktiviertheit zwischen den Extremen »Schlaf« und »Alarm« wird von der netzwerkartigen **Retikularformation** (1) im Hirnstamm gesteuert, in der sich zahlreiche wichtige Nervenbahnen kreuzen. Sowohl die von den Sinnesorganen zum Gehirn führenden **sensiblen Nervenbahnen** (2), als auch die von der Hirnrinde zur Muskulatur gehenden **motorischen Nervenbahnen** (3) verfügen über abzweigende Seitenäste zur Retikularformation (1). Auf diese Weise entsteht ein von der Intensität einströmender und ausgehender Nervenreize abhängiger Erregungspegel im netzwerkartigen Teil des Hirnstammes, von dem aus der allgemeine Aktivierungsgrad in der Großhirnrinde geregelt wird (4).

Der Reizmangel und die Anforderungsarmut bei **eintönigen** Arbeiten führen (verstärkt durch Anpassungs- und Gewöhnungsvorgänge im Nervensystem) zu einer Abnahme anregender Reize auf die Retikularformation und damit zu einem Nachlassen der psychischen Aktiviertheit. Auf diese Weise entstehen ermüdungsähnliche Zustände (**Monotonie**-Zustände), die sich in geminderter Leistungsfähigkeit niederschlagen und die zu ihrer Überwindung von den Betroffenen immer wieder eine zusätzliche psychische Anstrengung durch bewußte Willensimpulse verlangen. In der **wellenförmigen Verlaufskurve** der Monotonie wird das immer wiederkehrende Absinken der Aktiviertheit und die Notwendigkeit zur bewußten Anregung (»innerer Ruck«) durch vermehrte willentliche Anspannung deutlich.

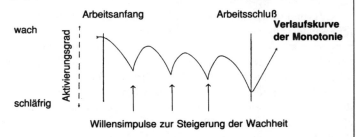

Der herabgesetzte Aktivierungsgrad im Monotoniezustand schlägt sich schließlich in einer Minderung der *Leistungsfähigkeit* nieder: Leistungsmenge und Arbeitsqualität gehen zurück, Fehler und Ausschuß mehren sich, Signale werden übersehen und Reaktionszeiten verlängern sich; die geforderte Normalleistung kann nur noch durch vermehrte Anstrengung erbracht werden, die Unfallgefährdung steigt und die Betroffenen ermüden vorzeitig.

Entstehung und Wirkungsweise von Monotonie
Der Grad psychischer Aktivierung zwischen den beiden Polen »Schlaf« und »Alarm« wird beim Menschen von einer als Netzwerk (Formatio reticularis, Retikularformation) bezeichneten Region im Hirnstamm gesteuert (Grandjean 1979; Rohracher 1965). In dieser netzartig strukturierten Partie des Stammhirnes kreuzen sich eine Vielzahl wichtiger Nervenbahnen; für die Übermittlung einströmender Reize aus den Sinnesorganen und ausgehender Impulse an die Muskulatur kommt insbesondere diesem Netzwerk eine Schlüsselstellung zu (Oppolzer 1989).

Der Aktivierungspegel in diesem Netzwerk im Stammhirn ist abhängig von den unspezifischen Reizwirkungen, die ausgehende motorische und einströmende sensorische Nervenimpulse dort bewirken. Die von den Sinnesorganen (z.B. Auge, Ohr, Haut, Muskulatur) kommenden sensiblen Nervenbahnen rufen in den entsprechenden Sinneszentren des Gehirnes nicht nur spezifische Wahrnehmungen aus; ihre abzweigenden Seitenäste, die in die Retikulärformation abzweigen, führen dort zu einer unspezifischen Erregung. Auch die ausgehenden motorischen Nervenbahnen, die spezifische Impulse von der Hirnrinde zur Muskulatur leiten, besitzen abzweigende Seitenäste in das Netzwerk, wo unspezifische Reaktionen hervorgerufen werden. Auf diese Weise entsteht in der Retikulärformation des Stammhirnes ein Aktivierungsgrad, der durch diffuse Erregungswirkungen über die Hirnrinde auf den jeweiligen körperlichen und psychischen Funktionszustand zurückwirkt (Oppolzer 1989: 140).

Aufgrund des Reizmangels und der Abwechslungsarmut gleichförmig wiederkehrender Tätigkeiten mit nur geringen geistigen Anforderungen sinkt in monotonen Arbeitssituationen mit dem Aktivierungsniveau im Netzwerk des Stammhirnes die allgemeine psychische und körperliche Funktionstüchtigkeit des Organismus; es entsteht schließlich ein Monotoniezustand mit herabgesetzter Aktivierung und ermüdungsähnlichen Phänomenen. Denn sowohl aus den Sinnesorganen als auch aus dem Bewußtsein fließen bei eintönig-gleichförmigen Arbeiten nur wenige und nur schwache Nervenimpulse, die letztlich zu einer nur geringen unspezifischen Erregung im Netzwerk des Hirnstammes führen.

Zudem werden diese wenigen und schwachen Nervenimpulse in ihren unspezifischen Wirkungen auf die Retikulärformation noch durch die zwei Mechanismen der Adaption (Anpassung) und Habituation (Gewöhnung) in ihren Reizwirkungen geschwächt, durch die sich das Zentralnervensystem vor einer Reizüberflutung zu schützen versucht. Denn gleichförmige Dauerreize wirken auf Sinnesorgane (Rezeptoren) und Übertragungsnerven (Synapsen) nicht so stark wie wechselnde Reize; es tritt eine *Anpassung* (Adaption) des Nervensystems an die gleichförmig wiederkehrenden Reize ein, die dadurch in ihrer Empfindungsstärke reduziert werden. Außerdem werden ständig wiederkehrende, gleichförmige Reize im Zentralnervensystem ausgefiltert, wenn sie sich als für die Betroffenen unwichtig erwiesen haben; es tritt dann eine *Gewöhnung* (Habituation) an Dauerreize ein, wodurch dann keine Impulse mehr an die Retikulärformation gegeben werden.

Kampf mit der Schläfrigkeit

Der Monotoniezustand ist ein der Ermüdung ähnlicher Zustand, der sich in denselben Symptomen manifestiert. Die »echte« psychische Ermüdung, die je nach Höhe und Dauer der Beanspruchung als vorübergehende Minderung der Leistungsfähigkeit eintritt, bildet sich erst nach einer Zeit der Erholung wieder zurück. Im Unterschied dazu vergeht der Monotoniezustand aber rasch, sobald Abwechslung eintritt. Solange die monotone Arbeitssituation bestehen bleibt, müssen die Betroffenen ständig gegen die für den Monotoniezustand charakteristischen Ermügungserscheinungen ankämpfen, damit ihre Leistungsfähigkeit auf einem für die Aufgabenerfüllung notwendigen Niveau bleibt.

Bei monotonen Arbeiten müssen sich die Betroffenen immer wieder einen »inneren Ruck« geben, sie müssen sich selbst durch bewußte Willensanspannung aufmunternde Impulse geben, die ihnen die eintönige Arbeitssituation nicht bieten kann. Als charakteristische Verlaufsform des Aktivierungsgrades in monotonen Arbeitssituationen ergibt sich deshalb eine Wellenform (Gubser 1968; Bartenwerfer 1988: 11; Oppolzer 1989: 143): Das Niveau der Aktivierung sinkt beim langsamen entstehenden Monotoniezustand allmählich ab, daraufhin erfolgt ein bewußter Willensimpuls, durch den die eingetretene Schläfrigkeit überwunden und der Aktivierungsgrad wieder erhöht wird, damit Qualität und Quantität der Arbeit im verlangten Rahmen bleiben oder Unfall- und Verletzungsgefahren vermieden werden. Diese wellenförmige Bewegung des Aktivierungsniveaus setzt sich dann bis zum Schichtende fort; in Pausen und nach der Arbeit löst sich der Monotoniezustand auf, während die Symptome echter psychischer Ermüdung bestehen bleiben.

Der Kampf gegen die herabgesetzte Aktivierung, um vorübergehend aus dem Monotoniezustand herauszukommen, verlangt von den Betroffenen eine vermehrte bewußte Willensanstrengung und erhöht ihre psychische Beanspruchung. Eine gesteigerte psychische Beanspruchung ist allerdings selbst die entscheidende Quelle echter psychischer Ermüdung. Deshalb stellt Monotonie eine erhebliche Belastung dar, die zu vorzeitiger psychischer Ermüdung führt. Überdies besteht die Gefahr eines sich selbst verstärkenden Teufelskreises von Monotonie und Ermüdung, der Überforderung und chronische Ermüdung zur Folge haben kann: Auf der einen Seite ruft die bewußte Überwindung von Monotoniezuständen aufgrund der damit verbundenen psychischen Mehrbelastung gesteigerte Ermüdung hervor, auf der anderen Seite unterliegen ermüdete Personen einem erhöhten Risiko, in Monotoniezustände zu geraten.

Wachsamkeitsminderung und psychische Sättigung
Eintönige und gleichförmige Arbeitssituationen können nicht nur Monotoniezustände, sondern auch andere ermüdungsähnliche Zustände mit verringerter Leistungsfähigkeit hervorrufen. Der Zustand herabgesetzter Vigilanz (Wachsamkeitsminderung) ist ebenso wie das Gefühl der Langeweile dem Monotoniezustand vergleichbar: Bei reizarmen, eintönigen und weitgehend passiven Dauerbeobachtungstätigkeiten (z.B. Flaschenkontrolle in Getränkeabfüllereien, Radarüberwachung im Flug- oder Schiffsverkehr; Webfehlerkontrolle an Textilmaschine) nimmt die Fähigkeit der Wahrnehmung kritischer Signale aufgrund des sinkenden Aktivierungsgrades ab.

In monotonen Arbeitssituationen können die Betroffenen in einen Zustand nervöser Unlust und gefühlsmäßiger Ärgerlichkeit geraten, weil sie den Eindruck haben, nicht weiter zu kommen und auf der Stelle zu treten. Dieser Zustand ärgerlicher Ablehnung eintöniger und gleichförmiger Tätigkeiten, die man satt hat, bei dem die Betroffenen ihrer Arbeit stark überdrüssig sind, unterscheidet sich grundlegend vom Monotoniezustand: Obwohl der Anlaß derselbe sein mag, zeichnet sich der Zustand *psychischer Sättigung* durch seine unruhige Gespanntheit, also durch gesteigerte Aktivierung aus, während das besondere des Monotoniezustandes die schläfrige Abwesenheit, also die herabgesetzte Aktiviertheit der Betroffenen ist.

Unterschiede in der Monotonie-Anfälligkeit
Zwar gilt grundsätzlich: Je enger der Beachtungsumfang und je rascher die Wiederholung der Arbeit, um so eher tritt ein Monotoniezustand ein, der durch soziale Isolation, Wärme, Dunkelheit, eintönige Geräuschkulisse und Bewegungsarmut noch gefördert wird. Aber für psychische Belastungen gilt, daß sie mehr noch als körperliche oder physikalische, chemische und biologische Faktoren in ihren Beanspruchungswirkungen auf die Betroffenen erhebliche Unterschiede aufweisen können; das gilt z.b. für monotone Arbeiten. Es wurden nämlich erhebliche (interindividuelle) Unterschiede in der Reaktion auf monotone Arbeitssituationen zwischen verschiedenen Personen festgestellt.

Obwohl die Ansicht weit verbreitet ist, daß die Monotonieanfälligkeit von Intelligenz und Geschlecht abhängig ist, daß weniger intelligente Personen und Frauen resistenter gegen Monotoniezustände sind, konnten solche Eindrücke letztlich empirisch nicht zweifelsfrei bestätigt werden (Bartenwerfer 1988: 14; Ulich 1992; Gubser 1968). Immer wieder bestätigt wurde die Beobachtung, daß extravertierte, aktiv und dynamisch nach außen orientierte Personen eher und stärker in Monotoniezustände geraten als introvertierte Personen, die eher zurückhaltend und in sich gekehrt sind. Eine Rolle spielt auch das Alter der Betroffenen, jüngere Beschäftigte zeigten sich monotonieanfälliger als ältere. Eine Bedeutung kommt auch der Einstellung zur Arbeit und der Arbeitszufriedenheit zu; mit ihrer Arbeit unzufriedene, unterforderte und unruhige Personen sind nämlich anfälliger für Monotonie.

5.1.2. Geistige Unterforderung
Nicht nur die Überforderung ist schädlich, weil dadurch die Leistungsfähigkeit der Arbeitenden überbeansprucht wird, auch die Unterforderung des Arbeitsvermögens kann zu erheblichen Beeinträchtigungen der Betroffenen führen (Oppolzer 1989; REFA-MBO 1991). Die physiologische Grundregel, nach der Überbelastung schadet, Übung kräftigt und Unterauslastung schwächt, gilt offenbar nicht nur für die muskulären und energetischen Aspekte der Arbeit, sondern auch für ihre psychischen und mentalen Komponenten (Grandjean 1979).

Die ständige Wiederholung desselben Arbeitsganges, eine Grundvoraussetzung für Monotonie ebenso wie für geistige Unterforderung, hatten 1979 »praktisch immer bzw. häufig« 44% der Erwerbstätigen (das waren 9,7 Mio. Personen) zu erledigen; bei 30% der Erwerbstätigen (6,6 Mio.) war die Arbeitsausführung bis in die Einzelheiten hinein strikt vorgeschrieben, was auf bloß ausführende Tätigkeiten mit niedrigen Qualifikationsanforderungen und eingeengtem Handlungsspielraum schließen läßt (v. Henninges 1981: 363).

Überforderung durch Unterforderung
Wenn aufgrund starker Arbeitsteilung weite Bereiche der Arbeitsfähigkeit nicht beansprucht sondern brachgelegt werden, kommt es zu der scheinbar paradoxen Situation einer »Überforderung durch Unterforderung«. Denn bei der Aufteilung komplexer, ganzheitlicher Arbeitsvollzüge in einfache, repetitive Teilaufgaben geht vielfach ihr Sinn für die Betroffenen verloren, weil die Arbeit von ihrem Inhalt weitgehend entleert und auf wenige Handgriffe beschränkt wird. Der Zusammenhang der vielen einzelnen, zersplitterten Teilaufgaben ist für die Betroffenen kaum mehr erkennbar. Ihr Arbeitsvermögen wird allenfalls zu einem kleinen Teil in Anspruch genommen, der überwiegende Teil insbesondere ihrer geistigen Fähigkeiten wird brachgelegt, weil die Arbeitsvollzüge in allen Einzelheiten festgelegt und vorgeschrieben, durch den Arbeitsablauf oder den Maschinen- und Fließbandtakt vorgegeben werden.

Bei dieser Zersplitterung der Arbeitsaufgaben entstehen Tätigkeiten, die in verschiedener Hinsicht *unvollständig* sind (Ulich 1992; Hacker 1986; Volpert 1974): Sie sind in ihrem Ablauf und ihrer Abfolge unvollständig, weil sie auf bloße Ausführungsfunktionen beschränkt sind, während die zugehörigen Vorbereitungs-, Organisations- und Kontrollfunktionen ausgegliedert sind. Sie sind in ihrem Aufbau und ihrer Struktur unvollständig, weil sie sich in der Regel auf die routinemäßige Ausführung von Handgriffen beschränken, während planende und intellektuelle Elemente ihres Arbeitsvermögens nicht beansprucht werden.

Qualifikationsverlust und Intelligenzverfall
Belastungen durch Unterforderung bei der Arbeit können bei den Betroffenen zu Qualifikations- und Intelligenzverlust führen, wie aus vielen arbeitswissenschaftlichen Untersuchungen hervorgeht (Oppolzer 1989; Bartenwerfer 1988; Ulich/Baitsch 1987; Hacker 1986; Ulich 1992).

Durch eintönige und einfache Handgriffe wird nur ein kleines Segment aus dem breiten Spektrum menschlicher Leistungsfähigkeit beansprucht, insbesondere geistige Komponenten der Arbeitskraft bleiben dabei ungenutzt. Die fehlende Beanspruchung geistiger und psychischer Fähigkeiten kann schließlich zu ihrer Verkümmerung führen; die entsprechenden Fähigkeiten zu Disposition und Planung, Kommunikation und Interaktion bei der Arbeit gehen allmählich verloren, wenn sie bei der Arbeit nicht angewandt werden können.

Durch die in rascher Folge ständig wiederkehrenden, in ihrer Durchführung weitgehend festgelegten Arbeiten, die keine planenden oder prüfenden, sondern nur ausführende Tätigkeiten beinhalten, können weder neue Qualifikationen erworben, noch die vorhandenen Qualifikationen genutzt werden. Durch diese Nicht-Nutzung können schließlich vorhandene Qualifikationen abgebaut werden, was sowohl die Chancen beruflichen Weiterkommens im Betrieb als auch die Möglichkeiten der Beschäftigung auf dem Arbeitsmarkt erheblich verschlechtert.

Langdauernde Unterforderung kann schließlich zu geistiger Verkümmerung und zu einem Verfall der Intelligenz bei den Betroffenen führen. Man hat nämlich festgestellt, daß Beschäftigte, die keine Gelegenheit hatten, bei der Arbeit auch geistige Fähigkeiten einzusetzen, sich mit fortschreitendem Alter in ihren Intelligenzleistungen (Intelligenztest) weitaus stärker verschlechterten als andere, die vollständigere Aufgaben zu erledigen hatten. Es zeigte sich zudem, daß Beschäftigte mit anspruchsvollen Arbeitsinhalten, die höhere geistige Anforderungen an die Betroffenen stellen, mit fortschreitendem Alter die Chance haben, ihre Intelligenzleistungen sogar noch zu verbessern. Auch für die Intelligenz gilt offenbar, daß ihr Nicht-Gebrauch zu ihrem Abbau durch Unterforderung, ihre Inanspruchnahme aber zu ihrer Entwicklung durch Übung führt.

Störungen der Persönlichkeitsentwicklung und Beeinträchtigung der psychischen Gesundheit

Durch Arbeiten, die aufgrund ihres unvollständigen und beschränkten Aufgabeninhaltes eine Unterforderung für die Betroffenen darstellen, können zahlreichen psychologischen und arbeitswissenschaftlichen Untersuchungen zu Folge eine Reihe psychischer und psychosomatischer Gesundheitsstörungen hervorgerufen oder begünstigt werden (Oppolzer 1989; Bartenwerfer 1988; Ulich/Baitsch 1987; Hacker 1986; Ulich 1992).

Die inhaltliche Entleerung der Arbeit und die Einengung des Handlungsspielraumes durch vorgeschriebene Abläufe hat sich als schwerwiegender Risikofaktor für die Entstehung psychischer Störungen erwiesen: Je enger der inhaltliche Spielraum und je niedriger die geistigen Anforderungen bei der Arbeit sind, um so größer ist die Gefahr für die Betroffenen, an neurotischen Störungen zu erkranken, während mit steigender Komplexität der Arbeit auch die psychische Gesundheit und geistige Beweglichkeit der Beschäftigten zunimmt. Durch anhaltende Unterforderung in der Arbeit können bei den Betroffenen sowohl geringes Selbstwertgefühl und Unzufriedenheit oder Machtlosigkeit und Angstzustände entstehen als auch Depressionen und psychosomatische Krankheiten, also körperliche Erkrankungen (z.B. Herz-Kreislauf- oder Magen-Darm-Störungen), die durch psychische Faktoren hervorgerufen werden.

Offenbar werden bei der Arbeit nicht nur spezielle berufliche Kenntnisse, Fähigkeiten und Fertigkeiten erworben und angewandt. Es werden darüber hinaus zugleich allgemeine Einstellungs- und Verhaltensweisen angeeignet, die auch außerhalb der Arbeitswelt wirksam werden. Die mit der Arbeitssituation verbundenen geistigen Anforderungen haben deshalb auf die Entwicklung der Persönlichkeit ebenso einen starken Einfluß wie die vorberufliche familiäre und schulische Erziehung und Bildung. Das Verhältnis zwischen Arbeit und Persönlichkeit ist allerdings keine »Einbahnstraße«: Die Arbeitsanforderungen prägen nicht nur entscheidend die Persönlichkeit der Betroffenen; vielmehr ist die Persönlichkeit (die freilich nicht allein durch Arbeit gebildet wird) selbst wiederum eine entscheidende Voraussetzung dafür, daß die Beschäftigten die Arbeitssituation (z.B. Handlungsspielraum) zu ihren Gunsten beeinflussen und mitgestalten können.

5.1.3. Schaffung von Abwechslungsreichtum und Anforderungsvielfalt

Monotonie und andere ermüdungsähnliche Zustände stellen nicht nur für die Betroffenen erhebliche Belastungen und Beeinträchtigungen dar. Aufgrund der damit verbundenen herabgesetzten Leistungsfähigkeit kommt es im Betrieb zur Verschlechterung von Menge und Qualität der Arbeit, zu verstärkter Unzufriedenheit und erhöhter Unfallgefährdung. Maßnahmen zur Verringerung oder zur Vermeidung monotoner Arbeiten sind deshalb aus sozialen und aus ökonomischen Gründen erforderlich.

In der arbeitswissenschaftlichen Forschung und in der betrieblichen Praxis sind bereits zahlreiche Vorschläge und Empfehlungen entwickelt und erprobt worden, die auf mehr Abwechslungsreichtum und größere Anforderungsvielfalt bei der Gestaltung von Arbeitsaufgaben abzielen.

In Gesetze und Verordnungen zum Arbeits- und Gesundheitsschutz haben Gestaltungsmaßnahmen zum Abbau von Monotonie und zur Vermeidung von Unterforderung zwar bisher noch nicht direkt Eingang gefunden. Aber in Tarifverträgen und Betriebsvereinbarungen sowie in der Tarifpolitik finden arbeitsorganisatorische Alternativen zum Abbau von Monotonie und anderen ermüdungsähnlichen Zuständen mehr und mehr Aufmerksamkeit (Lang/Meine/Ohl 1990). Das Gebot, durch Aufgabenerweiterung und Aufgabenanreicherung für längere Taktzeiten (mindestens 1,5 Minuten) und hinreichende Arbeitsinhalte zu sorgen, die Fehlbeanspruchungen in Form von Monotonie und Unterforderung verringern oder vermeiden helfen, findet sich zuerst in § 6.3.1. des Lohnrahmentarifvertrages II für die Metallindustrie in Nordwürttemberg/Nordbaden (1973) und in § 11.2. des Tarifvertrages über die Grundsätze der Entlohnung für die Volkswagenwerk AG (1979).

Zur Verringerung oder zur Vermeidung von Monotonie und Unterforderung sind eine Reihe von Gestaltungsmaßnahmen zur *Arbeitsstrukturierung* geeignet, die insbesondere auf einen ganzheitlicheren Aufgabenzuschnitt durch Verringerung des Grades der Arbeitsteilung (z.B. durch Mischarbeitsplätze) abzielen.

Ohne größeren organisatorischen Aufwand läßt sich bereits durch systematischen *Aufgabenwechsel* (Job rotation) für etwas mehr Abwechslung sorgen. Dabei bleibt zwar der Grad der Arbeitsteilung meist unverändert, aber durch den Wechsel der Tätigkeiten wird die Einförmigkeit und Gleichförmigkeit des Arbeitsinhaltes immer wieder unterbrochen.

Bei der horizontalen *Aufgabenerweiterung* (Job enlargement) werden mehrere gleichartige Teilaufgaben auf demselben Qualifikationsniveau zusammengefaßt, so daß umfangreichere Arbeitsinhalte entstehen, die mehr unterschiedliche Tätigkeitselemente enthalten. Dadurch wird der Grad der horizontalen Arbeitsteilung verringert, die Arbeit wird weniger eintönig und etwas abwechslungsreicher.

Die vertikale *Aufgabenanreicherung* (Job enrichment), bei der mehrere verschiedenartige Teilaufgaben mit unterschiedlichem Anforderungsniveau zusammengefaßt werden, läßt umfangreichere und höherwertige Arbeitsinhalte entstehen. Durch Verringerung des Grades vertikaler Arbeitsteilung entstehen größere und abwechslungsreichere Tätigkeiten mit höheren Anforderungen an die Qualifikation der Betroffenen.

Im Rahmen teilautonomer *Arbeitsgruppen*, die intern über Aufgabenverteilung, Materialdisposition und Zeitplanung innerhalb bestimmter Vorgaben weitgehend selbständig entscheiden können, ist es möglich, Formen horizontaler und vertikaler Aufgabenintegration flexibel und kooperativ zu realisieren. Auf diese Weise können abwechslungsreichere und höherwertige Arbeitsinhalte sowie Möglichkeiten zu sozialem Kontakt und persönlicher Kommunikation der Entstehung von Monotonie entgegenwirken.

Neben einer Restrukturierung der Arbeitsinhalte und einer Reduzierung des Grades der Arbeitsteilung als Hauptbedingungen zur Verringerung von Monotonie sind Maßnahmen zur Vermeidung einer eintönigen *Arbeitsumgebung* geeignet, Nebenbedingungen für die Entstehung von Monotonie zu vermeiden. Auch durch eine anregende

Farb-, Licht- und Klimagestaltung oder durch Vermeidung eintöniger Geräusche am Arbeitsplatz kann Monotoniezuständen wirksam begegnet werden.

Schließlich sind zusätzlich eingeschaltete *Kurzpausen* geeignet, der vorzeitigen Entstehung von Ermüdung vorzubeugen (Oppolzer 1992). Da ermüdete Personen erheblich anfälliger für Monotoniezustände sind und weil die zusätzliche psychische Beanspruchung zur willentlichen Überwindung der verringerten Leistungsfähigkeit im Monotoniezustand selbst eine Ursache vorzeitiger Ermüdung darstellt, sind solche Kurzpausen gut geeignet, den Teufelskreis von Ermüdung und Monotonie zu durchbrechen. Kurzpausen ermöglichen durch soziale Kontakte, körperliche Bewegung und eine anregende Umgebung eine vorübergehende Abwechslung von der eintönigen Arbeit und eine Unterbrechung der Monotonie.

Literatur
Bartenwerfer 1970; Bartenwerfer 1988; DIN 33 405; Grandjean 1979; Gubser 1968; Hacker/Richter 1984; Hacker 1986; Martin u.a. 1980; Oppolzer 1989; Oppolzer 1992; REFA-MBO 1991; Ulich 1992; Ulich/Baitsch 1987

5.2. Belastungen durch Streß und Überforderung

Streß bei der Arbeit entsteht hauptsächlich als Resultat quantitativer und qualitativer Überforderung sowie aufgrund von sozialen Konflikten mit Vorgesetzten oder Kollegen. Im Unterschied zu vielen anderen Belastungsfaktoren (z.B. Lärm, Schadstoffe, Schwerarbeit, Monotonie) ist Streß nicht auf die unteren Ränge der betrieblichen Hierarchie beschränkt, sondern tritt insbesondere bei den mittleren Leitungspositionen (z.B. Meister, Abteilungs- und Filialleiter), aber auch in höheren Positionen (Abteilungsleiter, Werksleiter, Amtsleiter) auf.

Streß: eine der häufigsten Belastungen
Streß durch Überforderung des Leistungsvermögens und durch soziale Konflike gehört in der modernen Arbeitswelt zu den am häufigsten auftretenden Belastungen (Oppolzer 1989: 149/150). Umfragen zu Folge nannten 1980 mehr als die Hälfte (55%) der Beschäftigten zu hohes Arbeitstempo und Streß als Belastung bei der Arbeit; 1979 hatten 39% angegeben, daß sie praktisch immer oder häufig unter Termindruck arbeiten mußten, 25% bekamen genaue Zeitvorgaben und 18% genaue mengenmäßige Vorgaben für ihre Arbeitsleistung

gesetzt. Einer Erhebung 1985 zu Folge waren 44% der Erwerbstätigen praktisch immer oder häufig starkem Termin- oder Leistungsdruck bei der Arbeit ausgesetzt; 41% hatten mehrere Arbeiten gleichzeitig zu erledigen (BIBB/IAB 1987).

Mehr als ein Viertel der Beschäftigten antworteten in einer Repräsentativerhebung auf die Frage »Was macht Ihnen zur Zeit am meisten Sorgen?« mit dem Hinweis auf »Hektik und Streß« bei der Arbeit. Als »stark belastet« fühlten sich 1984-86 nach Angaben der Enquetekommission des Deutschen Bundestages zur Strukturreform des Gesundheitswesens durch hohes Arbeitstempo und Zeitdruck 24%, durch hohe Verantwortung 15%, durch Zwang zu schnellen Entscheidungen sowie durch widersprüchliche Anforderungen und Anweisungen jeweils 11% und durch strenge Kontrolle der Arbeitsleistung 7,5% der Berufstätigen (EK-GKV 1988: 15). In einer 1985 und 1986 durchgeführten umfangreichen Erhebung wurde festgestellt, daß bei 37% der Erwerbstätigen im Laufe der letzten zwei Jahre Streß und Leistungsdruck am Arbeitsplatz zugenommen hatten, nur 3% der Befragten hatten eine Abnahme dieser Belastungsart registriert (BIBB/IAB 1987: 422).

Die Bedeutung von Streß für das Belastungsgeschehen hat in allen Bereichen der Arbeitswelt in den letzten Jahren keineswegs an Bedeutung verloren, auch in Zukunft wird Streß ein wichtiger Faktor psychischer Belastung bleiben. Durch technisch-organisatorischen Wandel, ergab sich aus Befragungen, die Mitte der achtziger Jahre in Großhandel und Industrie durchgeführt worden waren, war bei der Hälfte bis drei Viertel der betroffenen Arbeitsplätze und Betriebe eine Steigerung der Leistungsanforderungen und eine Erhöhung des Arbeitstempos zu registrieren (Oppolzer/Zachert 1987; Brosius/Oppolzer 1989).

Durch technische und organisatorische Rationalisierungsmaßnahmen werden die Leistungsanforderungen und das Arbeitstempo weiter erhöht. Denn z.B. die Verkürzung von Durchlaufzeiten in der industriellen Fertigung, die Beschleunigung des Warenumschlages in Lager und Fuhrpark sowie die Verbreitung von Systemen vorbestimmter Zeiten in Produktion, Handel und Dienstleistung oder der arbeitsanfallorientierte Einsatz von Teilzeitkräften und die Verkürzung der Personaldecke im Betrieb bewirken sämtlich eine Intensivierung der Arbeit durch Verdichtung der »Poren« des Arbeitstages. Technische Neuerungen und organisatorische Rationalisierung verleihen deshalb dem Streß als Belastungsfaktor verstärkte Bedeutung.

Überforderung und Konflikte: die wichtigsten Streßfaktoren
Streßzustände werden hauptsächlich dann hervorgerufen, wenn sich die Betroffenen einer quantitativen oder qualitativen Überforderung bei der Arbeit oder sozialen Konflikten im Betrieb konfrontiert sehen.

Charakteristisch für die *quantitative Überforderung* der Leistungsfähigkeit ist, daß »zu viel zu tun« ist und daß dafür zu wenig Zeit zur Verfügung steht. Für die Realisierung solch hoher Anforderungen kann durch die Kontrolle und Aufsicht durch die Vorgesetzten oder mehr noch durch die Anwendung ergebnisbezogener Entgeltsysteme (z.B. Akkord- und Prämienlohn) im Betrieb gesorgt werden. Starker Zeit- und Termindruck sowie hohe Arbeitsintensität und großes Arbeitspensum, gesteigertes Arbeitstempo (Hetzarbeit), strikte Zeitbindung und ständiger Leistungssog, aber auch hohe Leistungsvorgaben, fremdbestimmtes Arbeitstempo (z.B. durch Maschinen- und Fließbandtakt in der Industrie, durch Kundenandrang im Handel) und eingeengter Handlungsspielraum sind typische Merkmale quantitativer Überforderung.

Eine *qualitative Überforderung* der Beschäftigten kann dadurch zustande kommen, daß die Erledigung von Aufgaben von ihnen verlangt wird, für die sie von ihren persönlichen Leistungs- und Qualifikationsvoraussetzungen oder von der Sach- und Personalausstattung her nicht oder nicht hinreichend in der Lage sind. Die Art der Anforderungen kann so hoch oder so schwierig sein, daß sie von den Betroffenen mit den zur Verfügung stehenden persönlichen und betrieblichen Ressourcen nicht erfüllt werden können. Fehlende Einarbeitungs- und Weiterbildungsmöglichkeiten, mangelhafte oder widersprüchliche Informationen und unzureichende Arbeits- und Hilfsmittel erhöhen die Gefahr qualitativer Überforderung.

Die Beziehungen zu Kolleginnen und Kollegen sowie zu Vorgesetzten und Untergebenen sind nicht allein im positiven Sinne für das gute Betriebsklima und die Arbeitszufriedenheit wesentlich. Im negativen Sinne können konfliktreiche Sozialbeziehungen im Betrieb nämlich auch eine wichtige Quelle für die Entstehung von Streß bei den Betroffenen darstellen. Insbesondere *soziale Konflikte* um Leistung und Verhalten spielen im Verhältnis zwischen Vorgesetzten und Untergebenen, aber auch unter Kollegen und innerhalb von Arbeitsgruppen selbst eine erhebliche Rolle. Vor allem in betrieblichen Zwischenpositionen (z.B. Meister, Vorarbeiter, Abteilungs-, Filialleiter), die selbst Arbeitnehmer sind, aber den Leistungsanspruch der Unternehmen den übrigen Beschäftigten gegenüber zu vertreten und durchzusetzen haben, sich dabei allerdings vielfach dem Widerstand der Arbeitenden konfrontiert sehen, konzentriert sich der »Konfliktstreß«.

Streßzustände: Entstehung und Verlauf
Wenn die Betroffenen in ihrer Arbeitssituation den Eindruck gewonnen haben, daß sie die gestellten Anforderungen mit den zur Verfügung stehenden persönlichen und sachlichen Ressourcen in der vorgeschriebenen Zeit nicht erfüllen können und wenn sie deshalb erhebliche persönliche Nachteile befürchten, entsteht Streß. Wenn sie bei der Erfüllung ihrer Arbeitsaufgaben quantitativ (z.b. im Hinblick auf Mengen- und Zeitvorgaben) oder qualitativ (z.b. bezüglich der Qualität oder Schwierigkeit der Arbeit) überfordert sind und wenn sie mit negativen Sanktionen rechnen, die von der Ermahnung durch Kollegen über die Kritik der Vorgesetzten und Entgelteinbußen bis zum Verlust der bisherigen Position oder sogar des Arbeitsplatzes reichen, sehen sich die Beschäftigten in ihrer beruflichen und sozialen Existenz bedroht. In ihrem Bewußtsein nehmen sie bereits die negativen Folgen ihrer möglichen Überforderung gedanklich vorweg; noch bevor sich die Untererfüllung ihrer Aufgaben praktisch erweist, befürchten sie schon die Nachteile der Überforderung und mobilisieren deshalb – unwillkürlich – alle ihnen zur Verfügung stehenden Kräfte und Leistungsreserven.

Weil die Beschäftigten mit den Leistungsanforderungen im Betrieb nicht nur sachlich (z.B. durch Maschinentakt) oder organisatorisch (z.B. durch Aufgabenverteilung), sondern auch personell (z.B. durch Vorgesetzte oder in Arbeitsgruppen) konfrontiert werden, kommt es bei ihrer tatsächlichen oder befürchteten Überforderung zu sozialen Konflikten bei den Beteiligten. Außerdem entsteht »Konfliktstreß« vielfach dann, wenn beispielsweise Kollegen miteinander »nicht auskommen« können oder wenn sie gegeneinander rivalisieren, wenn Beschäftigte sich von Vorgesetzten ungerecht oder willkürlich behandelt (»drangsaliert«) sehen und wenn gegenüber Vorgesetzten hinhaltender oder ablehnender Widerstand ausgeübt wird (»auflaufen lassen«). Der Ärger und die Hilflosigkeit, die Enttäuschung und die Ohnmacht, die Aggressionen und die Frustrationen, die aufgrund solcher sozialer Konflikte entstehen, können ebenfalls Streßzustände hervorrufen.

Streß = Zustand anhaltender, ängstlich erregter Gespanntheit
Mit Streß [stress (engl.) = Druck, Anspannung] bezeichnet man in der Arbeitspsychologie einen subjektiven Zustand anhaltender und angstbetonter, erregter und unangenehmer Gespanntheit, die sich durch Überaktivierung sowie durch erlebte Bedrohung auszeichnet und sich in überhastetem Tempo, übermäßigem Kraftaufwand und vermehrtem Genußmittelverbrauch (z.B. Zigaretten) niederschlägt.

Streß

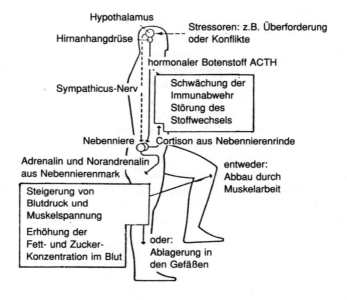

Die streßverursachenden Faktoren (**Stressoren**) werden zwar in der Großhirnrinde **bewußt** wahrgenommen und verarbeitet, der Ablauf der Streßreaktion im Organismus selbst verläuft aber **unwillkürlich** und automatisiert: Über Großhirnrinde und Retikularformation gelangen die auslösenden Nervenimpulse zum **Hypothalamus**, einem für die Steuerung der Funktion innerer Organe entscheidenden Teil des Zwischenhirns. Von dort aus wird zum einen über den im Rückenmark befindlichen **Sympathicus-Nerv** das Mark der **Nebenniere** zur Ausschüttung der Catecholamin-Hormone **Adrenalin** und **Noradrenalin** in die Blutbahn veranlaßt, wodurch z.B. **Zucker- und Fettreserven** mobilisiert sowie **Blutdruck** und **Muskelspannung** erhöht werden. Zum anderen wird von der **Hirnanhangdrüse** (Hypophyse) ein hormonaler Botenstoff (**ACTH**) zur Nebenniere gesandt, wo er in der **Nebennierenrinde** die Abgabe von **Cortison** bewirkt, wodurch z.B. der **Stoffwechsel** gestört und die **Immunabwehr** geschwächt werden.

Bei andauernden Streßzuständen verkehrt sich der biologisch sinnvolle **Schutzmechanismus** (momentane **Mobilisierung** sämtlicher Leistungsreserven bei weitgehender **Drosselung** der regenerativen Funktionen) letztlich in einen **Schädigungsmechanismus**. Da die mobilisierten Fett- und Zuckerreserven nicht durch entsprechende Muskelarbeit abgebaut, sondern in die Gefäße eingelagert werden und weil Stoffwechsel, Verdauung und Immunsystem beeinträchtigt werden, kommt es durch Streß zu vorzeitigem Kräfteaufbrauch und zu den typischen »**Streßkrankheiten**« (z.B. Arterienverkalkung, Bluthochdruck, Magengeschwüren, Infektionskrankheiten, nervöse Störungen).

Streßzustände sind nicht allein eine Angelegenheit subjektiver Empfindungen und Gefühle, sie lassen sich an Hand verschiedener Körperfunktionen objektiv messen. Streßreaktionen können nämlich z.b. an Hand von Herz- und Atemfrequenz, Blutdruck und Sauerstoffverbrauch, Zucker- und Fettkonzentration im Blut oder an der Verdauungstätigkeit abgelesen werden.

Ablauf der Streßreaktion im Organismus
Bei der Streßreaktion handelt es sich um eine stereotyp und unwillkürlich ablaufende, generelle Anpassungsreaktion, durch die der Organismus momentan seine körperlichen Leistungsreserven mobilisiert, damit er plötzlich auftretenden außergewöhnlichen Beanspruchungen gerecht werden kann. Die Streßreaktion stellt deshalb einen sinnvollen biologischen Schutzmechanismus dar, durch den sich der Organismus in Ausnahme- oder Gefahrensituationen unmittelbar und unwillkürlich in Alarmbereitschaft und erhöhte Leistungsbereitschaft zu versetzen vermag.

Ausgelöst durch die Befürchtung negativer Sanktionen aufgrund von Überforderung oder sozialen Konflikten bei der Arbeit läuft die Streßreaktion im Körper unwillkürlich ab (Müller-Limmroth 1981c; Levi 1964; Oppolzer 1989): Zunächst gelangen durch die Wahrnehmung der Bedrohung und Ohnmacht in der überfordernden und konfliktreichen Arbeitssituation aus der Großhirnrinde (Cortex) entsprechende Nervenimpulse an den Teil des Zwischenhirnes (Hypothalamus), der für die Regulation des vegetativen Nervensystems, das vom Willen unabhängig (autonom) wichtige Körperfunktionen (z.B. Atmung, Herztätigkeit, Verdauung) steuert, zuständig ist und lösen dort eine Alarmreaktion mit gesteigerter Aktivierung aus. Vom Zwischenhirn (Hypothalamus) aus wird die Alarmreaktion auf mehreren Wegen weitergeleitet: Zum einen wird der Sympathikus-Nerv aktiviert, der das Nebennierenmark zur Ausschüttung der Katecholaminhormone (Adrenalin und Noradrenalin) in das Blut veranlaßt; zum anderen wird die Hirnanhangdrüse (Hypophyse) zur Abgabe eines Hormones (ACTH: adrenocorticotropes Hormon) angeregt, das wiederum die Nebennierenrinde zur Ausschüttung von Cortisonhormonen in die Blutbahn veranlaßt; schließlich wird der Vorderlappen der Hirnanhangdrüse dazu veranlaßt, auf Schilddrüse und Keimdrüsen wirkende Hormone abzugeben, die den Fett- und Kohlehydratstoffwechsel beeinflussen.

Durch Nervenimpulse (Sympathikus-Nerv) und Hormonsignale (Katecholamine und Cortisole) erfolgt eine vom bewußten Willen unabhängige, »automatische« Alarmreaktion, die im Körper augenblicklich einen Zustand höchster Anspannung und Reaktionsbereitschaft herbeiführt; diese *Mobilisierung* der körperlichen Leistungsfähigkeit schlägt sich nieder in: Steigerung von Herzfrequenz, Pulsschlag und Blutdruck, Erhöhung von Anspannung und Durchblutung der Muskulatur, Zunahme des Sauerstoffbedarfes und Beschleunigung der Atmung, Erhöhung der Zucker- und Fett-Konzentration im Blut, außerdem wird das Blut dickflüssiger und gerinnt leichter, wodurch ein rascher Wundverschluß bei Verletzungen erfolgt.

Auf gleichem Wege erfolgt parallel zu dieser Mobilisierung körperlicher Leistungsreserven unwillkürlich eine weitgehende *Drosselung* körpereigener Erholungs- und Schutzmechanismen; das schlägt sich nieder in: Minderung der Magen-Darm-Tätigkeit, Immunschwächung und Herabsetzung der Infektabwehr, Denkblockaden zur Vermeidung zögernden Überlegens, Verringerung der Blutversorgung für Haut und innere Organe sowie Erlahmen der Sexualfunktion. Im äußeren Erscheinungsbild der Betroffenen schlagen sich diese Streßzustände deutlich nieder: Pupillen sind geweitet, Atmung und Pulsschlag sind beschleunigt, Gesichtsausdruck und Körperhaltung sind gespannt.

Streß-Krankheiten
So nützlich und hilfreich der Stress-Mechanismus mit seiner unwillkürlichen Bereitstellung körperlicher Leistungsreserven zur Bewältigung plötzlich auftretender, vorübergehender Anforderungen in Ausnahmesituationen ist, so belastend und schädlich wirkt er auf die Betroffenen, wenn er häufig oder ständig auftritt. Wenn nämlich auf die Streß-Phase nicht eine längere Erholungsphase folgt und wenn die bereitgestellte körperliche Energie nicht in einer entsprechenden körperlichen Aktivität abgebaut werden kann, dann kommt es zum »Leerlauf« der Streßreaktion und der biologisch sinnvolle Schutzmechanismus verkehrt sich in einen »Zerstörungsmechanismus« für den Organismus. Andauernde und wiederholte Streßzustände stellen eine übermäßige Belastung für den Organismus dar, durch die eine Reihe von Beeinträchtigungen und Störungen der Gesundheit hervorgerufen werden können:

Durch die ständige Überbeanspruchung des Herz-Kreislaufsystems und durch die Ablagerung von unverbrauchtem Fett (Cholesterin) in den Blutgefäßen können insbesonders typische »Streßkrankheiten« in Form von Bluthochdruck und Erkrankungen der Herzkranzgefäße (ischämische Herzkrankheiten) bis zum Herzinfarkt verursacht oder verstärkt werden. Häufig kann die Drosselung und Beeinträchtigung der Verdauungstätigkeit im Streßzustand zur Entstehung von charakteristischen »Streßkrankheiten« in Gestalt von Magen- und Zwölffingerdarm-Geschwüren (Ulcus pepticum) sowie zu Verdauungsstörungen (z.B. Durchfall, Verstopfung) führen.

Aufgrund der anhaltenden Überaktivierung im Nervensystem kann es durch Streß zu psychischen Beeinträchtigungen und Störungen in Form von Nervosität, Schlaflosigkeit, Konzentrationsstörungen, Reizbarkeit und Spannungs-Kopfschmerzen kommen. Mit der Minderung der körpereigenen Immunabwehr erhöht sich das Risiko, an Infektionen (z.B. Entzündungen der Atemwege und der Augen) zu erkranken. Außerdem nimmt mit der Belastung durch Streß die Gefahr von Stoffwechselerkrankungen (z.B. Zuckerkrankheit; Funktionsstörungen der Schilddrüse und der Nieren) zu.

Woran die von Streßzuständen betroffenen Beschäftigten letztlich erkranken hängt außer von ihrer anlagebedingten Konstitution und der erworbenen Disposition in erheblichem Maße von ihrer Persönlichkeitsstruktur (»Streßtyp«) ab: Extravertierte, aktiv und temperamentvoll nach außen orientierte Personen (»Verhaltenstyp A«) unterliegen durch Streß charakteristischerweise mehr dem Risiko, an einer Herz-Kreislauf-Störung (z.B. Herzinfarkt, Arteriosklerose, Bluthochdruck) zu erkranken. Introvertierte Personen hingegen, die eher einen in sich gekehrten, ruhigen und ausgeglichenen Eindruck machen (»Verhaltenstyp B«), erkranken durch Streßzustände typischerweise eher an Verdauungsstörungen (z.B. Magengeschwüre, Darmerkrankungen).

Verstärkende und hemmende Faktoren
Ob überhöhte Leistungsanforderungen und soziale Konflikte tatsächlich zu Streßzuständen führen und wie stark die Streßreaktionen ausfallen, hängt letztlich von einer Reihe subjektiver und objektiver Voraussetzungen und Rahmenbedingungen ab: Je kleiner der Handlungsspielraum, je größer das Arbeitspensum, je höher die Anforderungen, je stärker der Zeit-, Termin- und Erledigungsdruck, je schwerwiegender die zu erwartenden Sanktionen, je schlechter das Betriebsklima und je geringer die soziale Unterstützung der Betroffenen im Betrieb ist – um so eher und um so stärker ist eine Arbeitssituation objektiv geeignet, Streßzustände hervorzurufen.

Je mehr Möglichkeiten die Beschäftigten allerdings haben, überhöhten Anforderungen auszuweichen, negative Sanktionen abzuwehren oder aktiv zu verändern; je eher sie die Ursachen für die Überforderung nicht bei sich selbst sehen oder suchen, sondern in den übermäßigen betrieblichen Leistungsansprüchen; je mehr sie die Belastungen der betrieblichen Arbeitssituation durch außerbetriebliche Interessen und Betätigungen ausgleichen können; je mehr soziale Unterstützung durch Kolleginnen und Kollegen im Betrieb sowie im Freundes- und

Familienkreis sie bei der Bewältigung der Streßsituation erhalten – um so eher ist es den Betroffenen möglich, die Entstehung von Streßzuständen zu vermeiden und ihre Auswirkungen auf die Gesundheit zu verringern.

Maßnahmen gegen Streß

Streß stellt eine erhebliche psychische Belastung dar, die Fehl- und Überbeanspruchungen hervorruft und dadurch für die Betroffenen zu persönlichen Beeinträchtigungen und gesundheitlichen Schädigungen führen kann. Maßnahmen zur Verhinderung und zur Verringerung von Streßzuständen stellen deshalb eine wichtige Aufgabe im Rahmen der betrieblichen Arbeitsgestaltung dar. Zwar liegen bisher keine rechtlichen Vorschriften des Arbeits- und Gesundheitsschutzes zur ausdrücklichen Vermeidung von Streß vor. Aber sowohl in der Arbeitswissenschaft als auch in der Tarifpolitik gibt es zahlreiche Ansätze und bewährte Empfehlungen für Maßnahmen menschengerechter Arbeitsgestaltung, durch die Streßzustände vermieden oder verringert werden können.

Am wirkungsvollsten kann durch einen anforderungsgerechten Aufgabenzuschnitt, der die quantitativen und qualitativen Leistungsvoraussetzungen der Beschäftigten berücksichtigt, für die Vermeidung von Überforderung und Streß gesorgt werden. Zudem sind in der Regel alle Maßnahmen, die auf die Erweiterung und Anreicherung der Arbeitsinhalte sowie auf die Vergrößerung des Handlungs- und Entscheidungsspielraumes abzielen, geeignet, der Entstehung von Streß entgegenzuwirken. Durch Arbeit in teilautonomen Arbeitsgruppen, die auch planende und prüfende Aufgaben selbst regeln, kann dem Zwangsgefühl und der Ohnmacht in der Arbeitssituation entgegengewirkt und die Gelegenheit zu gegenseitiger Unterstützung gefördert werden.

Da überhöhte Leistungsanforderungen vielfach über den »materiellen Hebel« eines starken Lohnanreizes im Betrieb durchgesetzt wird, ist eine Begrenzung leistungsbezogener Entgeltbestandteile (z.B. durch »Standardlohn«) geeignet, durch Regelung der Leistungsbedingungen die Arbeitsintensität und die Entstehung von Streß zu begrenzen.

Die Einbeziehung der Betroffenen in ein festes und funktionierendes Netz betrieblicher Interessenvertretung und die damit verbundene soziale Unterstützung ist eine wichtige Voraussetzung für die Abwehr und Bewältigung von Überforderung und Streß. Alle Maßnahmen die zu einer Verbesserung des Betriebsklimas und der Arbeitszufriedenheit beitragen sind zugleich geeignet, mit den sozialen Konflikten zwischen Vorgesetzten und Untergebenen auch die Anlässe für belastenden Konfliktstreß zu verringern.

Schließlich kann die soziale Unterstützung im Freundes- und Familienkreis dazu beitragen, daß Streßzustände besser bewältigt werden können. Freizeitaktivitäten, die Gelegenheit zu psychischer Entspannung und zu körperlicher Betätigung bieten, sind ebenfalls geeignet, einen Ausgleich und eine Erholung von den Belastungen durch Streß in der Arbeitswelt zu bieten.

Literatur
Hacker/Richter 1984; Levi 1964; Levi 1981; Müller-Limmroth 1981c; Nitsch 1981; Oppolzer 1989; Selye 1981; Udris 1981; Ulich 1992; Vester 1978

6. Belastungen durch Arbeitszeit

Nicht erst seit der Industrialisierung gilt Belastungen durch die Arbeitszeit besondere Aufmerksamkeit (Oppolzer 1989). Von der Einführung eines freien Tages nach sechs Arbeitstagen bei den Assyrern und dem Achtstundentag bei den Steinmetzen an den Pyramiden im Alten Ägypten bis zu den Auseinandersetzungen um den zunächst auf zehn, später auf acht Stunden begrenzten Normalarbeitstag im 19. und 20. Jahrhundert spielten Probleme der Arbeitszeit für den Arbeits- und Gesundheitsschutz eine vorrangige Rolle. Auch nach dem Einstieg in die 35-Stunden-Woche gehören Belastungen durch die Arbeitszeit keineswegs der Vergangenheit an. Durch Überstunden und schwankenden Arbeitsanfall im Zeitverlauf oder durch lange Betriebszeiten kommt es immer noch zu weit mehr als acht Stunden dauernden Arbeitstagen.

Hinzu kommt, daß die tatsächlich »arbeitsgebundene« Zeit, also die Zeitdauer an Werktagen, die insgesamt von der Erwerbstätigkeit in Anspruch genommen wird (= bezahlte Arbeitszeit + Pausen + Wegezeit + persönliche Rüstzeit für Umkleiden und Waschen), für viele Vollzeitbeschäftigte immer noch mehr als zehn Stunden beträgt. Da die »Freizeit« keineswegs gänzlich von anderen Pflichten (z.B. Hausarbeit, Kinderbetreuung) frei ist, bleibt vielfach (insbesondere für erwerbstätige Frauen) die werktags zur Erholung verbleibende Zeit begrenzt. So weit am Wochenende nicht wie z.B. in Handel und Verkehr, z.T. in Dienstleistung und Industrie im Betrieb gearbeitet werden muß, wird vielfach umfangreichere Hausarbeit (z.B. Wäsche, Putzen) erledigt. Die zeitliche Erholungssituation ist deshalb – der vielfach beschworenen Tendenz zur »Freizeitgesellschaft« zum Trotz – keineswegs für alle Beschäftigte schon ohne Probleme (Brosius/Oppolzer 1989; Rinderspacher 1985).

Daß nicht nur die Dauer, sondern auch die Lage der Arbeitszeit belastend sein kann, wird im Zusammenhang mit der Nacht- und Schichtarbeit spätestens seit der Industrialisierung beklagt: Die nicht allein aus technischen und gesellschaftlichen, sondern insbesondere auch aus wirtschaftlichen Gründen praktizierte Arbeit entgegen dem körpereigenen Biorhythmus schwankender Leistungsfähigkeit im Tagesverlauf führt nämlich zu Überanstrengung im Betrieb und beeinträchtigt die Erholungsmöglichkeiten der Betroffenen. Der daraus resultierende Teufelskreis chronischer Ermüdung führt schließlich zu frühem Kräfteaufbrauch und vorzeitigem Gesundheitsverschleiß bei den Betroffenen.

Neben der übermäßigen Ausdehnung der täglichen Arbeitszeit oder der Verlegung von Arbeit in die Phase biologischer Ruhe des Organismus kann auch die außerordentliche Komprimierung der Leistungsanforderungen bei kurzer Arbeitszeit eine besondere Belastung der Betroffenen darstellen: Die arbeitsanfallorientierte Beschäftigung in Teilzeitarbeit oder stundenweiser Erwerbstätigkeit in Phasen erhöhten Kundenandrangs oder verstärkter Geschäftstätigkeit ermöglicht eine Nutzung der Arbeitskraft, deren Intensität erheblich über dem Normalgrad liegt. Diese intensivere Nutzung ihrer Arbeitskraft bringt für die Betroffenen vielfach besondere körperliche und psychische Belastungen mit sich, die bis in den außerbetrieblichen Bereich der Erholung fortwirken.

Der Kreis der von Arbeitszeit-Belastungen Betroffenen ist erheblich: Wie den Erhebungen im Rahmen der Deutschen Herz-Kreislauf-Präventionsstudie zu entnehmen ist, waren 1984-86 rund 17% der Berufstätigen durch Überstunden oder lange Arbeitszeit, 9,5% durch Nacht- und Schichtarbeit sowie etwa 24% durch hohes Arbeitstempo und Zeitdruck »stark belastet« (EK-GKV 1988: 26). Der Anteil chronisch Kranker (3 und mehr chronische Erkrankungen) ist bei Beschäftigten mit starken Belastungen durch Überstunden und lange Arbeitszeit sowie durch Wechselschicht- und Nachtarbeit oder durch hohes Arbeitstempo und Zeitdruck um zwei Drittel höher als bei denen, die keine starke Belastung am Arbeitsplatz aufweisen (EK-GKV 1988: 28).

Chronische Ermüdung und Kräfteaufbrauch, die im Zusammenhang mit Belastungen durch die Arbeitszeit entstehen, schlagen sich insbesondere in Störungen des Herz-Kreislauf-Systems nieder: Bei Berufstätigen mit starken Belastungen durch Überstunden und lange Arbeitszeit kommen Durchblutungsstörungen am Herzen (Angina pectoris) sowie Herzinfarkt 1,6 mal und Herzschwäche 1,3 mal so oft vor wie bei ihren Kolleginnen und Kollegen ohne starke Arbeitsbelastungen (EK-GKV 1988: 27). Wer am Arbeitsplatz starken Belastungen durch hohes Arbeitstempo und Zeitdruck ausgesetzt ist, unterliegt einem 1,9 mal höheren Risiko, an Durchblutungsstörungen des Herzens zu erkranken als diejenigen, die keine starken Arbeitsbelastungen aufweisen; das Risiko eines Herzinfarktes liegt 1,25 mal, das der Herzschwäche 1,6 mal höher.

Durch eine manchmal problematische Bewältigung der Arbeitszeitbelastungen und durch die mangelhaften Erholungsmöglichkeiten werden die nachteiligen Effekte der Über- und Fehlbeanspruchungen des Organismus vielfach noch verstärkt (EK-GKV 1988: 30): Unter den Berufstätigen mit zwei und mehr starken Zeitbelastungen ist der Anteil der Raucher um 7% und der Übergewichtigen (30% und mehr Übergewicht) um 12% höher als bei denen ohne starke Zeitbelastungen; der Anteil von Personen, die regelmäßig einer sportlichen Betätigung nachgehen, ist bei Berufstätigen mit zwei oder mehr starken Zeitbelastungen um 16% niedriger als bei denen, die durch die Arbeitszeit nicht stark belastet sind.

6.1. Dauer der Arbeitszeit

Die Arbeitszeitfrage hat sich zwar entschärft, seit es Mitte der achtziger Jahre den Gewerkschaften nach und nach gelungen ist, die tarifliche Wochenarbeitszeit in den meisten Bereichen stufenweise bis in die neunziger Jahre hinein auf schließlich 35 Stunden zu verkürzen. Aber die Belastungsprobleme, die durch lange Arbeitszeit und Überstunden für die Betroffenen entstehen, sind noch keineswegs verschwunden. In der Tat hat die tarifliche Wochenarbeitszeit im Durchschnitt aller Wirtschaftsbereiche von 1985 bis 1990 um rund 3% abgenommen, die effektive (bezahlte) Wochenarbeitszeit hat sich allerdings kaum verringert, was auf Überstunden in erheblichem Umfang schließen läßt (Statistisches Jahrbuch 1991). Wenn die Arbeiter und Angestellten in der Bundesrepublik im Durchschnitt etwa 40 Stunden wöchentlich beschäftigt sind, so schließt das ein, daß ein Teil erheblich länger (bis zu 48 Stunden und mehr) arbeitet und zumindest zeitweilig (z.B. in der Saison) durch Überstunden auf 10 und mehr Stunden täglicher Arbeitszeit kommt (Oppolzer 1989).

Die tarifliche oder die effektive Arbeitszeit, die in der amtlichen Statistik erfaßt wird, gibt die tatsächliche zeitliche Beanspruchung der Beschäftigten nur sehr unvollständig wieder. In der Tat sind die Betroffenen weit länger aufgrund ihrer Erwerbstätigkeit von Zuhause fort; d.h. die arbeitsgebundene Zeit ist insgesamt weit größer als die bezahlte Arbeitszeit. Rechnet man zu der effektiven Arbeitszeit (7 bis 8 Std.) die unbezahlten Pausen (3/4 bis 1 1/2 Std.), den Arbeitsweg (1 bis 2 Std.) sowie persönliche Rüstzeiten wie Waschen, Umziehen (1/4 bis 1/2 Std.) hinzu, so kommt man zu täglichen arbeitsgebundenen Zeiten von 9 bis 12 Stunden, in denen die Beschäftigten durch ihre Erwerbsarbeit insgesamt beansprucht werden.

Die übrige Zeit des Tages steht ihnen keineswegs zur völlig freien Verfügung, in der sie sich von den betrieblichen Belastungen erholen können. Rechnet man von der erwerbsarbeitsfreien Zeit den erforderlichen Nachtschlaf (8 Std.), die Zeiten für Mahlzeiten und Körperpflege (2 Std.) sowie die Zeit für notwendige Eigenarbeit in Haushalt und Familie (2 bis 4 Std.) ab, so bleiben vielfach nur 1 bis 3 Stunden an reiner *Freizeit* übrig. Bei manchen Beschäftigtengruppen, z.B. Fernpendler mit weiten Arbeitswegen oder erwerbstätigen Müttern mit Kleinkindern, ist der Umfang der wirklich erholungswirksamen Freizeit im engeren Sinne noch weit geringer.

Erhebungen zum Zeitbudget von Arbeitnehmern belegen, wie lange die arbeitsgebundene Zeit vielfach dauert: Bei Beschäftigten in der Metallindustrie wurde festgestellt, daß die arbeitsgebundene Zeit im Durchschnitt 10 Stunden betrug, bei mehr als 60% der Befragten lag sie sogar über 10 Stunden werktäglich (Brosius/Oppolzer 1989: 246). Aus Untersuchungen im Handel geht hervor, daß drei Viertel des Verkaufspersonals 10 bis 12 Stunden und fast jede fünfte Befragte 12 und mehr Stunden täglich wegen der Erwerbsarbeit von Zuhause abwesend waren (Teske/Wiedemuth/Brandt/Koch 1991).

Überforderung und chronische Ermüdung
Die Leistungsfähigkeit der Beschäftigten bleibt nur dann erhalten, wenn Über- und Fehlbeanspruchungen vermieden werden und wenn die Arbeitskraft sich in der Regel im täglichen Rhythmus abwechselnder Verausgabung und Wiederherstellung regenerieren kann. Belastung und Entlastung, Beanspruchung und Erholung der Arbeitenden müssen sich im 24-Stunden-Zyklus die Waage halten (Grandjean 1979; Oppolzer 1989). Weder Beanspruchung noch Erholung können ohne Gefahr für Gesundheit und Leistungsfähigkeit der Betroffenen über den Tag hinaus vor- oder nachgeholt werden; die Summe der Beanspruchungsprozesse darf im Tagesturnus nicht größer sein als die Gesamtheit der Erholungsvorgänge. Die erforderliche vollständige Regeneration der Arbeitskraft darf deshalb nicht durch eine übermäßig lange tägliche Arbeitszeit beeinträchtigt oder verhindert werden, damit Störungen und Unterbrechungen im Kreislauf von Verausgabung und Wiederherstellung der Arbeitskraft vermieden werden können.

Damit die Beschäftigten den Leistungsanforderungen während eines langen Arbeitstages gerecht werden können, müssen sie zusätzliche Leistungsreserven mobilisieren, die das übliche Maß überschreiten. Von den normalen Beanspruchungen können sie sich im Laufe des täglichen Zyklus der Regeneration vollständig erholen, die durch die Arbeit eintretende Ermüdung kann dabei durch eine entsprechende »Entmüdung« nach der Arbeit gänzlich ausgeglichen werden. Die erhöhten Beanspruchungen durch lange Arbeitszeit verlangen von den

Betroffenen, daß sie auf besonders geschützte und für die Bewältigung vorübergehender Anforderungen vorbehaltene Leistungsreserven zurückgreifen müssen. Solche Einsatzreserven besonderer Leistungsfähigkeit können nicht mehr innerhalb eines Tages kompensiert werden, sie verlangen zu ihrer vollständigen Regeneration einen längeren Zeitraum. Solange diese Einsatzreserven nur gelegentlich und ausnahmsweise in Anspruch genommen werden, entstehen zwar gewisse Beeinträchtigungen für die Betroffenen, gesundheitliche Schädigungen können aber in der Regel vermieden werden. Werden solche Leistungsreserven bei langen täglichen Arbeitszeiten andauernd unter Einsatz bewußter Willensanspannung mobilisiert, kann sich das Leistungsvermögen nicht mehr hinreichend regenerieren. Chronische Ermüdungszustände sind schließlich die Folge davon, daß das Ermüdungsgefühl, das den Organismus vor Überlastung schützen soll, bei langen Arbeitstagen unterdrückt werden muß.

Untererholung und chronische Ermüdung
Die Belastungen durch zu lange Arbeitszeiten werden in ihren Wirkungen auf die Betroffenen zusätzlich dadurch verstärkt, daß die verbleibende Freizeit zu kurz ist und eine ausreichende Erholung beeinträchtigt. Die Überforderung während der langen Arbeitszeit geht einher mit einer Untererholung in der kurzen Freizeit. Auf diese Weise entsteht eine steigende »Schraube« der Überlastung und ein sich selbst verstärkender »Teufelskreis« chronischer Ermüdung.

Die Folge zu langer Arbeitszeit ist das Nachlassen der Leistungsfähigkeit, die sich in sinkender Quantität und Qualität der Arbeit, in niedrigeren Stückzahlen pro Zeiteinheit, in einer höheren Fehler- und Ausschußquote sowie in erhöhter Unfallgefährdung niederschlägt. Der vorzeitige Kräfteaufbrauch durch chronische Ermüdung bei zu langen Arbeitszeiten führt schließlich auch zu Beeinträchtigungen und Störungen der Gesundheit: Nervosität und Reizbarkeit, Schlafstörungen trotz Müdigkeit, Kopfschmerzen und Schwindelgefühle, Depressionsneigung und Antriebsschwäche, Kreislauf- und Verdauungsstörungen sind dann vielfach die Ursache des bei »Überzeit-Beschäftigten« häufig festgestellten erhöhten Krankenstandes (Oppolzer 1989).

Achtstundentag als Obergrenze
Eine natürliche oder absolute Grenze für die Dauer eines »normalen« Arbeitstages gibt es nicht. In die Bestimmung des »Normalarbeitstages«, der entweder durch Gesetz und Verordnung oder durch Tarifvertrag und Betriebsvereinbarung festgelegt wird, gehen mehrere Faktoren ein: Nicht nur Erfordernisse physischer und psychischer Erholung,

auch Bedürfnisse kultureller und soziale Art, Interessen und Ansprüche an Teilhabe am gesellschaftlichen und politischen Leben spielen dabei ebenso eine wichtige Rolle wie das Niveau der Arbeitsanforderungen und die Intensität der Arbeit oder die Kräfteverhältnisse zwischen Unternehmern und abhängig Beschäftigten sowie zwischen Arbeitgeberverbänden und Gewerkschaften. Letztlich bildet sich der »Normalarbeitstag« im Spannungsverhältnis zwischen den Tarifparteien als ein sozialer Kompromiß auf Zeit, der auf der Grundlage technisch-wirtschaftlicher Voraussetzungen und politisch-sozialer Rahmenbedingungen von den Beteiligten akzeptiert wird.

Mehr denn je sind heute acht Stunden als Obergrenze für einen »normalen« Arbeitstag anzusehen. Dieser »Achtstundentag« tritt in der mehrtausendjährigen Geschichte der Arbeitszeit immer wieder in Erscheinung (Oppolzer 1989): Bei den Steinmetzen an den Pyramiden des Alten Ägyptens vor dreieinhalbtausend Jahren ebenso wie beim englischen König Alfred dem Großen vor rund tausend Jahren. Der Achtstundentag wurde von der Arbeiterbewegung auf der ganzen Welt im Zeitalter der Industrialisierung vor rund hundertfünfzig Jahren gefordert; der »1.Mai-Feiertag« ist 1890 entstanden als internationaler Kampftag für den Achtstundentag. Der Achtstundentag (bei einer Sechs-Tage-Woche) wurde in Deutschland gesetzlich zuerst in der Weimarer Republik und dann in der Arbeitszeitordnung von 1938 geregelt. Von Unternehmern, denen an einer Sicherung der Leistungsfähigkeit ihrer Beschäftigten und an einer Steigerung der Intensität der Arbeit im Zuge technisch-organisatorischer Rationalisierung gelegen war, wurde der Achtstundentag bereits »freiwillig« seit dem Ende des vorigen Jahrhunderts (z.B. in den Carl-Zeiß-Werken, Jena) eingeführt.

Daß die regelmäßige tägliche Arbeitszeit nicht über acht Stunden betragen solle, wird seit mehr als zwei Jahrzehnten in Arbeitswissenschaft und Arbeitsmedizin als gesicherte Erkenntnis betrachtet. Berücksichtigt man den Grundsachverhalt, daß eine erhöhte Arbeitsintensität bei gleichem Leistungsstand nur in verkürzter Arbeitszeit von den Beschäftigten ohne Beeinträchtigung ihrer Gesundheit realisiert werden kann; betrachtet man zudem die erheblichen Steigerungen der Arbeitsintensität im Zusammenhang mit dem starken Rationalisierungsschub seit den siebziger Jahren, wird deutlich, daß der »Normalarbeitstag« in der Tat acht Stunden nicht ohne Gefahr für Leistungsfähigkeit und Gesundheit der Beschäftigten überschreiten darf. Vor dem Hintergrund dieser Steigerung der Arbeitsintensität waren letztlich auch die Unternehmen bereit, seit der zweiten Hälfte der 80er Jahre den schrittweisen Einstieg in die 35-Stunden-Woche zu akzeptieren.

Hohe Arbeitsintensität bei Teilzeitarbeit
Nicht allein übermäßig lange, auch allzu kurze Arbeitszeiten können Beeinträchtigungen, Gefährdungen und Benachteiligungen der Betroffenen mit sich bringen. Der Anteil der Teilzeitbeschäftigten an den Erwerbstätigen hat sich von 8% (1980) auf 16% (1987) erhöht; hinzu kommen schätzungsweise 1,5 bis 2 Mio. stundenweise Beschäftigte (unter 15 Wochenstunden). Der betroffene Personenkreis ist nicht unerheblich, über 5 Mio. Personen sind demzufolge in irgendeiner Form von Teilzeitarbeit beschäftigt (Kempen/Zacher/Zilius 1990: 264f.). Erhebungen des Statistischen Bundesamtes ergaben, daß im früheren Bundesgebiet im April 1991 rund 17% der abhängig Erwerbstätigen in Teilzeit (d.h. weniger als 35 Stunden in der Woche) tätig waren; bei den Frauen betrug die Teilzeitquote über 36,4%, bei den Männern jedoch nur ein etwa Zehntel (3,2%) davon (Wirtschaft und Statistik 9/1992: 632).

Wie eine im Auftrag des Bundesministeriums für Arbeit und Sozialordnung in Auftrag gegebene Untersuchung für das Jahr 1987 ergab, waren 2,3 Mio. Personen »sozialversicherungsfrei« (»geringfügig«) beschäftigt, weitere 500.000 Personen übten eine geringfügige (sozialversicherungsfreie) Nebenbeschäftigung zusätzlich zu ihrem Hauptberuf aus (Wirtschaft und Statistik, 3/1992: 166). Erhebungen des Statistischen Bundesamtes im Rahmen des Mikrozensus zufolge waren 1990 rund 4% von den insgesamt 29,3 Mio. Erwerbstätigen (1,55 Mio. Personen) geringfügig beschäftigt; drei Viertel davon waren Frauen. Daraus ergibt sich, daß 1990 nur 1,6% der Männer, aber 7,2% der Frauen, die erwerbstätig waren, geringfügig (d.h. sozialversicherungsfrei) beschäftigt waren (Wirtschaft und Statistik, 3/1992: 167).

Teilzeitbeschäftigte, die keineswegs immer »freiwillig« auf eine Vollzeitbeschäftigung verzichten, gehören ohnehin zu den in mehrfacher Weise benachteiligten Beschäftigtengruppen (Oppolzer 1986a): Die fast ausschließlich weiblichen (97%) Teilzeitbeschäftigten gehören in der Regel zu der durch ein hohes Arbeitslosigkeitrisiko besonders gefährdeten betrieblichen »Randbelegschaft«, die zuerst bei rückläufigem Geschäftsgang »abgeschmolzen« wird und die meist gering qualifizierte und niedrig entlohnte Tätigkeiten ohne nennenswerte Weiterbildungs- und Aufstiegsmöglichkeiten ausüben, die ihnen im Alter nur eine sehr niedrige Rente verschaffen (sofern sie überhaupt rentenversichert sind). Teilzeitbeschäftigte können sich meist nicht allein auf die Erwerbsarbeit konzentrieren, sie leisten in der Regel auch die erforderlichen Arbeiten in Haushalt und Familie; Doppel- und Dreifachbelastung erwerbstätiger Frauen im Kreislauf von Haushalt-Betrieb-Haushalt ist die Folge.

Bei Teilzeitbeschäftigten ist das Verhältnis der gesamten arbeitsgebundenen Zeit zur bezahlten Arbeitszeit erheblich ungünstiger als bei Vollzeitbeschäftigten: Geht man von zwei Stunden als Zeitaufwand für Arbeitsweg, Umziehen und Waschen bei einem achtstündigen Arbeitstag aus (und läßt die Pausen der Einfachheit halber unberücksichtigt), so ist die Relation zwischen bezahlter und unbezahlter zeitlicher Inanspruchnahme bei Vollzeitbeschäftigten in diesem Falle 4 zu 1; bei Halbtagsbeschäftigten, mit nur vier Stunden Arbeitszeit ist dieses Verhältnis weitaus schlechter, für 2 Stunden bezahlter muß nämlich eine Stunde unbezahlte Zeit aufgewandt werden; noch schlechter ist diese Relation bei stundenweise Beschäftigten, die etwa nur 2 Stunden am Tag erwerbstätig sind; sie müssen für eine Stunde bezahlter eine weitere Stunde unbezahlte Zeit aufwenden.

Neben der betrieblichen, sozialen und zeitlichen Benachteiligung sehen sich Teilzeitbeschäftigte vielfach mit einer höheren Arbeitsintensität konfrontiert (Oppolzer 1986a). Es gehört zu den Grunderkenntnissen der industriellen Zeitwirtschaft, daß die Arbeitsintensität um so höher sein kann, je kürzer der Arbeitstag ist, über den hinweg diese Anspannung gehalten werden muß. Da Teilzeitarbeit oder stundenweise Beschäftigung vielfach arbeitsanfallorientiert erfolgt, weil die Beschäftigten nur zu den Zeiten eingesetzt werden, zu denen der Geschäftsgang und die Anforderungen besonders hoch sind, wird die Arbeitskraft von Teilzeitbeschäftigten naht- und lückenloser genutzt.

Im Verlauf eines »normalen« Vollzeit-Arbeitstages wechseln Phasen erhöhten Arbeitsanfalls mit Zeiten geringerer Anforderungen; das ist bei Teilzeitarbeit meist nicht der Fall, denn die Beschäftigten werden (z.B. im Handel) nur zu Zeiten mit hohem Arbeitsanfall eingesetzt. Es gibt sogar Arbeiten, die aufgrund ihrer intensiven Beanspruchungen der Sinne und Nerven oder der körperlichen Leistungsfähigkeit der Betroffenen in der Regel nur in Teilzeit oder stundenweise zu leisten sind; dazu gehören z.B. Codier- und Sortierarbeiten bei der Post ebenso wie die Auftragsannahme im Groß- oder Versandhandel. Die intensiven Anforderungen am Arbeitsplatz und die starken Beanspruchungen durch Haushalt und Familie führen vielfach zu einer Belastungshäufung und Überforderung bei den Betroffenen, deren Folgen sich z.B. in erhöhtem Medikamentenkonsum und überdurchschnittlichem Krankenstand niederschlagen (Oppolzer 1986a).

Gestaltung der Dauer der Arbeitszeit
Die im Zusammenhang mit Teilzeit entstehenden Über- und Fehlbeanspruchungen können dadurch verringert werden, daß durch zusätzliche stündliche Kurzpausen, die zur Arbeitszeit gehören, die hohe Arbeits-

intensität »entdichtet« wird und daß tägliche Mindestbeschäftigungszeiten (z.B. 4 Stunden) festgelegt werden, damit bezahlte Arbeits- und unbezahlte arbeitsgebundene Zeit in einem weniger ungünstigen Verhältnis stehen. Durch die Einbeziehung von Teilzeitbeschäftigten in den Geltungsbereich von Tarifverträgen können solche Regelungen rascher, angemessener und wirksamer erfolgen als auf dem Gesetz- oder Verordnungswege.

Mit der 35-Stunden-Woche dürfte die Regelung des Normalarbeitstages zumindest für dieses Jahrzehnt zu einem gewissen Abschluß gekommen sein – auch wenn vereinzelt die Forderung nach der 30-Stunden-Woche auf Gewerkschaftsseite angesprochen wird, auch wenn manchmal von Unternehmerseite das Verlangen nach einer Rückkehr zur 40-Stunden-Woche entsteht. Auf die fünf Werktage gleichmäßig verteilt ergibt sich bei 35 Stunden in der Woche ein Normalarbeitstag, der Erholungserfordernissen ausreichend Rechnung trägt; das arbeitsfreie Wochenende und der sechswöchige Urlaub ermöglichen zusätzliche Freizeitaktivitäten.

Überstunden sollten grundsätzlich durch Freizeit ausgeglichen werden, das würde sie eher auf das unvermeidliche Maß begrenzen und die Erholungssituation der Betroffenen verbessern. Wenn nämlich Überstunden nicht mehr bezahlt, sondern durch Freizeit ausgeglichen würden, entfiele für die Beschäftigten der entscheidende finanzielle Anreiz, Mehrarbeit zu leisten. Bei der Anordnung und Genehmigung von Überstunden sollte besonders darauf geachtet werden, daß die geltenden Grenzwerte (z.B. Schallpegel, MAK-Werte) für Umgebungseinflüsse (z.B. Lärm, Gefahrstoffe) auf einen »normalen« Arbeitstag von acht Stunden bezogen sind. Bei einer längeren Arbeitszeit müßten diese Werte niedriger angesetzt und strikter beachtet werden; durch zusätzliche Pausen sollte die Einwirkungsdauer solcher Belastungen zudem unterbrochen und verringert werden.

Die Erfahrungen, die in Deutschland mit Regelungen zur Gestaltung des »Normalarbeitstages« gemacht wurden, deuten darauf hin, daß solche Maßnahmen am ehesten und am besten auf kollektivvertraglichem Wege, durch Tarifvertrag und Betriebsvereinbarung, zu erreichen sind. Gesetze und Verordnungen erweisen sich vielfach als zu wenig differenziert für die Erfordernisse spezieller Wirtschaftszweige und Tätigkeitsbereiche; sie lassen sich zudem schwerer im politischen Raum durchsetzen. Allenfalls wurden in Arbeitszeitfragen auf gesetzlichem Wege mit einer gewissen zeitlichen Verzögerung lediglich Regelungen nachvollzogen, die bereits zuvor in kollektivvertraglicher Form von den Tarifparteien ausgehandelt worden waren.

Literatur
Brentano 1875; Brosius/Oppolzer 1989; Hagemeier/Kempen/Zachert/ Zilius 1990; Oppolzer 1986a; Oppolzer 1989; Oppolzer 1990a; Teske/ Brandt/Wiedemuth/Koch 1991

6.2. Lage der Arbeitszeit

Arbeitszeitregelungen, die ständig oder regelmäßig Nachtarbeit einschließen, werden zu Recht von den Betroffenen und von der Öffentlichkeit, in Arbeitswissenschaft und Arbeitsmedizin, in der Tarifpolitik und in der Rechtsprechung als besonders belastend beurteilt (REFA-MBO 1991). Zu nächtlichem Arbeitseinsatz kommt es meist im Zusammenhang mit Schichtarbeit, bei der sich Früh- (6-12 Uhr), Spät- (14-22 Uhr) und Nachtschicht (22-6 Uhr) abwechseln; in einigen Bereichen kommt es auch zu Dauernachtarbeit (z.B. Nachtwachen im Krankenhaus, Nachtportier im Hotel), wobei ständig oder ausschließlich nachts gearbeitet wird. Insbesondere bei durchlaufender und kontinuierlicher Produktion (»Konti-Schicht«), wenn an sieben Tagen in der Woche rund um die Uhr gearbeitet werden muß, spielt die Belastung durch Nacht- und Schichtarbeit eine wichtige Rolle.

Nacht- und Schichtarbeit
Empirischen Erhebungen und der amtlichen Statistik zufolge leistet jeder 5. bis 8. Beschäftigte in der Bundesrepublik Deutschland regelmäßig Schichtarbeit (Oppolzer 1989: 68 f.; Groß/Thoben/Bauer 1989). In einigen Wirtschaftszweigen ist der Anteil der Nacht- und Schichtarbeiter überdurchschnittlich hoch: In Bergbau, Elektrizitäts-, Wasser- und Energiewirtschaft leisten 32% regelmäßig Schichtarbeit, im Chemischen Gewerbe, in der Mineralöl- und Kunststoffverarbeitung sind es 29%, in Verkehr und Nachrichtenübermittlung 26%, in Holz-, Papier- und Druckgewerbe 17%, in Stahlbau, Maschinenbau, Fahrzeugbau 15% und im Hotel- und Gaststättengewerbe sogar 44% (Groß/ Thoben/Bauer 1989). Die Schichtarbeiter sind meist (41%) im Zwei-Schicht-System (Früh- und Spätschicht) und zu einem Viertel im Drei-Schicht-System (Früh-, Spät- und Nachtschicht im Wechsel) beschäftigt, 10% der Schichtarbeiter arbeiten in durchlaufender Kontischicht.

Nacht- und Schichtarbeit wird überdurchschnittlich häufig in Großbetrieben und in Bereichen mit einem hohen technischen Entwicklungsstand sowie beim Einsatz kapitalintensiver Anlagen praktiziert (Friedrich/Röthlingshöfer 1980). Jeder fünfte un- und angelernte Arbeiter, aber nur jeder achte Facharbeiter leisten Schichtarbeit; jeder elfte einfache Angestellte, aber nur jeder hundertste leitende Angestellte arbeiten in Schicht; jeder achte männliche und jede elfte weibliche Beschäftigte ist regelmäßig in Schichtarbeit tätig (Groß/Thoben/Bauer 1989).

Der Anteil der Schichtarbeiter an den Beschäftigten ist im Laufe der letzten beiden Jahrzehnte mit dem Umfang der Investitionen in Produktionsmittel gewachsen. Nacht- und Schichtarbeit ist immer weniger auf die Grundstoff- und Produktionsgüterindustrie oder auf den Versorgungs-, Verkehrs- und Nachrichtenbereich beschränkt, sie erstreckt sich mehr und mehr auch auf die Investitionsgüterindustrie, auf das Verarbeitende Gewerbe sowie auf den Dienstleistungssektor. Sind es in der Eisen- und Stahlindustrie oder in der chemischen Industrie hauptsächlich *technische* Gründe (Produktions- und Verfahrenstechnik), die für durchlaufende Arbeitsweise verantwortlich gemacht werden, so wird die Nacht- und Schichtarbeit bei Elektrizitäts- und Wasserwerken, im Gesundheitswesen, bei Post und Bahn, bei Polizei und Feuerwehr im wesentlichen mit *gesellschaftlichen* Erfordernissen der Versorgung und des Schutzes der Bevölkerung begründet. Weder im Maschinenbau oder in der Automobilindustrie noch in der Elektro- oder Textilindustrie sind es letztlich technische und gesellschaftliche, sondern vielmehr *wirtschaftliche* Gründe, die zu Nacht- und Schichtarbeit führen. Denn die Beschäftigung mehrer, umschichtig beschäftigter Arbeitskräfte an denselben Produktionsmitteln gestattet eine Ausweitung und Flexibilisierung der Produktionskapazität ohne zusätzliches Anlagekapital. Nacht- und Schichtarbeit ermöglicht eine Beschleunigung des Kapitalumschlages sowie eine rasche und vollständige Amortisation des investierten Kapitals bei Verringerung des Risikos vorzeitiger technischer Veraltung der Maschinen und Anlagen (Oppolzer 1989).

Leistungsunterschiede im Tagesverlauf

Die Leistungsfähigkeit des menschlichen Organismus unterliegt im Tagesverlauf erheblichen Schwankungen. Im Zyklus von Tag und Nacht wechseln die Phasen von Aktivitätsbereitschaft und Erholungsbedarf. Die verschiedenen Zyklen biologischer Funktionsabläufe in den einzelnen Organsystemen vereinigen sich schließlich zu dem täglichen Rhythmus von Leistung und Ruhe des Gesamtorganismus. Dieser körpereigene Bio-Rhythmus von Verausgabung und Wiederherstellung des Arbeitsvermögens im menschlichen Organismus wird »*Cirkadian-Rhythmus*« genannt, weil er (bei geringfügigen Schwankungen zwischen den Individuen von 23-25 Stunden) ungefähr einen Tag dauert. Tagsüber ist demnach der Organismus auf Leistung eingestellt,

Nacht- und Schichtarbeit

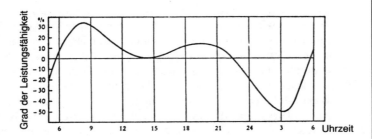

Das menschliche Arbeitsvermögen unterliegt im Tagesverlauf charakteristischen Schwankungen, wobei sich mit dem Zyklus von Tag und Nacht die Phasen erhöhter Leistungsfähigkeit und gesteigerten Erholungsbedarfes abwechseln. Der körpereigene **Bio-Rhythmus** des Kreislaufes von Verausgabung und Wiederherstellung der Arbeitskraft erstreckt sich über cirka einen Tag (**Cirkadian-Rhythmus**). Die wichtigsten und für die Arbeit entscheidenden Funktionen des menschlichen Organismus (z.B. Kreislauf, Verdauung, Atmung, Stoffwechsel, Muskelkraft, Wahrnehmung) sind tagsüber auf Leistung, nachts hingegen auf Regeneration eingestellt.

In der Nachtschicht kann eine durchschnittliche Normalleistung, die tagsüber ohne weiteres durch Mobilisierung **normaler physiologischer Leistungsreserven** zu erfüllen ist, nur durch eine besondere Anstrengung erbracht werden, indem **zusätzliche willkürlich realisierbare Einsatzreserven** mobilisiert werden, die nach einer Erholungsperiode von mehr als einem Tag verlangen. Die durch Nachtarbeit verursachte chronische Ermüdung wird noch gesteigert durch das **Erholungsdefizit** am Tage, weil die »innere Uhr« und die Störungen aus der Umwelt den Organismus tagsüber nicht zu der für eine vollständige Regeneration notwendigen Ruhe kommen lassen. Chronische Beeinträchtigungen und Schädigungen der Gesundheit (z.B. Herz-Kreislauf-, Magen-Darm- oder nervöse Störungen) sind schließlich die Folgen dieses »**Teufelskreises**« von Überbeanspruchung und Untererholung.

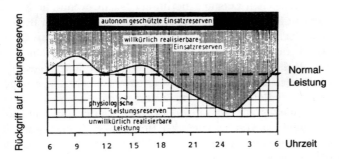

nachts hingegen auf Erholung. Diese unterschiedliche Grundeinstellung (»innere Uhr«) am Tage und in der Nacht kommt nicht nur im subjektiven Erleben der Betroffenen zum Ausdruck, sie läßt sich auch anhand einer Reihe wichtiger Körperfunktionen objektiv messen. Im Tagesverlauf wechseln z.B. Körpertemperatur, Herzfrequenz und Blutdruck ebenso wie Atemfrequenz und -volumen sowie Muskelkraft, Sinneswahrnehmung und mentale Leistungen oder Hormontätigkeit, Verdauung und Stoffwechsel; gesteigerte Organtätigkeit am Tage bewirkt die erhöhte *Leistungsfähigkeit* und die verlangsamte Funktion der Organe kennzeichnet das *Erholungsbedürfnis* in der Nacht.

Die Kurve biologischer Leistungsfähigkeit des arbeitenden Menschen zeigt im Cirkadian-Rhythmus einen charakteristischen Verlauf, der in zahlreichen Untersuchungen regelmäßig festgestellt wurde: Die Höhepunkte der täglichen *Leistungskurve* liegen in der Regel bei 9 und gegen 19 Uhr, ein leichtes Leistungstief liegt bei 15 Uhr und das absolute Minimum nachts bei 3 Uhr. Diese körpereigene Tagesperiodik der Leistungsfähigkeit wird beim arbeitenden Menschen zum einen durch den Hell-Dunkel-Wechsel und zum anderen durch den Rhythmus der Aktivitäten in seiner sozialen Umwelt gesteuert. Der charakteristische Verlauf dieser biologischen Arbeitskurve menschlicher Leistungsfähigkeit läßt sich grundsätzlich nicht umkehren; auch bei lange andauernder Nachtarbeit (z.B. bei Dauernachtarbeit) erfolgt *keine Anpassung* des Organismus, allenfalls kommt es zu einer gewissen Abstumpfung und Resignation gegenüber der Überforderung im nächtlichen Leistungstief und die dadurch hervorgerufene chronische Ermüdung. Nur wenn sich die gesamten Umweltaktivitäten einschließlich der Tageszeiten völlig verändert (z.B. nach Interkontinentalflügen), erfolgt innerhalb von 3-5 Tagen eine gänzliche Umkehr (Inversion) des Cirkadian-Rhythmus bei den Betroffenen.

Arbeiten entgegen dem natürlichen Rhythmus
Wird im biologischen Leistungstief in der Nacht, wenn alle Körperfunktionen auf Ruhe und Erholung eingestellt sind, von den Betroffenen eine normale Arbeitsleistung wie am Tage verlangt, so ist dies nur unter erheblichen Mehranstrengungen möglich. Um 3 Uhr in der Nacht ist z.B. der Grad der Leistungsfähigkeit auf 50% abgesunken, diese Minderleistungsfähigkeit muß durch entsprechend gesteigerte Anspannung der Betroffenen kompensiert werden. Dazu müssen die Betroffenen ständig auf ihre *Leistungsreserven* zurückgreifen; Reserven, die eigentlich vorübergehenden Belastungsspitzen vorbehalten sind und die zur vollen Kompensation längere Erholungsphasen von mehreren Tagen verlangen.

Folge dieser andauernden Überanstrengung ist eine vorzeitige Ermüdung, wodurch die nächtliche Leistungsfähigkeit noch mehr herabgesetzt wird, was wiederum zu noch stärkerer willentlicher Anstrengung zur Überwindung des geminderten Leistungsgrades zwingt – und so weiter und so fort. Die Fehl- und Überbeanspruchung des Organismus in Nachtarbeit versetzt die Betroffenen deshalb in einen sich selbst verstärkenden Teufelskreis von Überanstrengung und chronischer Ermüdung, der sich in Beeinträchtigungen und Störungen von Gesundheit und Leistungsvermögen niederschlägt. Herz-Kreislauf-Erkrankungen als Folge der Überforderung und nervöse Störungen (z.B. Reizbarkeit, Abgeschlagenheit) als Resultat ständiger Müdigkeit sind daher typische Krankheiten bei Nacht- und Schichtarbeitern. Sinkende Stückzahlen, geringere Arbeitsqualität und mehr Ausschuß sowie rund doppelt so hohe Unfallquoten in der Nachtschicht sind ebenfalls das Ergebnis der herabgesetzten biologischen Leistungsfähigkeit des Organismus in der Nacht (Schnauber 1979; Oppolzer 1989: 82).

In der Phase nächtlicher Minderleistungsfähigkeit und Überanstrengung ist zudem die Widerstandskraft des Organismus gegenüber weiteren Arbeitsbelastungen herabgesetzt. Nachtarbeiter reagieren empfindlicher auf schädliche Umwelteinflüsse (z.B. Lärm, Schadstoffe, Klima), auf hohe Arbeitsintensität (z.B. Arbeitstempo) sowie auf körperliche Anstrengungen (Schwerarbeit) und auf psychische Belastungen (z.B. Monotonie, Streß), weil ihnen weniger Reserven zur Bewältigung solcher Belastungen zur Verfügung stehen und weil ihr Organismus in seiner Aktivitäts- und Reaktionsbereitschaft gemindert ist. Insbesondere Belastungsfaktoren, die besonders ermüdend wirken (z.B. Schwerarbeit, Überstunden) oder für die Ermüdete besonders anfällig sind (z.B. Monotonie, Klimaeinflüsse), verstärken das Problem der chronischen Ermüdung. Aber auch psychische Belastungen (z.B. Streß, Arbeitsintensität, Konflikte) oder schädliche Umweltfaktoren (z.B. Gefahrstoffe, Lärm), die über den Betrieb hinaus nachwirken und dadurch die Erholung der Betroffenen beeinträchtigen, sind für Nachtarbeiter besonders problematisch. Grenzwerte (z.B. MAK-Werte) und Schutzvorschriften (z.B. UVV), die zwar bei normaler Leistungsfähigkeit und normaler Arbeitszeit am Tage ausreichend sein mögen, bieten bei der Arbeit in der Nacht keinen hinreichenden Schutz vor gesundheitlicher Gefährdung.

Mangelhafte Erholung bei Nacht- und Schichtarbeit

Aus der Überanstrengung im nächtlichen Leistungstief resultiert ein gesteigerter Erholungsbedarf der Betroffenen, der tagsüber allerdings nur mangelhaft zu befriedigen ist. Denn auf die Arbeit in der Ruhephase folgt die Erholung in der Aktivierungsphase des Organismus; Arbeit und Ruhe wird vom Nachtarbeiter im Widerspruch zu seinem natürlichen biologischen Tagesrhythmus verlangt. So wie aber die Leistungsfähigkeit in der Ruheeinstellung des Organismus natürlicherweise verringert ist, ist auch die Erholungsfähigkeit der Betroffenen in der Phase biologischer Aktivitätsbereitschaft gemindert. Der Überanstrengung im Betrieb folgt daher für die Nachtarbeiter zusätzlich die Untererholung zu Hause in einem sich selbst verstärkenden Teufelskreis chronischer Ermüdung und Überforderung.

Nacht- und Schichtarbeiter müssen sich im Schichtwechsel auch in ihrem Schlafrhythmus ständig umstellen, zudem müssen sie dann schlafen, wenn sowohl ihr eigener Organismus als auch der Rhythmus ihrer sozialen Umwelt auf Aktivität eingestellt ist. Das führt nicht nur zu Schlafstörungen und Umstellungsschwierigkeiten bei den Betroffenen, der Schlaf am Tage ist für die Nachtarbeiter in der Regel kürzer, weist weniger Tiefschlafphasen auf, wird häufiger gestört und ist deshalb insgesamt weniger erholsam als der normale Nachtschlaf. Sowohl die innere Unruhe der Betroffenen als auch die äußeren Störungen aus der Umwelt (Familie, Nachbarn, Verkehr) sind für das quantitative und qualitative Schlafdefizit der Nacht- und Schichtarbeiter verantwortlich.

Die Erholung der Nacht- und Schichtarbeiter ist außerdem dadurch erschwert, daß sie kaum Gelegenheit zu Freizeitaktivitäten haben, die in Kontakt mit anderen, z.B. mit Familienangehörigen, Freunden oder Kollegen erfolgen. Öffnungszeiten von Freizeit-, Kultur-, Sport- und Bildungseinrichtungen sind auf den normalen Tagesrhythmus abgestellt, den Bedürfnissen der Schichtarbeiter tragen sie kaum Rechnung. Auch die Ernährung der Nacht- und Schichtarbeiter ist mangelhaft: Zum einen sollen sie nachts essen, wenn der Verdauungstrakt auf Ruhe eingestellt ist, zum anderen können sie tagsüber nichts essen, wenn Magen- und Darmaktivität angeregt funktionieren. Auch das betriebliche Angebot geeigneter Mahlzeiten ist für die Nachtarbeiter in der Regel nicht gewährleistet; Kantinen orientieren sich an der normalen Arbeitszeit. Appetit- und Verdauungsstörungen, Magenschleimhautentzündungen und Magen- oder Zwölffingerdarm-Geschwüre als Reaktion auf die Fehlbeanspruchungen des Verdauungstraktes sind deshalb für Nacht- und Schichtarbeiter typische Krankheiten.

Unwillkürlich tragen die Betroffenen durch ihr Konsumverhalten selbst noch zur Verstärkung des Teufelskreises Überforderung und Mangelerholung bei: Durch den bei Nacht- und Schichtarbeitern überdurchschnittlich häufigen Genuß von Kaffee und Zigaretten, von Medikamenten und Alkohol können sich die Betroffenen zwar subjektiv vorübergehend eine gewisse Erleichterung verschaffen, was ihnen die Bewältigung der Über- und Fehlbeanspruchungen im Kreislauf von Verausgabung und Wiederherstellung der Arbeitskraft sowie die Benachteiligung bei der Teilhabe am sozialen Leben erleichtert. Letztlich und auf Dauer verstärken sie damit allerdings die Gefährdungen ihrer Gesundheit und Leistungsfähigkeit, denn durch die verschiedenen Anregungs- und Bewältigungsmittel wird die Leistungsgrenze allenfalls vorübergehend hinausgeschoben, die anschließende Ermüdung fällt um so schwerer und nachhaltiger an, allmähliche Erschöpfung und vorzeitiger Kräfteaufbrauch sind vielfach die Folge. Die überdurchschnittlichen Raten bei Krankenstand und vorzeitiger Erwerbsunfähigkeit (Frühinvalidität) der Nacht- und Schichtarbeiter sind Ergebnis dieses langfristigen Gesundheitsverschleißes.

Wenn schon nicht vermeidbar, so doch gestaltbar
Solange Nacht- und Schichtarbeit für Unternehmen wirtschaftlich attraktiv ist und solange Beschäftigte entweder unter dem Druck des Arbeitsmarktes oder wegen des damit verbundenen Entgeltanreizes solche Arbeitszeitregelungen akzeptieren, so lange wird es wohl nicht möglich sein, Nacht- und Schichtarbeit allein auf Fälle zu beschränken, in denen sie aus technischen oder gesellschaftlichen Gründen unvermeidbar erscheint. Nacht- und Schichtarbeit wird zunehmend aus wirtschaftlichen Gründen praktiziert, um die im Zusammenhang mit dem Einsatz neuer Technologien erforderlichen Investitionen durch Ausweitung der Betriebszeiten rascher zu amortisieren. Deshalb ist nicht damit zu rechnen, daß sich der Kreis der in Nacht- und Schichtarbeit Beschäftigten, der sich einschließlich der indirekt betroffenen Angehörigen bereits auf rund 10 Mio. beläuft, künftig zurückgehen wird – im Gegenteil.

Die nachteiligen Auswirkungen der Nacht- und Schichtarbeit für die Betroffenen sind allerdings erheblich: Erhöhtes Krankheits- und Invaliditätsrisiko, soziale Isolation und Beeinträchtigung des Familienlebens, Benachteiligung bei Fort- und Weiterbildung. Die mit vorzeitigem Leistungs- und Gesundheitsverschleiß verbundenen Folgen wirken sich letztlich auch für die Unternehmen nachteilig aus: Erhöhter Krankenstand, höhere Unfall- und Ausschußquoten sowie niedrige Arbeitszufriedenheit und Motivation. Ein Forscherteam der Harvard-Universität hat in diesem Zusammenhang darauf hingewiesen, daß sich die Unfälle in den Kernkraftwerken von Tschernobyl (Ukraine) und Three Mile Island (USA) sowie in dem Chemiewerk von Bhopal (Indien) mit ihren katastrophalen Auswirkungen für Mensch und Umwelt nicht zufällig jeweils in der Spätphase einer Nachtschicht ereignet haben (DER SPIEGEL 2/1993: 183).

Schließlich machen sich die Folgelasten der Nacht- und Schichtarbeit auch in Staat und Gesellschaft nachteilig bemerkbar: Erzwungener Verzicht auf gesellschaftliche Betätigung und Beteiligung am gesellschaftlichen Leben für die Betroffenen, Konflikte mit Nachbarn sowie Ehe- und Erziehungsschwierigkeiten in der Familie, Verursachung zusätzlicher Kosten in gesetzlicher Unfall-, Kranken- und Rentenversicherung. Es kann daher keinem Zweifel unterliegen, daß Nacht- und Schichtarbeit, wo und wenn sie nicht vermeidbar ist, in besonderem Maße gestaltungsbedürftig ist, damit die dadurch verursachten Belastungen für die Betroffenen sowie für die Unternehmen und die Allgemeinheit auf das unvermeidbare Maß begrenzt werden.

Weil Nacht- und Schichtarbeit eine besondere Belastung darstellt, dürfen besonders schutzbedürftige Gruppen nachts nicht beschäftigt werden: Nach § 8 Abs. 1 Mutterschutzgesetz (MuSchG) dürfen werdende und stillende Mütter nicht zwischen 20 und 6 Uhr in der Nacht arbeiten; § 14 Abs. 1 Jugendarbeitsschutzgesetz (JArbSchG) erlaubt die Beschäftigung Jugendlicher nur zwischen 7 und 20 Uhr, dieses Verbot ist allerdings mit dem Ersten Gesetz zur Änderung des Jugendarbeitsschutzgesetzes (1984) durch die Möglichkeit der Vorverlegung des Arbeitsbeginns für Jugendliche auf 6 Uhr und in Bäckereien auf 4 Uhr (für Jugendliche über 17 Jahre) erheblich eingeschränkt worden. Nach dem Urteil des Bundesverfassungsgerichtes ist das gesetzliche Nachtarbeitsverbot für gewerbliche Arbeitnehmerinnen nach § 19 Abs. 1 Arbeitszeitordnung (AZO), das die Beschäftigung von Arbeiterinnen zwischen 20 und 6 Uhr untersagt, faktisch aufgehoben worden. Allerdings hat das Gericht die Belastungen durch Nacht- und Schichtarbeit anerkannt und dem Gesetzgeber aufgetragen, in geeigneter Weise für einen Arbeitszeitschutz bei dieser besonders belasteten Arbeitszeitform zu sorgen.

Vor dem Hintergrund der Geschichte des Arbeitszeitrechtes nicht nur in unserem Land, erscheint es realistisch, nicht allein auf Gesetze und Verordnungen abzuheben, sondern besonderes Augenmerk auf die Möglichkeiten der Tarifparteien bei der Ausgestaltung der Arbeitszeit in Tarifvertrag und Betriebsvereinbarung zu lenken. Denn zum einen können solche kollektivvertraglichen Regelungen im Rahmen der Tarifautonomie den jeweiligen Besonderheiten einzelner Wirtschaftszweige und Unternehmen angemessener Rechnung tragen, zum anderen haben bisher gesetzliche Arbeitszeitregelungen meist lediglich den bereits tariflich erreichten Standard nachträglich allgemein fixiert. In welcher Form auch immer solche Regelungen erfolgen, bei der menschengerechteren Gestaltung der Nacht- und Schichtarbeit kann man auf eine Vielzahl gesicherter arbeitswissenschaftlicher Erkenntnisse und Empfehlungen zurückgreifen (Oppolzer 1989; REFA-MBO 1991):

Bei der *Schichtplangestaltung* ist der Tatsache Rechnung zu tragen, daß eine Umkehrung des biologischen Tagesrhythmus menschlicher Leistungsfähigkeit nicht möglich ist, daß eine Anpassung an die Nachtarbeit nicht erfolgen kann und daß es aufgrund der Überforderung zu einer chronischen Ermüdungshäufung kommt. Die Vermeidung von Dauernachtarbeit oder von längeren Nachtarbeitsperioden und statt dessen kurze Schichtwechselrhythmen mit wenigstens einem freien Tag im Anschluß an die Nachtarbeit, z.B. eingestreute Nachtschichten mit anschließendem freien Tag oder 2-2-2-Systeme im Wechsel von Früh-, Spät- und Nachtschicht sind geeignet, der Ermüdungsansammlung zu begegnen. Die Vorverlegung des Schichtanfanges um zwei Stunden, also auf 8, 16 und 24 Uhr (statt 6, 14 und 22 Uhr) gewährleistet vor allem daß bis zum nächtlichen Leistungstief (2-4 Uhr) der allgemeine Ermüdungsgrad noch nicht so stark gestiegen ist, wodurch die Mehranstrengung zur Erlangung der Normalleistung geringer ist; außerdem fallen dadurch mehr Stunden der Nachtschicht in die Zeit wieder ansteigender Leistungsfähigkeit am frühen Morgen.

Bei der *Personalauswahl* ist darauf zu achten, daß Personen, die bereits gesundheitlich beeinträchtigt oder in ihrer Leistungsfähigkeit gemindert sind ebenso wie Beschäftigte, die in Folge starker Beanspruchung durch außerbetriebliche Verpflichtungen (z.B. Hausarbeit, Kinderbetreuung) oder durch lange Arbeitswege (z.B. Fernpendler) von der Nacht- und Schichtarbeit ausgenommen werden, um die ohnehin prekäre Belastungs-Erholungs-Bilanz der Betroffenen nicht zu gefährden. Im Arbeits- und Gesundheitsschutz ist zu bedenken, daß die bestehenden *Grenzwerte* für Belastungen durch Umgebungseinflüsse (z.B. Schadstoffe, Lärm, Klima) auf eine normale Arbeitszeit am Tage berechnet sind und in der Phase besonderer Empfindlichkeit nachts insbesondere beim Auftreten von Mehrfachbelastungen entsprechend (z.B. 50%) niedriger anzusetzen sind.

Um der Anhäufung von Ermüdung in der Nachtschicht entgegenzuwirken, sollten zusätzliche stündliche *Kurzpausen* von 10 Minuten, die zur bezahlten Arbeitszeit gehören, eingefügt werden, die von den Betroffenen zur Erholung und Anregung genutzt werden können. Im Rahmen der Umsetzung allgemeiner *Arbeitszeitverkürzung* könnte die Nachtschicht auf 6 Stunden verkürzt werden, wodurch die nächtliche Überforderung verringert würde. Die betriebliche *Sozialpolitik* sollte Nacht- und Schichtarbeiter in ihren Regenerations- und Erholungsmöglichkeiten gezielt unterstützen, indem sie im Rahmen der Vergabe ruhiger Werkswohnungen oder günstiger Urlaubsregelungen bevorzugt werden. Bei der Möglichkeit des Überganges auf einen Arbeitsplatz in Normalschicht sollten Nacht- und Schichtarbeiter gefördert werden.

Damit Nacht- und Schichtarbeiter im Alter aufgrund vorzeitiger Erwerbsunfähigkeit im Hinblick auf ihre Rente nicht benachteiligt werden, sollten bei der Berechnung der Rente (*»Rentenformel«*) die in Nacht- und Schichtarbeit verbrachten Jahre entsprechend (z.B. 20%) stärker gewichtet werden. Durch eine stärkere Beteiligung der Unternehmen an den Folgekosten vorzeitigen Gesundheitsverschleißes aufgrund von Nacht- und Schichtarbeit (z.B. höhere Beiträge zu Unfallversicherung, Anhebung der Arbeitgeberbeiträge zu Kranken- und Rentenversicherung) im System der sozialen Sicherheit würde stärker als bisher dem *»Verursacherprinzip«* Rechnung getragen. Das würde nicht nur die entsprechenden Kassen entlasten, sondern es würde diese besonders belastende Arbeitszeitform »verteuern« und wirtschaftlich weniger attraktiv machen, wodurch sie eher auf das unvermeidliche Maß reduziert würde.

Literatur
Friedrich/Röthlingshöfer 1980; Groß/Thoben/Bauer 1989; Müller-Seitz 1978 und 1979; Oppolzer 1989; Rutenfranz/Knauth/Nachreiner 1981; Ulich/Baitsch 1979

7. Belastungen durch Arbeitslosigkeit

Nicht nur die Über- und Fehlbeanspruchung in der Arbeitswelt, auch die fehlende Gelegenheit zur Erwerbsarbeit birgt die Gefahr einer Beeinträchtigung und Schädigung von Gesundheit, Leistungsfähigkeit und Persönlichkeit. Es ist nur scheinbar paradox, daß Arbeitslosigkeit eine ebenso riskante Belastung für die Betroffenen sein kann wie Arbeit. Denn der Mangel an Möglichkeiten zur Anwendung der Arbeitskraft und die damit verbundene Brachlegung von Kenntnissen, Fähigkeiten und Fertigkeiten kann schließlich zur Störung und Schädigung sowohl des Arbeitsvermögens als auch der gesamten Persönlichkeit führen. Wie für körperliche Organsysteme und geistige Fähigkeiten gilt für die Arbeitskraft nämlich insgesamt, daß sie bei ausbleibender Beanspruchung an Leistungsfähigkeit und Funktionstüchtigkeit verliert.

Wie ein Muskel, der im Gipsverband geschwächt wird, wie eine Handgeschicklichkeit, die bei Nichtgebrauch verloren geht, wie Sprachkenntnisse, verlernt werden, wenn sie nicht zur Anwendung kommen, so kann auch die Arbeitskraft insgesamt durch Brachlegung verkümmern.

Mit seinem Arbeitsvermögen kann schließlich die Persönlichkeit des Menschen selbst verkümmern und deformiert werden. Dadurch sind dann nicht nur die Arbeitslosen selbst, sondern auch ihre Kinder und Familien sowie ihre soziale Umgebung und die gesamte Gesellschaft betroffen. Arbeitslosigkeit, insbesondere wenn sie über einen längeren Zeitraum anhält (Langzeit- oder Dauerarbeitslosigkeit) stellt deshalb für die Betroffenen eine erhebliche Belastung dar und zwar sowohl in materieller und finanzieller, als auch in psychischer und sozialer Hinsicht.

Massen- und Dauerarbeitslosigkeit
Seit mehr als einem Jahrzehnt gibt es in der Bundesrepublik Deutschland eine anhaltend hohe Zahl von Arbeitslosen, die auch bei vorübergehender wirtschaftlicher Belebung nicht nachhaltig zurückgeht. Seit der deutschen Einigung im Oktober 1990 haben sich die Probleme der Massenarbeitslosigkeit durch den Zusammenbruch der meisten Unternehmen in der früheren DDR noch erheblich verschärft, dort

war nämlich rund ein Drittel der zuvor etwa 10 Mio. Erwerbstätigen 1992 ohne Arbeit.

In der (alten) Bundesrepublik waren 1989 2,038 Mio. Arbeitslose registriert; in den Ländern der EG zusammen waren es 14,560 Mio. (Statistisches Jahrbuch 1990: 677). Das bedeutet, daß 1989 in der BRD 8% und im Durchschnitt der EG sogar 11% der Erwerbspersonen als »arbeitslos« registriert waren. Angesichts anhaltender Massenarbeitslosigkeit erhöhte sich der Anteil der »Langzeitarbeitslosen« (länger als ein Jahr arbeitslos gemeldet) in der BRD von 13% (1980) auf 31% (1989); mehr als die Hälfte (53,2%) der 591.306 Langzeitarbeitslosen waren bereits länger als zwei Jahre arbeitslos (Kieselbach/Wakker 1991: 10). Strukturanalysen der Arbeitslosigkeit zeigen, daß Personen, die bereits am Arbeitsplatz hohen Belastungen und besonderen Gesundheitsrisiken unterliegen, von Langzeitarbeitslosigkeit überdurchschnittlich stark betroffen sind.

Das tatsächliche Ausmaß der Arbeitslosigkeit ist allerdings noch weit größer; die registrierte Arbeitslosigkeit stellt lediglich die Spitze des Eisberges der tatächlichen Arbeitslosigkeit dar. (Franke 1990; Noll 1982) Erfaßt werden in der amtlichen Statistik als Arbeitslose nur Personen, die eine Beschäftigung suchen und sich deshalb beim Arbeitsamt melden; es handelt sich bei diesen registrierten Arbeitslosen meist um Bezieher von Arbeitslosengeld oder Arbeitslosenhilfe. Nicht erfaßt werden Arbeitslose, die sich nicht mehr beim Arbeitsamt melden (»stille Reserve«), weil sie keine Leistungen nach dem Arbeitsförderungsgesetz (AFG) mehr bekommen oder weil ihre Bemühungen erfolglos waren, durch die Arbeitsvermittlung eine Stelle zu finden und die schließlich aus dem Erwerbsleben ausgeschieden sind. Nicht erfaßt werden Arbeitslose, die sich in Umschulungsmaßnahmen oder beruflichen Rehabilitationsmaßnahmen befinden und Personen, die aufgrund ihrer Arbeitslosigkeit in den vorzeitigen Ruhestand gegangen sind (Vorruhestand mit 58 oder 59 Jahren); obwohl sie faktisch arbeitslos sind, erscheinen sie nicht in der amtlichen Statistik, es handelt sich um »verdeckte Arbeitslosigkeit«. Nicht als Arbeitslose erfaßt werden Personen, die zwar zu Erwerbsarbeit bereit wären, die aber aufgrund fehlender Hilfe bei der Versorgung von (kleinen) Kindern oder anderen Familienangehörigen (alten Menschen) dazu nicht in der Lage sind (»latente Arbeitslosigkeit«). Nicht erfaßt werden in der amtlichen Arbeitslosenstatistik zudem die teilweise Arbeitslosen (unfreiwillig in Teilzeit Beschäftigte), die zwar in Vollzeit arbeiten möchten, aber keine entsprechende Stelle finden (»Unterbeschäftigung«) können.

Armut
Im Unterschied zu früheren Epochen (z.B. Industrialisierung, Weltwirtschaftskrise) und im Vergleich zu anderen Ländern (z.B. in Afrika, Asien und Südamerika) wird im System der sozialen Sicherung der Bundesrepublik Deutschland in der Regel verhindert, daß Arbeitslosigkeit zu einer Gefährdung der physischen Existenz wird. Allerdings sind die Einschränkungen im Lebensstandard und in den Möglichkeiten gesellschaftlicher Teilhabe insbesondere bei anhaltender Dauerarbeitslosigkeit ganz erheblich. Arbeitslosigkeit stellt eine schwerwiegende materielle Belastung dar, die durch Mittel der Arbeitslosenversicherung (z.B. Arbeitslosengeld, Arbeitslosenhilfe) sowie durch Aufwendungen des »Wohlfahrtsstaates« (z.B. Sozialhilfe, Wohngeld) zwar gemindert, aber nicht verhindert wird. Arbeitslosigkeit ist zur wichtigsten Ursache von Armut geworden.

Nach Erhebungen und Berechnungen des Institutes für Arbeitsmarkt- und Berufsforschung der Bundesanstalt für Arbeit (Nürnberg) sinkt das Einkommensniveau durch Arbeitslosigkeit drastisch (IAB 1988): Das durchschnittliche Arbeitslosengeld betrug weniger als die Hälfte (46%) und die Arbeitslosenhilfe nur gut ein Drittel (37%) des durchschnittlichen Nettoverdienstes abhängig Beschäftigter. Ein Drittel der Empfänger von Sozialhilfe (HLU: »Hilfe zum laufenden Lebensunterhalt«) war arbeitslos. Nur 37% der Arbeitslosen hatten Anspruch auf Arbeitslosengeld, 26% auf Arbeitslosenhilfe, 37% der Arbeitslosen erhielten keine solche Leistungen aus der Arbeitslosenversicherung; 13% der Arbeitslosen-Haushalte bezogen Sozialhilfe (HLU). Aufgrund dieser finanziellen Restriktionen ist den Arbeitslosen nur noch ein Lebensstandard möglich, der erheblich unter dem Durchschnitt liegt und der eine Teilhabe an den Ergebnissen der »Wohlstands-« und »Konsum-Gesellschaft« allenfalls in sehr eingeschränktem Umfang erlaubt. Der finanziellen Restriktion folgt deshalb vielfach die soziale Marginalisierung mit erhöhten Risiken für Gesundheit und Leistungsfähigkeit der Betroffenen.

Krankheit durch Arbeitslosigkeit
Wie zahlreiche Untersuchungen aus dem In- und Ausland belegen, die seit der großen Weltwirtschaftskrise Ende der zwanziger Jahre bis in die Gegenwart durchgeführt wurden, unterliegen Arbeitslose einem erhöhten Krankheitsrisiko (Jahoda/Lazarsfeld/Zeisel 1933; Brenner 1979; Wacker 1976 u. 1981; Kieselbach/Wacker 1985 u. 1991; Kieselbach 1991; Starrin/Svensson/Wintersberger 1989). Die psychischen und sozialen Belastungen durch Arbeitslosigkeit führen offenbar zu einer Beeinträchtigung und Schädigung der seelischen und körperli-

chen Gesundheit der Betroffenen, wobei solchen körperlichen Störungen, die durch psychische Faktoren hervorgerufen oder beeinflußt werden (psychosomatische Erkrankungen), besondere Bedeutung zukommt.

Arbeitslose weisen generell eine schlechtere Gesundheit auf als Beschäftigte. Das ist nicht allein dadurch zu erklären, daß von Arbeitslosigkeit überdurchschnittlich oft Personen mit niedrigen beruflichen Qualifikationen betroffen sind, die aufgrund ihrer stärkeren Belastung am Arbeitsplatz und einer weniger gesundheitsbewußten Lebensführung bereits einen nur unterdurchschnittlich guten Gesundheitszustand aufweisen (Oppolzer 1986). Die Unterschiede in der Qualität der Gesundheit zwischen Arbeitslosen und Beschäftigten sind besonders groß bei psychischen Störungen und seelischen Erkrankungen (z.B. Neurosen, Psychosen), sie sind weniger kraß bei überwiegend körperlichen Krankheiten (z.B. Infektionen, Krebs). Unter Arbeitslosen kommen psychische Störungen wie z.b. Schizophrenie und Depressionen, Alkoholismus und Alkoholpsychosen sowie Selbstmorde und Selbstmordversuche überdurchschnittlich oft vor. Insbesondere von psychosomatischen Störungen wie z.B. Herz-Kreislauf-Krankheiten (z.B. Herzinfarkt, Bluthochdruck), Magen-Darm-Erkrankungen (z.B. Magengeschwür, Zwölffingerdarmgeschwür) und Gicht sowie von übergewichtsbedingten Störungen (z.B. Diabetes, Arthrosen) sind Arbeitslose weit mehr als Beschäftigte betroffen. Auch die allgemeine Sterblichkeit ist unter Arbeitslosen höher, das betrifft die Säuglingssterblichkeit ebenso wie die Häufigkeit, an Herz-Kreislauf- oder an Alkohol-Krankheiten (z.B. Leberzirrhose) zu sterben.

Finanzielle Belastungen: entscheidend für das Krankheitsrisiko

Wie Untersuchungen ergaben, ist das Risiko psychischer und psychosomatischer Krankheiten unter Arbeitslosen abhängig von ihren finanziellen Belastungen: Je größer die finanziellen Schwierigkeiten, um so höher ist das Krankheitsrisiko für die Betroffenen (Brenner 1979; Jahoda/Lazarsfeld/Zeisel 1933; Kieselbach/Wacker 1987). Die finanziellen Schwierigkeiten erweisen sich vielfach als derart dominierend, daß sie auf alle anderen Belastungsaspekte der Arbeitslosigkeit ausstrahlen. Die Armut durch Arbeitslosigkeit ist letztlich die stärkste Belastung, die sich alltäglich bemerkbar macht.

Besonders stark schlagen die finanziellen Restriktionen bei den unteren Einkommensgruppen durch, wenn sie arbeitslos werden. War ihr finanzieller Spielraum schon sehr schmal, als sie noch beschäftigt waren, so wird er noch kleiner, wenn sie in der Arbeitslosigkeit nur noch einen Teil davon als Unterstützung bekommen. Insbesondere bei Arbeitslosen mit mehreren Kindern, alleinerziehenden Frauen, Ungelernten und Langzeitarbeitslosen verschärfen sich angesichts der Bedrohung der sozialen Existenz mit den finanziellen Belastungen die Gefahren psychischer Erkrankung mit Depression, Angstzuständen, Apathie, Hoffnungslosigkeit und Verzweiflung.

Arbeitslosigkeit als Entlastung?

Betroffene, die ihrer Arbeitslosigkeit auch positive Züge abgewinnen können, bleiben eher von den gesundheitlichen Risiken dieser Belastung verschont. Wer in der Arbeitslosigkeit eine persönliche Chance sieht, sich der Mühe und Qual des alltäglichen Erwerbslebens zu entziehen und sich mit dem niedrigen Einkommen aus Unterstützungsleistungen – eventuell durch gelegentliche »informelle Beschäftigung« (Schwarzarbeit) in der »Schattenwirtschaft« aufgebessert – zufrieden geben kann, der mag darin durchaus eine Entlastung sehen. Auch wenn angesichts des beschriebenen »Wertewandels« und der vermuteten »Krise der Arbeitsgesellschaft« für viele Beschäftigte der Beruf als vorherrschende Orientierung gegenüber Familie und Freizeit an Bedeutung verloren haben mag, der fröhliche »alternative Arbeitslose« dürfte eher die Ausnahme, wenn nicht gar ein Mythos sein, der Gelegenheit bietet, Vorurteile gegenüber Arbeitslosen zu verdichten. Vielfach ist die passive und apathische Haltung und die Leistungsabstinenz gegenüber dem Erwerbsleben, wie sie bei manchen Langzeitarbeitslosen und Arbeitsungewohnten festgestellt wurde, das Ergebnis der Erfahrung von Machtlosigkeit und Hilflosigkeit nach erfolglosem Bemühen um einen Arbeitsplatz. Was letztlich Ergebnis von Resignation und Verzweiflung ist, sollte nicht als Bequemlichkeit oder Faulheit der Betroffenen mißverstanden werden.

Dauerarbeitslosigkeit als Gesundheitsgefahr

Die gesundheitliche Gefährdung durch Arbeitslosigkeit beginnt bereits mit der Angst vor dem Arbeitsplatzverlust und mit der akuten Gefährdung des Arbeitsplatzes. Allein drohende oder bevorstehende Arbeitslosigkeit wirkt sich für die Betroffenen als Streßfaktor aus, durch den neben psychischen Beeinträchtigungen (z.B. Nervosität, Schlaflosigkeit, Reizbarkeit) auch psychosomatische Störungen (z.B. Magen-Darm- oder Herz-Kreislauf-Erkrankungen) hervorgerufen oder begünstigt werden können.

Als Entlastung wird Arbeitslosigkeit allenfalls zu Beginn empfunden, wenn die zur Verfügung stehende Zeit zu Erholung und Freizeit, zu familiären Aktivitäten sowie zur Arbeit im Haushalt genutzt wird. In der Eingangsphase der Arbeitslosigkeit kann nämlich die Zeit vielfach mit Aktivitäten und Beschäftigungen ausgefüllt werden, für die zuvor keine oder nicht genügend Zeit vorhanden war, wodurch der Verlust des Arbeitsplatzes zunächst überdeckt wird.

Wenn das aktive Bemühen um einen neuen Arbeitsplatz auch nach wiederholten Versuchen und bei reduzierten Ansprüchen über längere Zeit ohne Erfolg bleibt, weicht der anfängliche Optimismus allmählich skeptischen Zweifeln über die künftige Berufsperspektive. Die Betroffenen geraten in Zweifel über ihre eigenen Fähigkeiten, sie haben Angst, künftig im Erwerbsleben zu versagen, ihr Selbstbewußtsein gerät ins Wanken und sie fühlen sich machtlos, aus eigener Kraft ihre Situation zu verändern.

Hält die Arbeitslosigkeit über ein halbes Jahr an, so nehmen die gesundheitlichen Risiken mit den finanziellen Problemen und sozialen Konflikte (z.B. in der Familie) zu. Die Betroffenen resignieren mehr und mehr, ihre Ohnmacht und ihre Selbstzweifel verfestigen sich insbesondere dann, wenn ihnen keine sinnvollen Aktivitäten und Nebenarbeiten (z.B. in Haushalt, Familie oder Verein) über den Verlust des Arbeitsplatzes und die Leere der Arbeitslosigkeit hinweghelfen können.

Bei anhaltender Arbeitslosigkeit von mehr als einem Jahr findet vielfach eine resignative Anpassung an die damit verbundenen Belastungen statt, wobei nicht nur das Risiko psychischer oder körperlicher Gesundheitsstörungen zunimmt. Auch die Arbeitsfähigkeit selbst, die Motivation und Disposition zur Erwerbsarbeit insgesamt können weitgehend verlorengehen, weil die Betroffenen einen Grad an Hilflosigkeit und Apathie erreichen, der ihr Arbeitsvermögen schließlich beeinträchtigt. Langzeit- oder Dauerarbeitslose, die keine Chance mehr sehen, wieder in das Erwerbsleben eingegliedert zu werden, sind am stärksten in ihrer Gesundheit und Leistungsfähigkeit gefährdet.

Soziale Bedeutung der Arbeit
Arbeit gehört zum Wesen des Menschen. Arbeit ist nicht allein materielle Notwendigkeit, die mit persönlichen Einschränkungen und Belastungen verbunden ist, um die zum Leben erforderlichen Güter zu erwerben. Arbeit bietet darüber hinaus Gelegenheit, im Kontakt mit anderen Menschen persönliche Fähigkeiten zu entwickeln und anzuwenden.

Arbeit schafft die Möglichkeit zur Entwicklung von Selbstbewußtsein und Persönlichkeit sowie die Gelegenheit, soziale Zugehörigkeit und Anerkennung in einer Gesellschaft zu erfahren. Die meisten Menschen würden auch dann eine Arbeit ergreifen, wenn sie aus wirtschaftlichen Gründen nicht dazu gezwungen wären. Kaum jemand kann seine arbeitsfreie Zeit ohne eine als sinnvoll empfundene Tätigkeit verbringen, wie die zahlreichen Freizeitbeschäftigungen und Urlaubsaktivitäten verdeutlichen.

Fällt bei Arbeitslosigkeit die Arbeitswelt als Bezugssystem weg, verlieren die Betroffenen mit dem Arbeitsplatz nicht nur die Grundlage ihrer wirtschaftlichen Existenz. Sie verlieren zugleich ein wichtiges Element der Strukturierung ihres Lebensfeldes, des Tages-, Wochen- und Jahresablaufes, was sich in einem Verlust des Zeitgefühls und einer Desorganisation ihrer Sozialkontakte ausdrückt. Die Betroffenen verlieren mit dem Zwang zur Organisation und Synchronisation ihrer unterschiedlichen Aktivitäten, wie sie die Erwerbsarbeit verlangt, letztlich die Fähigkeit, Ziele und Pläne zu entwickeln und zu verfolgen. Weil die Klammer ihres Lebensfeldes – die Erwerbsarbeit – verloren gegangen ist, ist ihr persönliches und soziales Verhalten schließlich durch Apathie und Ziellosigkeit geprägt.

Die mit Arbeitslosigkeit verbundenen Unsicherheiten der materiellen Existenz führen bereits bei drohendem Verlust des Arbeitsplatzes zu Angst und Unsicherheit, die sich als starke Streßfaktoren auswirken. Der Verlust des Arbeitsplatzes gehört nach dem Verlust naher Angehöriger zu den schwersten Streßfaktoren überhaupt; der Organismus der Betroffenen reagiert darauf mit einer ständigen Überaktivierung und schließlich mit typischen »Streßkrankheiten«: Nervosität, Reizbarkeit, Schlafstörungen, Magen-Darm- oder Herz-Kreislauf-Störungen. Wenn Arbeitslose ihre eigene Hilf- und Machtlosigkeit erleben, weil sie trotz aller Bemühungen keinen neuen Arbeitsplatz finden, sehen sich die Betroffenen in ihrem Einklang mit der sozialen Umwelt erheblich gestört. Diese persönliche Ohnmacht, sich aus eigener Kraft eine neue ökonomische Grundlage in Gestalt eines anderen Arbeitsplatzes zu schaffen und die Abhängigkeit von Unterstützung fördert die Entstehung von Niedergeschlagenheit und Depressivität.

Mit dem Arbeitsplatz verlieren die Betroffenen eine wichtige Quelle persönlicher Bestätigung und sozialer Anerkennung. Das hat für die Entwicklung ihres Selbstwertgefühls und Selbstbewußtseins weitreichende Konsequenzen, denn die Arbeitslosen verlieren mit der Arbeit einen für sie selbst wie für andere wesentlichen Bezugspunkt ihrer persönlichen und sozialen Identität. In der Regel ist es den Betroffenen nicht möglich, einen anderen Bereich derart in das Zentrum ihres Lebens zu stellen, daß er den Stellenwert der Arbeit als Bezugspunkt ihrer Persönlichkeit ersetzen könnte. Dieser gefühlsmäßige und soziale Verlust versetzt die Betroffenen in eine traurige Verstimmtheit, in der sie für psychosomatische und psychische Störungen besonders anfällig sind.

Soziale Sicherung und Beschäftigungsförderung

Arbeitslosigkeit stellt nicht nur für die Betroffenen eine erhebliche Belastung dar, weil mit der Brachlegung ihres Arbeitsvermögens die Gesundheit und Leistungsfähigkeit der Arbeitslosen gefährdet wird. Arbeitslosigkeit bringt auch für die Gesellschaft erhebliche Lasten und Kosten mit sich; wie Modellrechnungen für die USA gezeigt haben, führte ein Anstieg der Arbeitslosigkeit um 1,4% später zu einer Steigerung der durch erhöhte Sterblichkeit, Erkrankungshäufigkeit und Kriminalität verursachen Folgekosten von 21 Mrd. Dollar (Brenner 1979). Maßnahmen zur Vermeidung und zum Abbau von Arbeitslosigkeit sind deshalb sowohl aus Sicht der Betroffenen, als auch der Gesellschaft notwendig.

Weil die stärksten Gefährdungen der Gesundheit durch die finanziellen Belastungen in Folge der Arbeitslosigkeit hervorgerufen werden, ist die ausreichende finanzielle Unterstützung der Betroffenen und ihrer Familien eine wichtige Voraussetzung zur Vermeidung vorzeitigen Gesundheitsverschleißes durch Arbeitslosigkeit. Dadurch kann dem Verfall des Lebensstandards und der Beeinträchtigung der Leistungsfähigkeit entgegengewirkt werden. Ist die materielle Existenz weitgehend gesichert, verliert die Arbeitslosigkeit zu einem erheblichen Teil ihre Bedrohung für die gesamte Existenz der Betroffenen; auf diese Weise verringert sich die Streßwirkung und die dadurch verursachten oder geförderten Krankheiten.

Maßnahmen zum Abbau der Belastungen durch Arbeitslosigkeit dürfen sich aber nicht auf die Sicherung der materiellen Existenz beschränken. So wichtig die Verringerung der finanziellen Belastungen für die Betroffenen ist, ebenso wichtig ist die Schaffung der Möglichkeit zur Arbeit. Erst eine aktive Arbeitsmarkt- und Beschäftigungspolitik, die dazu beiträgt, daß die Chancen zur Integration in die Arbeitswelt verbessert werden, verschafft den Arbeitslosen die Gelegenheit einer Betätigung und Bestätigung ihres Arbeitsvermögens als Quelle persönlicher und sozialer Identität.

Literatur

Brenner 1979; Franke 1990; Jahoda/Lazarsfeld/Zeisel 1933; Kieselbach 1991; Kieselbach/Wacker 1987 und 1991; Noll 1982; Oppolzer 1986; Starrin/Svensson/Wintersberger 1989; Wacker 1976 und 1981

8. Indirekte Wirkungen der Arbeitswelt

Der »lange Arm des Berufes« reicht über den Betrieb hinaus in die gesamten Lebensverhältnisse hinein. Die Arbeitswelt wirkt nicht nur *direkt* durch die betrieblichen Arbeitsbedingungen auf Gesundheit und Leistungsfähigkeit; die Arbeitswelt wirkt auch *indirekt* durch die allgemeinen Lebensverhältnisse auf die Betroffenen. Denn in der betrieblichen Arbeitswelt werden finanzielle Mittel und persönliche Verhaltensweisen erworben, die in der außerbetrieblichen Lebenswelt wirksam werden. Weil die »Lebenswelt« von der »Arbeitswelt« entscheidend geprägt wird, kann sich die Frage nach den Einflüssen der Arbeitswelt nicht auf Probleme beschränken, die sich allein aus den unmittelbaren Wirkungen der Arbeitsbelastungen ergeben. Für die *Ökologie der Arbeit* sind darüber hinaus auch die mittelbaren Einflüsse der Arbeitswelt von Bedeutung, die auf dem »Umweg« über die allgemeinen Lebensverhältnisse auf die Betroffenen einwirken.

Die Ökologie der Arbeit hat die *Gesamtheit* der primären, über die Arbeitsbedingungen und der sekundären, über die Lebensverhältnisse wirkenden Einflüsse der Arbeitswelt auf die Betroffenen zu berücksichigen. Im Arbeitsprozeß unterliegen die Beschäftigten nicht nur körperlichen und psychischen, aus der Umwelt und von der Arbeitszeit stammenden direkten Belastungen. Durch ihre Arbeit erlangen die Menschen neben finanziellen Mitteln auch persönliche Verhaltensweisen und ideelle Bewußtseinshaltungen, die ihre gesamten Lebensverhältnisse beeinflussen. An ihrem allgemeinen Lebensstandard, in ihrer Versorgungslage und bei ihrer Lebensweise werden die indirekten Einflüsse der Arbeitswelt deutlich (Oppolzer 1986; Oppolzer 1993).

8.1. Arbeitsweg und Berufspendeln

Bei vielen Berufstätigen liegen Wohnung und Arbeitsstätte nicht in derselben Gemeinde, sie müssen deshalb einen mehr oder weniger langen Arbeitsweg vor und nach der täglichen Arbeitszeit zurücklegen, sie müssen zwischen Wohnort und Arbeitsort »pendeln«, wodurch sie zusätzlich belastet werden. Rund 10,5 Mio. Erwerbstätige pendeln in der BRD täglich zwischen Wohn- und Arbeitsort (Berger-Deinert 1992: I/4). Mehr als ein Drittel der Erwerbstätigen (37%) mußte 1987 den amtlichen Ergebnissen der Volkszählung zufolge über die Grenze der Wohngemeinde hinaus zur Arbeit »pendeln« (Ott/Gerlinger 1992: 79). Die weitaus meisten Berufsauspendler (80,5%) benutzen für den Arbeitsweg hauptsächlich das Auto, weitaus weniger, nämlich im allgemeinen Durchschnitt der Bundesrepublik nur 16%, benutzen öffentliche Verkehrsmittel (Ott/Gerlinger 1992: 113).

Für die Mehrzahl (61%) der »Berufsauspendler« betrug die Zeit für den täglichen Weg zur Arbeit und zurück nach Hause weniger als eine Stunde; fast ein Drittel der Betroffenen wurde allerdings zwischen ein und zwei Stunden in Anspruch genommen und rund 7% brauchten sogar mehr als zwei Stunden (»Fernpendler«) für den täglichen Arbeitsweg (Ott/Gerlinger 1992: 106). Tägliche Wegezeiten zwischen drei und fünf Stunden sind für »Fernpendler« durchaus üblich. Empirische Untersuchungen ergaben z.B., daß von den Pendlern aus der osthessischen Region Fulda in das Rhein-Main-Gebiet 11% fünf und mehr Stunden, 42% vier bis fünf Stunden und 40% drei bis vier Stunden tägliche Wegezeiten zu bewältigen hatten; verständlich, daß fast zwei Drittel (63%) der Fernpendler die damit verbundenen Belastungen als »stark« oder »unzumutbar« empfanden (Ott/Gerlinger 1992: 168). Angesichts der zunehmenden Unlösbarkeit der Verkehrs- und Umweltprobleme insbesondere in Ballungsgebieten und angesichts der vielfach quantitativ und qualitativ unzureichenden Ausstattung mit Einrichtungen des öffentlichen Nahverkehrs kann es zu der paradoxen Situation kommen, daß die erreichten Effekte von Arbeitszeitverkürzung durch die Verlängerung der Wegezeiten weitgehend aufgezehrt werden, wobei oft ein »neuer 12-Stunden-Tag« für die Betroffenen die Folge ist (Ott/Gerlinger 1992: 163).

Die Zahl der Berufsauspendler, die zur Arbeit ihre Wohngemeinde verlassen müssen, hat sich von 1950 bis 1987 mehr als verdreifacht, sie stieg von 3,19 Mio. (1950) auf 9,87 Mio. (1987); dabei hat sich der Anteil der Berufsauspendler an den Erwerbstätigen insgesamt mehr als verdoppelt, er stieg in diesem Zeitraum von 14,5% auf 36,8% (Ott/Gerlinger 1992: 79). Für diese Zunahme der Pendlerströme sind mehrere Ursachen verantwortlich: Das starke wirtschaftliche Wachstum in der Bundesrepublik ging einher mit Konzentrations- und Zentralisationsprozessen, wobei sich die Wirtschaftskraft vielfach in großstädtischen Ballungsgebieten konzentrierte. Wirtschaftswachstum bei gleichzeitiger Konzentration und Zentralisation von Kapital und räumlicher Zusammenballung (Agglomeration) der Produktions- und Arbeitsstätten verstärkte in der Nachkriegsentwicklung Deutschlands die seit der Industrialisierung bestehende Tendenz zur räumlichen Trennung von Wohnen und Arbeiten. Hinzu kam der wirtschaftliche Strukturwandel mit dem Rückgang des in der Regel wohnungsnahen Primären Sektors (vor allem Landwirtschaft) und dem Aufschwung des in der Regel wohnungsferneren Sekundären Sektors (vor allem Industrie) sowie dem Zuwachs des ebenfalls mehr und mehr großbetrieblich organisierten Tertiären Sektors (öffentliche und private Dienstleistungen). Die Konzentration wirtschaftlicher Aktivitäten in wachstumsintensiven Ballungsgebieten und die zunehmende Entleerung ländlicher Randregionen führte in Verbindung mit dem anhaltenden Mangel insbesondere an preiswertem Wohnraum ebenso zur Verlängerung der Arbeitswege wie die seit Mitte der siebziger Jahre einsetzende Massenarbeitslosigkeit und die fortdauernd angespannte Lage auf dem Arbeitsmarkt, die ebenfalls zu verstärkten räumlichen Mobilitätsanforderungen beigetragen hat.

Bei den Gründen, die Fernpendler in empirischen Untersuchungen dafür angeben, daß sie sehr lange Arbeitswege hinnehmen, spielen die schlechte Arbeitsmarktlage und der Mangel an geeigneten Arbeitsplätzen am Wohnort sowie bessere berufliche Chancen und ein höheres Einkommen am Arbeitsort die wichtigste Rolle. Bei den Beweggründen dafür, den Wohnort nicht wechseln zu wollen, sind für die Betroffenen die familiären und sozialen Bindungen, die niedrigeren Lebenshaltungskosten sowie die geringere Miete oder Wohneigentum ausschlaggebend (Ott/Gerlinger 1992: 159).

Von der Wegstrecke und von der Zeitdauer her lange Arbeitswege stellen für die Betroffenen nicht nur eine finanzielle Belastung dar. Insbesondere die tatsächlichen Kosten für das Auto, das vier von fünf Berufsauspendlern benutzen, werden weder durch die geltend zu machende Steuervergünstigung (Kilometerpauschale), noch durch Fahrgeldzuschüsse des Arbeitgebers ausgeglichen, und auch die Kosten für die Benutzung öffentlicher Verkehrsmittel sind selten durch verschiedentlich gezahlte Zuschüsse des Arbeitgebers zu bestreiten. Das am Arbeitsplatz herrschende Belastungsgeschehen kann durch lange Arbeitswege noch erheblich verstärkt werden, weil zusätzliche *arbeitsgebundene Belastungen* unterwegs vor und nach der bezahlten Arbeitszeit im Betrieb wirksam werden.

Daß lange Arbeitswege zu persönlichen Beeinträchtigungen, zur Minderung der beruflichen Leistungsfähigkeit, zur Steigerung der Unfallgefahren und zur Schädigung der Gesundheit führen können, ist in empirischen Untersuchungen seit den zwanziger Jahren wiederholt bestätigt worden (im Überblick: Ott/Gerlinger 1992; Berger-Deinert 1992). Es zeigte sich, daß mit zunehmender Entfernung der Wohnung von der Arbeitsstätte die Unfallhäufigkeit, der Krankenstand (insbesondere wegen Erkältungskrankheiten und Magen-Darm-Erkrankungen) und die Fehlzeiten zunahmen, wobei Fernpendler einen fünf- bis achtmal höheren Krankenstand aufwiesen. Lange Wegezeiten verstärken die Probleme, die mit langen Arbeitszeiten und mit Nacht- und Schichtarbeit verbunden sind: Sie können zu chronischer Ermüdung und vorzeitigem Kräfteaufbrauch mit gesundheitlichen Überlastungsschäden und psychosomatischen Störungen in Form von Reizbarkeit, Nervosität und Schlafstörungen sowie zu Magen-Darm- oder Herz-Kreislauf-Erkrankungen führen. Hinzu kommen die persönlichen Beeinträchtigungen durch Defizite und Störungen im Familienleben und bei sozialen Beziehungen (Isolation). Lange Wegezeiten, zumal im Straßenverkehr, erhöhen schließlich das Risiko eines Verkehrsunfalls (Wegeunfall) und setzten die Betroffenen vermehrtem Streß (Verkehrsstreß) aus.

Die auf dem Arbeitsweg auftretenden Belastungen der Berufspendler sind in der Tat entscheidend von der Entfernung zwischen Wohnort und Arbeitsstätte abhängig. Je länger der Arbeitsweg, um so größer sind in der Regel die damit verbundenen Belastungen für die Betroffenen. Eine im Auftrag des Bundesverbandes der Betriebskrankenkassen durchgeführte Untersuchung (Berger-Deinert 1992) kam zu dem Ergebnis, daß Pendler, die einen Arbeitsweg von mehr als 50 km Entfernung oder mehr als zwei Stunden Dauer am Tag zurücklegen müssen, erheblich krankheitsanfälliger sind als andere Berufstätige (FAZ 1.12.1992: 11).

Dafür ist offenbar vor allem der *Streß* auf dem Arbeitsweg verantwortlich (Berger-Deinert 1992: II/75ff). Messungen ergaben, daß sich Blutdruck und Herzfrequenz sowohl bei Autofahrern als auch bei Benutzern öffentlicher Verkehrsmittel mit der Dauer des Arbeitsweges erhöhen. Bei Autofahrern auf dem Arbeitsweg erwiesen sich Verkehrsstaus, aggressives Verhalten anderer Verkehrsteilnehmer sowie der Stadtverkehr oder die Parkplatzsuche als Streßquellen, die zur Erhöhung des Pulses der Betroffenen auf Spitzenwerte von 120-150 Schläge in der Minute führten. Auch die Benutzer öffentlicher Verkehrsmittel wiesen Steigerungen der Herzfrequenz auf bis zu 110-150 Pulsschlägen in der Minute auf, wobei insbesondere zu volle Busse und Bahnen mit zu wenigen Sitzplätzen, Lärm, Gedränge, Verspätungen und Zeitdruck als Streßfaktoren wirkten.

Auf dem Weg zur Arbeitsstätte werden also bereits Streßfaktoren wirksam, so daß die Betroffenen bereits »vorbelastet« am Arbeitsplatz selbst eintreffen. Die dadurch hervorgerufenen Über- und Fehlbeanspruchungen können Nervosität, Ermüdung, Konzentrationsstörungen,

Verärgerung und Unzufriedenheit zur Folge haben und führen dazu, daß die Betroffenen nach ihrer Ankunft zunächst ihrem Ärger »Luft« machen und sich erst wieder »sammeln« müssen, bevor sie mit ihrer eigentlichen Arbeit beginnen können (Berger-Deinert 1992: II/75). Zu den Arbeitsbelastungen kommen also vielfach »Wegebelastungen« hinzu, wodurch eine Belastungshäufung und Belastungsverstärkung entsteht. Durch die Belastungen auf der Fahrt zur Arbeit werden aber nicht nur die Arbeitsbelastungen verstärkt, durch die Fortdauer von Belastungen auf dem Weg nach Hause werden auch noch die notwendigen Erholungsmöglichkeiten verringert. Auf diese Weise können die Betroffenen in einen Teufelskreis von Überbeanspruchung und Untererholung geraten, der sich schließlich in Beeinträchtigungen und Störungen der Gesundheit niederschlägt.

8.2. Wohnung und Umwelt

Das in der Regel durch Erwerbsarbeit erzielte Einkommen entscheidet letztlich über Lage, Größe und Ausstattung der Wohnung und über die Qualität der Wohnumwelt. Aus der Arbeitswelt stammende Faktoren (Lohn und Gehalt) werden hierbei auf indirekte Weise wirksam, indem sie den Standard der Wohnverhältnisse wesentlich bestimmen. Untersuchungen in westdeutschen Großstädten zu Folge war die Ausstattung der Wohnungen mit WC und Bad, mit Sammelheizung, Doppelfenstern und Isolierverglasung sowie mit Balkon und Loggia um so schlechter, je niedriger das Einkommen der Bewohner lag (Herlyn/Herlyn 1983; Oppolzer 1986).

Von der Position im Arbeitsprozeß ist die Höhe des Einkommens und davon wiederum ist die Wohnqualität abhängig. In der Arbeitswelt wird also bereits darüber entschieden, inwieweit die Betroffenen in der Lage sind, sich eine *Wohnung* zu »leisten«, in der sie unbeengt, komfortabel und gesund leben können.

Die Qualität der Wohnung ist erheblich von ihrem Preis abhängig. Die Höhe der Miete oder der Preis des Wohneigentums, die von den Betroffenen aufgebracht werden können, finden ihre Grenzen in der Höhe des zur Verfügung stehenden Einkommens. Nicht nur Größe und Ausstattung der Wohnung, auch die Qualität der *Umwelt* im Wohnbereich ist entscheidend von finanziellen Faktoren abhängig. Im Grundsatz gilt nämlich: Je teurer die Wohnlage, um so geringer die Belastungen durch schädliche Umgebungseinflüsse. In Wohnvierteln mit einem niedrigen Mietniveau und geringerer Wohnqualität sind in der Regel die Belastungen durch Verunreinigung der Luft (z.B. durch

Staub, Schwefeldioxid, Kohlenmonoxid, Ozon) oder durch Lärmeinwirkung (z.B. durch Straßenverkehr, Fluglärm) höher als in den »besseren« Quartieren mit höherem Miet- und Bodenpreisniveau.

8.3. Sozial- und Gesundheitsversorgung

Die Versorgung mit Einrichtungen der sozialen Infrastruktur weist in der Regel erhebliche Unterschiede zwischen den Wohnquartieren einer Stadt auf (Herlyn/Herlyn 1983; Oppolzer 1993). In Gegenden mit einem höheren Einkommensniveau ist die Versorgung der Bevölkerung mit Plätzen in Kindergärten und höheren Schulen, mit Grün- und Freiflächen sowie mit Erholungs- und Freizeiteinrichtungen besser als in Vierteln mit einem niedrigeren Sozialniveau: In bürgerlichen Vierteln erwies sich Untersuchungen in Großstädten zufolge die Versorgung mit Kindergartenplätzen um ein Drittel besser als in Arbeitervierteln, wo zudem sechs mal mehr Einwohner auf einen Platz in einem Gymnasium kamen als in den bessergestellten bürgerlichen Vierteln (Oppolzer 1993). Die Arbeitswelt entscheidet auf indirektem Wege mit der Höhe des Einkommens also nicht nur über die »bezahlbare« Wohnlage, sie bestimmt damit in erheblichem Maße auch über die soziale *Infrastrukturversorgung* der Betroffenen.

In den teureren Wohnlagen ist die ärztliche Versorgung sowohl in quantitativer als auch in qualitativer Hinsicht besser. Untersuchungen in Großstädten kommen zu dem Ergebnis, daß in den Arbeitervierteln (mit niedrigem Einkommensniveau) vier bis fünf mal so viele Einwohner auf einen Facharzt (z.B. Kinder- oder Frauenarzt) kamen wie in den »gutbürgerlichen« Vierteln; hinzu kommt, daß Personen mit höherem beruflichem Status (und höherem Einkommen) einen besseren Kontakt zu den Ärzten finden, daß sich der Arzt länger Zeit für sie nimmt, daß sie sich auch häufiger an Vorsorge- und Früherkennungsuntersuchungen beteiligen und daß sie gezielter speziell qualifizierte Ärzte (Fachärzte) aufsuchen (Oppolzer 1993; Weber 1987). Das Erwerbsleben stattet die Menschen nicht nur mit Einkünften verschiedener Höhe aus, die Arbeitswelt vermittelt den Betroffenen offenbar auch Fähigkeiten und Kompetenzen, die ihnen die Inanspruchnahme der Einrichtungen gesellschaftlicher Infrastruktur in unterschiedlicher Weise ermöglicht.

8.4. Ernährung und Genußmittelkonsum

Die indirekten Einflüsse der Arbeitswelt auf Ernährungsverhalten und Genußmittelkonsum vollziehen sich hauptsächlich über die Wirkungen der Arbeit auf Bewußtsein und Verhalten der Betroffenen. Unzureichende Informationen und mangelhafte Kenntnisse über die »richtige« *Ernährung*, die Ergebnis eines niedrigen Bildungs- und Berufsabschlusses sowie fehlender Entwicklungsmöglichkeiten im Arbeitsprozeß sind, führen vielfach zu Fehlernährung, die Mangelerscheinungen und Übergewicht zur Folge haben kann. Wie Untersuchungen von Ernährungswissenschaftlern ergaben, weisen Personen mit einem geringen Einkommen und einer niedrigen beruflichen Stellung zwei bis vier mal so oft Übergewicht auf wie Beschäftigte in oberen betrieblichen Positionen und mit höherem Einkommen (EK-GKV 1988: 11). Auch die Bewältigung von Arbeitsbelastungen spielt beim Ernährungsverhalten offenbar eine Rolle: Bei Berufstätigen, die drei und mehr starken Arbeitsbelastungen ausgesetzt sind, wurde Übergewicht (von 30% und mehr) rund 1,3 mal so oft festgestellt wie bei Personen ohne starke Arbeitsbelastung; durch körperlich schwere oder einseitige Arbeit stark belastete Beschäftigte waren sogar 1,7 bzw. 1,8 mal so oft übergewichtig (EK-GKV 1988: 30).

Beim Konsum von *Genußmitteln* (z.B. Zigaretten, Alkohol, Kaffee) machen sich offenbar indirekte Einflüsse aus der Arbeitswelt bemerkbar, wobei den Belastungserfahrungen und dem Bewältigungsverhalten der Betroffenen besondere Bedeutung zukommt. Mehrfachbelastungen durch Häufung mehrerer Belastungsfaktoren an einem Arbeitsplatz haben vielfach zur Folge, daß sich die Betroffenen durch vermehrten Genußmittelkonsum subjektiv wenigstens vorübergehend eine gewisse Erleichterung oder Abwechslung verschaffen wollen, langfristig jedoch objektiv unwillkürlich zu einer Verstärkung und Verschärfung der Belastungssituation beitragen.

Untersuchungen sind zu dem Ergebnis gekommen, daß z.B. durch Witterungseinflüsse, durch hohe Arbeitsintensität, durch viele Überstunden oder Nacht- und Schichtarbeit sowie durch schädliche Umgebungseinflüsse stark belastete Erwerbstätige überdurchschnittlich oft rauchen und einen erhöhten Alkohol- oder Kaffeekonsum aufweisen (EK-GKV 1988: 19; Oppolzer 1993). Es zeigte sich, daß der Anteil der Raucher bei den Berufstätigen mit drei oder mehr starken Arbeitsbelastungen um 8% höher war als bei ihren Kolleginnen und Kollegen, die keiner starken Belastung am Arbeitsplatz ausgesetzt waren (EK-GKV 1988: 30). Indem die Arbeitswelt mit ihren direkten Belastungen im Betrieb bei den Betroffenen zu einem Verhalten führt, das weitere

Belastungen über den Betrieb hinaus hervorruft, werden auch ihre indirekten Einflüsse wirksam.

8.5. Persönlichkeit und Bewußtsein

Die Arbeit prägt die gesamte Persönlichkeit und beeinflußt das gesellschaftliche Bewußtsein der Betroffenen. Nach der Kindheit (familiäre Sozialisation) und der Schulzeit (schulische Sozialisation) gehört die Arbeitswelt (berufliche Sozialisation) zu den wichtigsten Instanzen für die Herausbildung und Entwicklung der *Persönlichkeit* des Menschen (Schumm 1982). Diese berufliche Sozialisation ist nicht allein auf die Zeit der Berufsausbildung (z.B. Lehre, Studium) beschränkt; sie umfaßt nicht nur den unmittelbaren Erwerb fachspezifischer Kenntnisse, Fähigkeiten und Fertigkeiten oder fachübergreifender Qualifikationen (z.B. Kreativität, Kooperationsfähigkeit, Zusammenhangsdenken) in Phasen von Aus- und Weiterbildung. In der Arbeitswelt werden darüber hinaus allgemeine Arbeitstugenden (z.B. Fleiß, Pünktlichkeit, Sparsamkeit, Verantwortung) und Motivationen (z.B. Leistungsbereitschaft, Identifikation, Arbeitsfreude) erworben, die mittelbar als Normen und Werte in allgemeine moralische Haltungen eingehen und über den Betrieb hinaus Verhalten und Einstellungen nachhaltig beeinflussen.

Nicht nur Normen und Werte, auch Kompetenzen und Erfahrungen, die in der Arbeitswelt erworben und entwickelt wurden, wirken sich indirekt auf die gesamte Lebenswelt der Betroffenen aus. Wie Untersuchungen gezeigt haben, beeinflußt die unmittelbare Arbeitssituation der Eltern mittelbar das *Erziehungsverhalten* gegenüber ihren Kindern erheblich: Eltern, die in der Arbeitswelt einen geringen Handlungsspielraum haben und die starkem Zwang bei der Erfüllung ihrer genau festgelegten Anforderungen unterliegen, neigen eher dazu, von ihren Kindern ein angepaßtes, gehorsames und konformes Verhalten zu verlangen und erforderlichenfalls mit Gewalt zu erzwingen. Eltern hingegen, die in der Arbeitswelt bei der Erledigung ihrer Aufgaben einen großen Handlungs- und Entscheidungsspielraum haben, gewähren ihren Kindern eher größere Freiräume beim Erwerb erfolgreichen Verhaltens.

Untersuchungen von Soziologen und Linguisten kamen zu dem Ergebnis, daß sich bereits beim Erwerb der *Sprache* durch die Kinder in der Familie mittelbare Einflüsse aus der Arbeitswelt ihrer Eltern bemerkbar machen (Rolff 1969): Eltern, an die am Arbeitsplatz keine besonderen Anforderungen in Bezug auf ihre sprachlichen Fähigkeiten gestellt wurden und die überwiegend einfache manuelle Arbeiten auf Anweisung auszuführen hatten, verfügten über eine weniger entwikkelte sprachliche Ausdrucksfähigkeit mit eingeschränktem Wortschatz (»restricted code«), die sie dann auch ihren Kindern vermittelten. Eltern hingegen, zu deren Arbeitsaufgaben auch ein differenzierter Einsatz sprachlicher Mittel im Umgang mit anderen Menschen gehörte, verfügten auch in der Familie über bessere sprachliche Fähigkeiten und einen umfangreicheren Wortschatz (»elaborated code«), den auch ihre Kinder übernahmen. Durch diese indirekten Auswirkungen der Arbeitswelt auf Erwerb und Entwicklung derart grundlegender »Kulturtechniken« (Sprache) der Eltern und ihre familiäre Vermittlung auf die Kinder erhalten und verfestigen sich schichtenspezifische Unterschiede in der Lebenswelt über Generationen hinweg.

Die Arbeitswelt bestimmt nicht nur direkt über den Umfang der *Freizeit*, sie beeinflußt indirekt auch wesentlich die Art der Freizeitaktivitäten (Ulich 1992; Hoff 1986). Je länger die Arbeitszeit, je ungünstiger ihre Lage (z.B. Nacht- und Schichtarbeit, arbeitsanfallorientierte variable Teilzeitarbeit), je schwerer die Arbeitsbelastungen, um so geringer ist der Umfang der arbeitsfreien Zeit und um so eingeschränkter sind die Möglichkeiten ihrer Verwendung. Untersuchungen zu Folge erwies sich beispielsweise der Anteil derer, die keiner sportlichen Betätigung nachgehen, bei den Berufstätigen mit drei und mehr starken Arbeitsbelastungen um 12% niedriger als bei denen, die keine starken Belastungen bei der Arbeit aufwiesen (EK-GKV 1988: 30). Unter Freizeit im engeren Sinne ist nur die Zeit zu verstehen, die sowohl frei von Erwerbsarbeit und weiteren arbeitsgebundenen Zeiten (z.B. Wegezeiten, Pausen, Rüstzeiten) als auch frei von anderen Pflichten oder Tätigkeiten (z.B. Hausarbeit) ist und die den Betroffenen zur freien Verfügung steht.

Die mittelbaren Wirkungen der Arbeitswelt auf die Freizeit können zwar unterschiedlicher Art sein, unabhängig voneinander sind Arbeit und Freizeit aber nicht, weil es sich in beiden Bereichen um dieselbe Persönlichkeit handelt, die sich nicht in voneinander unabhängige »Teilmenschen« aufspalten kann. Erfahrungen und Erlebnisse aus der Arbeitswelt können zum einen außerhalb der Arbeit verallgemeinert werden und auch das Freizeitverhalten prägen, indem beispielsweise eher passive und restriktive Arbeitsbedingungen im Betrieb (z.B. an Maschine oder Fließband) sich in ihren Grundstrukturen im eher passiven Freizeitverhalten (z.B. vor dem Fernsehgerät) fortsetzen oder wiederholen. Zum anderen kann die Freizeit als Gelegenheit genutzt werden, Fähigkeiten und Fertigkeiten, die in der Arbeitswelt (z.B. aufgrund arbeitsteiliger Aufgabenzersplitterung) nicht angewandt werden können, in der Form von Hobbies (z.B. Basteln, Garten) zu entwikkeln und zu verfolgen. Ob nun in der Freizeit sich die Strukturen der betrieblichen Arbeit bei den Betroffenen eher fortsetzen und generalisieren oder ob die Freizeit als Gelegenheit zu einer alternativen Kompensation der Arbeitsbedingungen gesehen wird, stets wird die »*Freizeitwelt*« von der Arbeitswelt in irgendeiner Weise direkt und mehr noch indirekt beeinflußt.

Durch die Arbeitswelt wird schließlich das gesellschaftliche und politische *Bewußtsein* der Beschäftigten wesentlich geprägt. Die unmittelbaren Erfahrungen mit den Arbeitsbedingungen und mit der Stellung in der betrieblichen Sozialstruktur beeinflussen die Betroffenen entscheidend in der Orientierung und Artikulation ihrer wirtschaftlichen Interessen, sei es über die Instanzen gesetzlicher Interessenvertretung (Betriebsrat), sei es durch das Engagement in gewerkschaftlichen Organisationen oder in politischen Parteien. Das Bild, das sich die Beschäftigten von der Gesellschaft insgesamt (»Gesellschaftsbild«) und von ihrer Position selbst machen, wird direkt oder indirekt von ihren Erfahrungen in der Arbeitswelt erheblich geprägt.

Die in vielen Untersuchungen festgestellten Unterschiede zwischen dem typischen »Arbeiterbewußtsein« und der charakteristischen »Angestelltenmentalität« lassen sich zu einem Teil durch ihre unterschiedliche Situation in der Arbeitswelt erklären: Arbeiter, die traditionellerweise eher weisungsgebundene Handarbeiten zu verrichten haben, sehen die Gesellschaft eher in ein »oben« und ein »unten« gespalten, was dem Bild einer »Klassengesellschaft« entspricht, in der sie ihre eigenen Interessen durch Solidarität und kollektiven Kampf (z.B. Arbeitskampf) zu verfolgen trachten. Diesem »dichotomischen Gesellschaftsbild« der Arbeiter steht ein stärker »hierarchisches Gesellschaftsbild« der Angestellten gegenüber, das sich einerseits aus ihren Erfahrungen in der Arbeitswelt, andererseits aus ihrer Lebensweise und schließlich aus kulturellen oder politischen Traditionen erklären läßt. Weil die Angestellten im Betrieb herkömmlicherweise eher Zwischen- oder Leitungspositionen in der Hierarchie einnahmen und von ihren Aufgaben her unternehmerischen Entscheidungen näher standen als die Arbeiter, hegten sie stärkere Hoffnungen auf individuellen Aufstieg durch persönlichen Einsatz. Das Streben nach persönlichem Aufstieg durch individuelle Leistung und Anpassung hatte offenbar zur Folge, daß sich die Angestellten mehr an Einstellungen und Verhaltensweisen in Lebensführung, Kultur und Politik des Bürgertums und weniger an den traditionellen Werten und Organisationen der Arbeiterschaft orientierten.

Literatur
Berger-Deinert 1992; EK-GKV 1988; Herlyn/Herlyn 1983; Hoff 1986; Oppolzer 1986; Oppolzer 1993; Ott/Gerlinger 1992; Rolff 1969; Schumm 1982; Ulich 1992; Weber 1987

9. Literatur

Adam, Fritz W., 1976: Berufsunfähige und erwerbsunfähige Rentner. In: Blohmke u.a. 1976: 142-160.
Albracht, Gerd/Oswald A. Schwerdtfeger (Hrsg.), 1991: Herausforderung Asbest. Wiesbaden.
Baader, Ernst W., 1960: Berufskrankheiten. München, Wien.
Bäcker, Gerhard/Reinhard Bispinck/Klaus Hofemann/Gerhard Naegele, 1989: Sozialpolitik und soziale Lage in der Bundesrepublik Deutschland. 2 Bde. (2., grundl. überarb. u. erw. Aufl.) Köln.
Baldamus, W., 1976: Krankenstand, Fehlzeiten und Arbeitsunfälle: Internationaler Vergleich. In: Blohmke u.a. 1976: 88-99.
Barmby, Tim A./John G. Treble, 1991: Betriebliche Fehlzeiten und Arbeitsverträge. In: MittAB 3/91: 595-604.
Bartenwerfer, Hansgeorg, 1970: Psychische Beanspruchung und Ermüdung. In: Handbuch der Psychologie, Band 9, Hrsg. A.Mayer/H. Herwig, (2. Aufl.) Göttingen (S. 168-209).
Bartenwerfer, Hansgeorg, 1988: Monotonie in unserer Arbeitswelt – muß das sein? (2., durchges. Aufl.) Hrsg. Bayerisches Staatsministerium für Arbeit und Sozialordnung. München.
Berger-Deinert, W., 1992: Streß auf dem Weg zum Arbeitsplatz. Teil I: Literaturrecherche. Teil II: Untersuchung der Belastungsformen und Streßfaktoren auf dem Weg zum Arbeitsplatz. (IMF Gesellschaft für interdisziplinäre medizinische Forschung mbH, Arbeits- und Forschungsgemeinschaft für Verkehrsmedizin und Verkehrspsychologie) Köln.
Bernhardt, Horst/Wolfram Jeiter, 1975: Unfallverhütungsvorschrift »Lärm«. Erläuterungen, Durchführungsregeln, Anmerkungen. Kommentar. Berlin.
Beyersmann, Detmar, 1988: Krebserzeugende Arbeitsstoffe. In: Elsner 1988: 101-106.
Birkwald, Reimar u.a. (Red.), 1978: Menschengerechte Arbeitsgestaltung. Informationsschrift 2. (Hrsg. Deutscher Gewerkschaftsbund) Köln.
BK-DOK 90: Dokumentation des Berufskrankheitengeschehens in der Bundesrepublik Deutschland. Hrsg. Hauptverband der gewerblichen Berufsgenossenschaften. Sankt Augustin (Juli 1992).
Blohmke, Maria/Christian v. Ferber/Karl Peter Kisker/Hans Schaefer (Hrsg.), 1976: Handbuch der Sozialmedizin in drei Bänden. Band III: Sozialmedizin in der Praxis. Stuttgart.
Blohmke, Maria/Karl Jost, 1976: Krankenstand, medizinische Sicht. In: Blohmke u.a 1976: 100-120.
Böker, Karl, 1971: Entwicklung und Ursachen des Krankenstandes der westdeutschen Arbeiter. In: Das Argument, Heft 11/12-1971: 901-927.
Bossel, Hartmut, 1990: Umweltwissen. Daten, Fakten, Zusammenhänge. Berlin etc.
Brenner, M. Harvey, 1979: Wirtschaftskrisen, Arbeitslosigkeit und psychische Erkrankung. München, Wien, Baltimore.
Brentano, Lujo, 1875: Über das Verhältnis von Arbeitslohn und Arbeitszeit zur Arbeitsleistung. Leipzig.

Brosius, Gerhard/Alfred Oppolzer (Hrsg.), 1989: Auswirkungen der Arbeitszeitverkürzung. Eine empirische Untersuchung in der Metallindustrie. Frankfurt/M, New York.

Bücker, Joseph, 1974: Anatomie und Physiologie. Lehrbuch für ärztliches Hilfspersonal. (18. überarb. Aufl.) Stuttgart.

Bundesinstitut für Berufsbildung/Institut für Arbeitsmarkt und Berufsforschung der Bundesanstalt für Arbeit (Hrsg.), BIBB/IAB 1987: Neue Technologien: Verbreitungsgrad, Qualifikation und Arbeitsbedingungen. Analysen aus der BIBB/IAB-Erhebung 1985/86. Nürnberg.

Bundesminister für Arbeit und Sozialordnung (BMAS), 1991: Die Rentenversicherung der Arbeiter und Angestellten in der Bundesrepublik Deutschland im Jahre 1990. Statistischer und finanzieller Bericht. Bonn.

Bundesminister für Arbeit und Sozialordnung, Hrsg. (BMA), 1983: Anhaltspunkte für die ärztliche Gutachtertätigkeit im sozialen Entschädigungsrecht und nach dem Schwerbehindertengesetz. Bonn.

Bundesverband der Betriebskrankenkassen (BKK), 1991: Sitzen am Arbeitplatz. Hrsg. Bundesverband der Betriebskrankenkassen und Bundesanstalt für Arbeitsschutz. Essen, Dortmund.

Busch, Klaus, 1984: Krankenstand. Altersstruktureinfluß. In: Bundesarbeitsblatt 7-8/1984: 17-21.

Christ, E., 1989a: Belastung durch Lärm. In: Handbuch der Arbeitsmedizin. (Konietzko/Dupuis 1989: II-3.2/1-8)

Christ, E., 1989b: Schutzmaßnahmen gegen Lärm. In: Handbuch der Arbeitsmedizin. (Konietzko/Dupuis 1989: V-2.1.2/1-10)

Compes, Peter C., 1965: Betriebsunfälle wirtschaftlich gesehen. Ein Beitrag zur Ermittlung und Senkung der Unfallkosten im Betrieb. Köln.

Däubler, Wolfgang, 1990a: Das Arbeitsrecht 1. Leitfaden für Arbeitnehmer. (12. Aufl.) Reinbek.

Däubler, Wolfgang, 1990b: Das Arbeitsrecht 2. Leitfaden für Arbeitnehmer. (7. Aufl.) Reinbek.

Däubler, Wolfgang/Michael Kittner/Klaus Lörcher (Hrsg.), 1990: Internationale Arbeits- und Sozialordnung. Ausgewählte und eingeleitete Dokumente. Köln.

Deppe, Hans-Ulrich, 1971: Zur Morphologie von Unfällen bei der Arbeit. In: Das Argument, Heft 11/12-1971: 928-944.

Dieroff, Hans Georg, 1979: Lärmschwerhörigkeit. Leitfaden der Lärmhörschadenverhütung in der Industrie. (2., durchges. Aufl.) München/Wien/Baltimore.

DIN 33405: Psychische Belastung und Beanspruchung. (Februar 1987) Hrsg. Normenausschuß Ergonomie (FNErg) im DIN Deutsches Institut für Normung. Berlin.

DIN 33400: Gestalten von Arbeitssystemen nach arbeitswissenschaftlichen Erkenntnissen. Begriffe und allgemeine Leitsätze. (Oktober 1983)

Dincher, Roland, 1984: Fehlzeiten. Ergebnisse einer empirischen Untersuchung in einem Hüttenwerk. In: Zeitschrift für Arbeitswissenschaft 1/1984: 18-24.

Dorrafell, Zeppo, 1983: Eichenberchli-Diaet und Bewegungsrhythmus doppelgymnastischer Übungen. In: Helv. Arch. Gymn. 5/83: 46-48.

Dupuis, H./J. Konietzko, 1989: Das Belastungs-Beanspruchungs-Konzept. In: Konietzko/Dupuis 1989: I-4/1-7.

Dupuis, Heinrich, 1989: Körperhaltung. In: Konietzko/Dupuis 1989: V-1.1.3.

Dupuis, Heinrich, 1989a: Erkrankungen durch Hand-Arm-Schwingungen. In: Konietzko/Dupuis 1989: IV-3.4.

Dupuis, Heinrich, 1989b: Erkrankungen durch Ganz-Körper-Schwingungen. In:

Konietzko/Dupuis 1989: IV-3.5.

Dupuis, Heinrich, 1989c: Akute Wirkungen mechanischer Schwingungen. In: Konietzko/Dupuis 1989: III-4.1.

Dupuis, Heinrich, 1989d: Wirkung von Stößen und stoßhaltigen Schwingungen auf das Hand-Arm-System. In: Konietzko/Dupuis 1989: III-4.1.1.

Dupuis, Heinrich, 1989e: Der Motorsägeführer. In: Konietzko/Dupuis 1989: IV-9.13.1.

EG-Richtlinie 86/188/EWG: Richtlinie des Rates vom 12. Mai 1986 über den Schutz der Arbeitnehmer gegen Gefährdung durch Lärm am Arbeitsplatz. In: Amtsblatt der Europäischen Gemeinschaften, Nr. L 137/28-34.

EG-Richtlinie 89/391/EWG: Richtlinie des Rates vom 12. Juni 1989 über die Durchführung von Maßnahmen zur Verbesserung der Sicherheit und des Gesundheitsschutzes der Arbeitnehmer bei der Arbeit. In: Amtsblatt der Europäischen Gemeinschaften Nr. L 183/1-8.

EG-Richtlinie 90/269/EWG: Richtlinie des Rates vom 29. Mai 1990 über die Mindestvorschriften bezüglich der Sicherheit und des Gesundheitsschutzes bei der manuellen Handhabung von Lasten, die für die Arbeitnehmer insbesondere eine Gefährdung der Lendenwirbelsäule mit sich bringt (Vierte Einzelrichtlinie im Sinne von Artikel 16 Absatz 1 der Richtlinie 89/391/EWG). In: Amtsblatt der Europäischen Gemeinschaften Nr. L 156/9-13.

Elsner, Gine (Hrsg.), 1988: Handbuch Arbeitsmedizin. Ein Leitfaden für Betriebsräte, Personalräte und Gewerkschafter. Hamburg.

Enquete-Kommission »Strukturreform der gesetzlichen Krankenversicherung« (EK-GKV), 1988: Zwischenbericht. Bundestags-Drucksache BT 11/3267 vom 7. 12. 1988. Bonn.

Enquete-Kommission »Strukturreform der gesetzlichen Krankenversicherung« (EK-GKV), 1990: Endbericht. Bundestags-Drucksache BT 11/6380 vom 12. 2. 1990. Bonn.

Evangelische Kirche in Deutschland/Kammer für Soziale Ordnung (EKD), 1990: Arbeit, Leben und Gesundheit. Perspektiven, Forderungen und Empfehlungen zum Gesundheitsschutz am Arbeitsplatz. Gütersloh.

Faller, Adolf, 1988: Der Körper des Menschen. Einführung in Bau und Funktion. (11., durchges. Aufl.) Stuttgart, New York.

Fitting, Karl/Fritz Auffarth/Heinrich Kaiser/Friedrich Heither, 1990: Betriebsverfassungsgesetz. Handkommentar. (16., neubearb. u. erw. Aufl.) München.

Franke, Heinrich, 1990: Brennpunkt Arbeitsmarkt. Ein Lehrbuch für politische und betriebliche Praxis. Percha/Kempfenhausen.

Friedmann, Georges, 1953: Zukunft der Arbeit. Köln.

Friedrich, Werner/Karl Ch. Röthlingshöfer, 1980: Schichtarbeit in der Industrie. Studien zur Industriewirtschaft, Bd. 21 (Ifo-Institut für Wirtschaftsforschung) München.

Frießem, Dieter, 1971: Gesundheitsprobleme ausländischer Arbeiter in Westdeutschland. In: Das Argument, Heft 11/12-1971: 945-954.

Froemer, Friedhelm, 1991: Gesünder durch »Krankfeiern«? »Coping« – Kurzzeiterkrankungen als »Sicherheitsventil« für die Gesundheit. In: Soziale Sicherheit 1/91: 20/21.

Geißler, Rainer (Hrsg.), 1987: Soziale Schichtung und Lebenschancen in der Bundesrepublik Deutschland. Stuttgart.

Gensch, Rainer W., 1988: Das Berufskrankheitenrecht und das Berufskrankheitenverfahren. In: Elsner 1988: 60-86.

Gensch, Rainer W./Rainer Müller, 1990: Berufskrankheiten. Verhütung, Anerken-

nung, Entschädigung. Ein Leitfaden für Arbeitnehmer. (HBS-Manuskripte 25) Düsseldorf.
Georg, Arno/Rolf Stuppardt/Erika Zoike, 1982: Krankheit und Arbeitsbedingte Belastungen. Bd. 2. Essen.
Graf, Otto, 1960: Arbeitsphysiologie. Wiesbaden.
Graf, Otto, 1961: Arbeitsablauf und Arbeitsrhythmus. In: Handbuch der gesamten Arbeitsmedizin. 1. Band, Hrsg. G.Lehmann. Berlin, München, Wien.
Grandjean, Etienne, 1979: Physiologische Arbeitsgestaltung. Leitfaden der Ergonomie. (3., erw. Aufl.) Thun.
Grandjean, Etienne/Wilhelm Hünting, 1983: Sitzen Sie richtig? Sitzhaltung und Sitzgestaltung am Arbeitsplatz. Hrsg. Bayerisches Staatsministerium für Arbeit und Sozialordnung. (2., durchges. Aufl.) München.
Groß, Hermann/Cornelia Thoben/Frank Bauer, 1989: Daten zur Schicht- und Nachtarbeit. In: AFA-Informationen, Heft 4/89 (S.25-32)
Gubser, Antoine, 1968: Monotonie im Industriebetrieb. Bern, Stuttgart.
Hacker, Winfried, 1986: Arbeitspsychologie. Bern.
Hacker, Winfried/Peter Richter, 1980: Spezielle Arbeits- und Ingenieurpsychologie, Band 2, Psychische Fehlbeanspruchung. Berlin. (2. Aufl. 1984)
Hagemeier, Christian/Otto Ernst Kempen/Ulrich Zachert/Jan Zilius, 1990: Tarifvertragsgesetz. Kommentar für die Praxis. (2., überarb. Aufl.) Köln.
Hardenacke, Herbert/Willi Peetz/Günter Wichardt, 1985: Arbeitswissenschaft. München, Wien.
Hartung, E., 1989a: Belastung durch mechanische Schwingungen. In: Konietzko/ Dupuis 1989: II-3.1.
Hartung, E., 1989b: Schutz gegen mechanische Schwingungen. In: Konietzko/ Dupuis 1989: V-2.1.3.
Heilmann, Joachim (Hrsg.), 1989: Gefahrstoffe am Arbeitsplatz. Basiskommentar Gefahrstoffverordnung. Köln.
Henninges, Hasso von, 1981: Arbeitsplätze mit belastenden Arbeitsbedingungen. In: Mitteilungen aus der Arbeitsmarkt- und Berufsforschung (MittAB), Heft 4/ 1981 (S. 362-383)
Herlyn, Ingrid/Ulfert Herlyn, 1983: Wohnverhältnisse in der Bundesrepublik. (2. Aufl.) Frankfurt/M, New York.
Hettinger, Th., 1989a: Klimabelastungen. In: Konietzko/Dupuis 1989: II-3.4.
Hettinger, Th., 1989b: Klimawirkungen auf den Menschen. In: Konietzko/Dupuis 1989: III-4.3.
Hettinger, Th., 1989c: Prävention bei klimatischen Belastungen. In: Konietzko/ Dupuis 1989: V-1.2.6.
Hettinger, Theodor, 1981: Heben und Tragen von Lasten. Gutachten über Gewichtsgrenzen für Männer, Frauen und Jugendliche. Hrsg. Bundesminister für Arbeit- und Sozialordnung. Bonn.
Hettinger, Theodor/Bernd Hahn, 1991; Schwere Lasten – leicht gehoben. (Hrsg. Bayerisches Staatsministerium für Arbeit, Familie und Sozialordnung) München.
Hoff, Ernst W., 1986: Arbeit, Freizeit und Persönlichkeit. Bern.
Hoffmann, Burkhard, 1987: Unfallanalyse 1985. Hrsg. Hauptverband der gewerblichen Berufsgenossenschaften. St. Augustin.
Hoschek, Franz/Wolfgang Fritz, 1978: Taschenbuch für den medizinischen Arbeitsschutz und die betriebsärztliche Praxis. (4., neubearb. Aufl.) Stuttgart.
Institut für empirische Soziologie Nürnberg, 1985: Arbeitswelt und Frühinvalidität. Empirische Studien über Zusammenhänge zwischen Arbeitsbelastungen, Arbeitsmarktverhältnissen und Frühinvalidisierung. Redaktion: Rainer Wasilewski.

Nürnberg.

Jäger, M./A. Luttmann/W. Laurig, 1989: Biomechanik der Lastenmanipulation. In: Konietzko/Dupuis 1989: V-1.1.2.3 (1-16).

Jahoda, Marie/Paul F. Lazarsfeld/Hans Zeisel, 1933: Die Arbeitslosen von Marienthal. Ein soziographischer Versuch. Leipzig.

Jansen, G./S. Schwarze, 1989a: Lärmschäden. In: Konietzko/Dupuis 1989: IV-3.7.

Jansen, G./S. Schwarze, 1989b: Extraaurale Lärmwirkungen. In: Konietzko/Dupuis 1989: III-4.2.

Jansen, Gerd/Johannes Haas, 1991: Kompendium der Arbeitsmedizin. Köln.

Junghanns, Herbert, 1979: Die Wirbelsäule in der Arbeitsmedizin. 2 Bände (Teil I: Biomechanische und biochemische Probleme der Wirbelsäulenbelastung. Teil II: Einflüsse der Berufsarbeit auf die Wirbelsäule) Stuttgart.

Kahle, Siegfried, 1963: Die Reaktion bestimmter Organsysteme auf besondere Arbeitsbelastung und -überlastung. In: Baader, E.W. (Hrsg.), 1963: Handbuch der gesamten Arbeitsmedizin. Band IV, 1. Teilband. Hrsg. H. Szymanski. Berlin, München, Wien.

Kalberlah, Fritz, 1983: Acht Stunden täglich. Schadstoffe und Gesundheitsschutz am Arbeitsplatz. Freiburg i.Br.

Kalberlah, Fritz, 1988: Chemische Schadstoffe. In: Elsner 1988: 87-100.

Kaltenbach, Helmut, 1986: Probleme der Rentenversicherung bei den BU/EU-Renten einschließlich der Zukunftsperspektiven. In: Die Angestelltenversicherung, 10/1986: 357-361.

Kaufmann, Inge/Hans Pornschlegel, 1982: Körperliche Belastung und Beanspruchung. In: Zimmermann, Lothar (Hrsg.), 1982: Humane Arbeit – Leitfaden für Arbeitnehmer. Band 5. Belastungen und Stress bei der Arbeit. (S. 74-109) Reinbek.

Kaufmann, Inge/Ulrich Ewers, 1982: Schadstoffe am Arbeitsplatz. In: Zimmermann, Lothar (Hrsg.), 1982: Humane Arbeit – Leitfaden für Arbeitnehmer. Band 2. Gesundheitsgefahren bei der Arbeit. (S. 101-148) Reinbek.

Kieselbach, Thomas (Hrsg.), 1991: Arbeitslosigkeit und Gesundheit. Neuere Ergebnisse der psychologischen Arbeitslosenforschung. Weinheim.

Kieselbach, Thomas/Ali Wacker (Hrsg.), 1985: Individuelle und gesellschaftliche Kosten der Massenarbeitslosigkeit. Psychologische Theorie und Praxis. Weinheim, Basel.

Kieselbach, Thomas/Ali Wacker (Hrsg.), 1991: Bewältigung von Arbeitslosigkeit im sozialen Kontext. Programme, Initiativen, Evaluationen. Weinheim.

Kirchner, J.-H./W. Rohmert, 1974: Ergonomische Leitregeln zur menschengerechten Arbeitsgestaltung. Katalog arbeitswissenschaftlicher Richtlinien über die menschengerechte Gestaltung der Arbeit (BVG 90/91). München, Wien.

Kirchner, Johannes-Henrich/Eckart Baum, 1990: Ergonomie für Konstrukteure und Arbeitsgestalter. München.

Kleinbeck, Uwe/Joseph Rutenfranz (Hrsg.), 1987: Arbeitspsychologie. Enzyklopädie der Psychologie. Themenbereich D, Serie III, Band 1. Göttingen, Toronto, Zürich.

Krause, Detlef, 1992: Arbeitszeiten und Fehlzeiten. Ergebnisse einer empirischen Analyse betrieblicher Aufzeichnungen. Stuttgart.

Krause/Pillat/Zander, 1981: Arbeitssicherheit. Loseblattsammlung. Freiburg i. Br.

Lanc, Otto, 1983: Zur Arbeitsökologie. In: Hrsg. Stoll, Francois (Hrsg.), 1983: Arbeit und Beruf (Kindlers »Psychologie des 20. Jahrhunderts«, Bd. 2). Weinheim/Basel (S. 165-186).

Lang, Klaus/Hartmut Meine/Kay Ohl (Hrsg.), 1990: Arbeit – Entgelt – Leistung.

Handbuch Tarifarbeit im Betrieb. Mit einem Vorwort von Franz Steinkühler und Klaus Zwickel. Köln.
Laurig, W., 1989: Muskelbelastung. In: Konietzko/Dupuis 1989: II-2.1 (1-8).
Levi, Lennart, 1964: Stress. Körper, Seele und Krankheit. Göttingen, Berlin, Frankfurt, Zürich.
Levi, Lennart, 1981: Psychosoziale Reize, psychophysische Reaktionen und Krankheit. In: Nitsch 1981: 188-212.
Littek, Wolfgang/Rammert, Werner/Wachtler, Günther (Hrsg.), 1982: Einführung in die Arbeits- und Industriesoziologie. Frankfurt, New York.
Magun, Rolf, 1961: Drucklähmungen der Nerven. In: Baader, E.W., 1961: Handbuch der gesamten Arbeitsmedizin. Band II, 2. Teilband. Berlin, München, Wien.
Martin, E./U. Ackermann/I. Udris/K. Oegerli, 1980: Monotonie in der Industrie. Eine ergonomische, psychologische und medizinische Studie an Uhrenarbeitern. Bern.
Maue, J.H., 1989: Gehörschäden durch Impulslärm. in: Konietzko/Dupuis 1989: IV-3.7.1.
McHale, John, 1974: Der ökologische Kontext. Frankfurt/M.
Meine, Hartmut, 1982a: Lärm am Arbeitsplatz. (Mit einem Beitrag von E. Gros) In: Humane Arbeit. Leitfaden für Arbeitnehmer. (Hrsg. L. Zimmermann) Band 2. Reinbek. (17-62)
Meine, Hartmut, 1982b: Klima am Arbeitsplatz. In: Humane Arbeit. Leitfaden für Arbeitnehmer. (Hrsg. L. Zimmermann) Band 2. Reinbek. (63-99)
Ministerium für Arbeit, Gesundheit und Sozialordnung Baden-Württemberg (Hrsg.), 1984: Frühinvalidisierung. Ergebnisse einer Untersuchung in Baden-Württemberg. Mögliche Ursachen der vorzeitigen Berentung wegen Berufs- und Erwerbsunfähigkeit in Arbeit, Umwelt und Lebensgewohnheiten. Stuttgart.
Modell einer allgemeinen Vorsorgeuntersuchung, 1970: Zwischenbericht. Stuttgart.
Müller, Rainer, 1990: Arbeitsbedingte Erkrankungen, ihre Wahrnehmung, Thematisierung und Bewältigung als Aufgabe der betrieblichen und überbetrieblichen Arbeitssicherheit. In: Krause/Zander 1972ff.: 5/161-200.
Müller-Limmroth, Wolf, 1981a: Sinnesorgane. In: Schmidtke 1981: 27-46.
Müller-Limmroth, Wolf, 1981b: Nervensystem. In: Schmidtke 1981: 47-56.
Müller-Limmroth, Wolf, 1981c: Streß, Streßreaktion, Stressoren, Distreß. In: Schmidtke 1981: 158-162.
Müller-Seitz, Peter, 1978: Industrielle Schichtarbeit in betriebswirtschaftlicher Sicht. Dortmund.
Müller-Seitz, Peter, 1979: Mehrfachbelastungen im industriellen Nachtschichtbetrieb aus arbeitswissenschaftlicher Sicht. In: WSI-Mitteilungen, Heft 1/79.
Münke, Stephanie, 1964: Vorzeitige Invalidität. Untersuchungen ihrer Gründe und ihrer Folgen für die Lebenslage der Rentner. Stuttgart.
Murrell, K.F.H., 1971: Ergonomie. Grundlagen und Praxis der Gestaltung optimaler Arbeitsverhältnisse. (Deutsche Bearbeitung: H. Schnauber) Düsseldorf, Wien.
Nitsch, Jürgen R. (Hrsg.), 1981: Streß. Theorien, Untersuchungen, Maßnahmen. Bern, Stuttgart, Wien.
Nitsch, Jürgen R., 1981a: Streßtheoretische Modellvorstellungen. In: Nitsch 1981: 52-141.
Noll, Heinz-Herbert, 1982: Beschäftigungschancen und Arbeitsbedingungen. Frankfurt/M, New York.
Norpoth, Klaus H., 1991: Einführung in die Arbeitsmedizin. Landsberg/Lech.
Opfermann, Rainer/Wilhelm Streit, 1990: Arbeitsstätten. Arbeitsstättenverordnung und Arbeitsstätten-Richtlinien mit ausführlicher Kommentierung. Wiesbaden.

Oppolzer, Alfred, 1986: Wenn Du arm bist, mußt Du früher sterben. Soziale Unterschiede in Gesundheit und Sterblichkeit. Hamburg.
Oppolzer, Alfred, 1986a: Zur Gesamtbelastungssituation von Teilzeitbeschäftigten. Erfahrungen, Hypothesen, Indizien. In: AFA-Informationen, Heft 6/86 (S. 8-15).
Oppolzer, Alfred, 1989: Handbuch Arbeitsgestaltung. Leitfaden menschengerechter Arbeitsorganisation. Hamburg.
Oppolzer, Alfred, 1990: Arbeitsteilung. In: Europäische Enzyklopädie zu Philosophie und Wissenschaften. 4 Bände. Hrsg. von Hans-Jörg Sandkühler. Hamburg (Bd. 1, S. 216-230)
Oppolzer, Alfred, 1990a: Leistungsverdichtung und Arbeitszeitverkürzung. In: AFA-Informationen, Heft 2/90 (S. 3-8).
Oppolzer, Alfred, 1992: Kurzpausen für Kassiererinnen. Zur menschengerechten Gestaltung der Kassenarbeit. Köln.
Oppolzer, Alfred, 1993: Die Arbeitswelt als Ursache gesundheitlicher Ungleichheit. In: Mielck, Andreas (Hrsg.), 1993: Krankheit und soziale Ungleichheit. Epidemiologische Forschungen in Deutschland. Opladen.
Oppolzer, Alfred/Ulrich Zachert (Hrsg.), 1987: Neue Technologien und Arbeitnehmerinteressen im Groß- und Versandhandel. Frankfurt/M, New York.
Ott, Erich/Thomas Gerlinger, 1992: Die Pendlergesellschaft. Zur Problematik der fortschreitenden Trennung von Wohn- und Arbeitsort. Köln.
Piekarski, C./H.G. Wenzel, 1983: Arbeitsklima. In: Rohmert/Rutenfranz 1983: 227-266.
Plinske, Werner u.a., 1989: Dokumentation des Berufskrankheitengeschehens in der Bundesrepublik Deutschland. Hrsg. Hauptverband der gewerblichen Berufsgenossenschaften. St. Augustin.
Preiser, K./W.F. Schräder, 1983: Der Rückgang des Krankenstandes in der ökonomischen Krise. Eine Folge struktureller Veränderungen in der Erwerbsbevölkerung. In: Sozialer Fortschritt 12/1983: 276-282.
Priester, Klaus, 1978: Zur Entwicklung der Arbeitsunfälle in der BRD. In: Jahrbuch für kritische Medizin. (Das Argument, Sonderband AS 27) Berlin (S. 131-151).
REFA-Methodenlehre der Betriebsorganisation (REFA-MBO), 1991: Grundlagen der Arbeitsgestaltung. München.
Reimann, Axel, 1985: Trend zur Frühverrentung noch ungebrochen. In: Die Angestelltenversicherung, 10/1985: 406-413.
Rinderspacher, Jürgen P., 1985: Gesellschaft ohne Zeit. Individuelle Zeitverwendung und soziale Organisation der Arbeit. Frankfurt, New York.
Robra, B.-P./J.M. Reichelt/H. Volkmann/W. Dahlke/B. Marschall, 1991: Umsetzungsanträge aus gesundheitlichen Gründen in einem Großbetrieb – ein Beitrag zur betrieblichen Epidemiologie. (Vortrag auf der DGSMP-Tagung, in Lübeck, 1991)
Rohmert, Walter, 1983a: Formen menschlicher Arbeit. In: Rohmert/Rutenfranz 1983: 5-29.
Rohmert, Walter, 1983b: Statische Arbeit. In: Rohmert/Rutenfranz 1983: 34-43.
Rohmert, Walter, 1983c: Rationelle Arbeit. In: Rohmert/Rutenfranz 1983: 176-226.
Rohmert, Walter, 1984: Das Belastungs-Beanspruchungs-Konzept. In: Zeitschrift für Arbeitswissenschaft, 1984/4: 193-200.
Rohmert, Walter/Premysl Jenik, 1981: Skelett und Muskel – unter biomechanischen und funktionellen Gesichtspunkten. In: Schmidtke 1981: 11-21.
Rohracher, Hubert, 1965: Einführung in die Psychologie. Wien, Innsbruck.
Rolff, Hans-G., 1969: Sozialisation und Auslese durch die Schule. (2. Aufl.) Heidelberg.

Rutenfranz, Joseph/Peter Knauth/Friedhelm Nachreiner, 1981: Arbeitszeitgestaltung. In: Schmidtke 1981: 497-513.

Rüth, Walter, 1976: Ursachen vorzeitiger Berufs- und Erwerbsunfähigkeit. Göttingen.

Salowsky, Heinz, 1991: Fehlzeiten. Eine Bilanz nach 20 Jahren Lohnfortzahlungsgesetz. Köln.

Sämann, W., 1970: Charakteristische Merkmale und Auswirkungen ungünstiger Arbeitshaltungen. Köln, Frankfurt.

Schaefer, Hans/Maria Blohmke, 1978: Sozialmedizin. (2. Aufl.) Stuttgart.

Schardt, Lothar P./Ulrich Zachert, 1982: Rechtliche Grundlagen der Arbeitsgestaltung. In: Zimmermann, Lothar (Hrsg.): Humane Arbeit. Bd. 1.

Schliephacke, Jürgen, 1992: Arbeitssicherheits-Management: Organisation, Delegation, Führung, Aufsicht. (3 Bände) Frankfurt/M.

Schmidt, Heinz-Günther: Chemische Stoffe. In: Schmidtke 1981: 257-262.

Schmidtke, Heinz, 1976: Ergonomische Bewertung von Arbeitssystemen. München.

Schmidtke, Heinz, 1989: Ergonomische Prüfung von Technischen Komponenten, Umweltfaktoren und Arbeitsaufgaben. Daten und Methoden. (Unter Mitarb. von Iwona Jastrzebska-Fraczek u. Heinzpeter Rühmann) München/Wien.

Schnauber, Herbert, 1979: Arbeitswissenschaft. Braunschweig/Wiesbaden.

Schröter, Gerhard, 1961: Aufbrauchs- und Abnutzungskrankheiten. In: Baader 1961.

Schulte, Bernd, 1987: Praxisorientiertes arbeitswissenschaftliches Instrumentarium zur analytischen Ermittlung von Erholungszeiten. Ein Beitrag zur humanwirtschaftlichen Arbeitsgestaltung. (Hrsg. Rationalisierungskuratorium der Deutschen Wirtschaft) Eschborn.

Schumm, Wilhelm, 1982: Sozialisation durch Arbeit. In: Littek/Rammert/Wachtler 1982: 250-268.

Schuntermann, Michael F., 1986: Das Berentungsrisiko wegen Erwerbsminderung: Begriff, Struktur und Entwicklung in der Zeit von 1972 bis 1982. In: Deutsche Rentenversicherung, 3-4/1986: 237-256.

Seibel, Hans Dieter, 1985: Streßfaktoren erhöhen Fehlzeiten. In: Der Arbeitgeber, Nr. 4/37-1985: 120-121.

Selye, Hans, 1981: Geschichte und Grundzüge des Streßkonzepts. In: Nitsch 1981: 163-187.

Skiba, Reinald, 1991: Taschenbuch Arbeitssicherheit. (7., neubearb. Aufl.) Bielefeld.

Sopp, H., 1966: Sozialmedizinische Aspekte des Krankenstandes – Ätiologie, Hygiene und Prävention. In: Arbeit und Leistung, 20/1966 (S. 45-52)

Sorgatz, Hardo, 1990: Kurzinformation Dolores-Projekt, RSI 11/1990. Darmstadt.

Spiegelhalter, F./F. Schnabel, 1963: Die Struktur des Krankenstandes in der Industrie. In: Der Arbeitgeber, 14/1962 (S. 302-307)

Starrin, Bengt/Per-Gunnar Svensson/Helmut Wintersberger (Hrsg.), 1989: Unemployment, Poverty and Quality of Working Life. Some European Experiences. Berlin.

Steeger, D., 1989a: Berufskrankheiten des Stütz- und Bewegungsapparates. In: Konietzko/Dupuis 1989: IV-7.8.1.

Steeger, D., 1989b: Arbeitsbedingte Erkrankungen der Wirbelsäule. In: Konietzko/Dupuis 1989: IV-7.8.2.

Stephan, Gesine, 1991: Fehlzeiten: Eine theoretische und empirische Untersuchung mit Individualdaten. In: MittAB 3/91: 583-594.

Tenbusch, Axel, 1990: Mehr Renten wegen Arbeitslosigkeit. Rentenzugang der BfA 1989. In: Die Angestelltenversicherung, 4/1990: 180-186.
Tennstedt, Florian, 1972: Berufsunfähigkeit im Sozialrecht. Ein soziologischer Beitrag zur Entwicklung der Berufsunfähigkeitsrenten in Deutschland. Frankfurt/M.
Teske, Ulrike/Jörg Wiedemuth/Johanna Brandt/Hans-Rainer Koch, 1991: Humane Arbeitszeitgestaltung im Einzel- und Großhandel. Endbericht. Zusammengefaßte Untersuchungsergebnisse der Projektgruppe HAZEG. (Hrsg. Gewerkschaft HBV) Düsseldorf.
Thiele, W., 1981: Schichtenspezifische Inanspruchnahme medizinischer Leistungen in der Bundesrepublik Deutschland. In: Hauß/Naschold/Rosenbrock 1981: 133-171.
Tjaden, Karl Hermann, 1990: Mensch, Gesellschaftsformation, Biosphäre. Über die gesellschaftliche Dialektik des Verhältnisses von Mensch und Natur. Marburg.
Udris, Ivars, 1981: Streß in arbeitspsychologischer Sicht. In: Nitsch 1981: 391-440.
Ulich, Eberhard, 1965: Über Fehlzeiten im Betrieb. Köln, Oplanden.
Ulich, Eberhard, 1992: Arbeitspsychologie. (2., verb. Aufl.) Zürich, Stuttgart.
Ulich, Eberhard/Christof Baitsch, 1979: Schicht- und Nachtarbeit im Betrieb. Probleme und Lösungsansätze. Rüschlikon, Zürich.
Ulich, Eberhard/Christof Baitsch, 1987: Arbeitsstrukturierung. In: Kleinbeck/Rutenfranz, 1987: 493-531.
Umweltbundesamt (Hrsg.), 1978: Bericht der Projektgruppe Lärmbekämpfung beim Bundesminister des Innern. Berlin.
Umweltbundesamt, 1992: Daten zur Umwelt 1990/91. Berlin.
Unfallverhütungsbericht 1990: Bericht der Bundesregierung über den Stand der Unfallverhütung und das Unfallgeschehen in der Bundesrepublik Deutschland (alte Bundesländer). Deutscher Bundestag, Drucksache 12/1845.
Valentin, Helmut, u.a., 1979: Arbeitsmedizin. Ein kurzgefaßtes Lehrbuch für Ärzte und Studenten in 2 Bänden. (2., überarb. u. erw. Aufl.) Stuttgart.
van Eimeren, W./H.K. Selbmann/K. Überla, 1972: Modell einer allgemeinen Vorsorgeuntersuchung im Jahre 1969/70. Schlußbericht. Stuttgart.
VDI-ADB, 1980: Handbuch der Arbeitsgestaltung und Arbeitsorganisation. Hrsg. Verein Deutscher Ingenieure, VDI-Gesellschaft für Produktionstechnik (ADB). Düsseldorf.
Verband Deutscher Rentenversicherungsträger (VDR), 1992: Rentenversicherung in Zeitreihen. Stand: August 1992 (3., aktualisierte Aufl.) Würzburg.
Vester, Frederic, 1978: Phänomen »Streß«. München.
Volkholz, V. u.a., 1983: Kosten der Arbeitsunfähigkeit. Hrsg. Bundesanstalt für Arbeitsschutz, Forschungsbericht Nr. 361. Dortmund.
Volpert, Walter, 1974: Handlungsstrukturanalyse als Beitrag zur Qualifikationsforschung. Köln.
Wacker, Ali (Hrsg.), 1981: Vom Schock zum Fatalismus. Soziale und psychische Auswirkungen der Arbeitslosigkeit. (2. Aufl.) Frankfurt/M.
Wacker, Ali, 1976: Arbeitslosigkeit. Soziale und psychische Folgen. Frankfurt/M.
Weber, Ingbert, 1987: Soziale Schichtung und Gesundheit. In: Geißler 1987: 162-182.
Wenzel, H.G./C. Piekarski, 1982: Klima und Arbeit. (2. Aufl.) Hrsg. Bayerisches Staatsministerium für Arbeit und Sozialordnung. München.
Wenzel, Hans Gerd, 1981: Klima. In: Schmidtke 1981: 236-248.
Windberg, H.-J./K. Kuhn/P. Sondermann, 1991: Richtig tragen ohne Schaden.

(Hrsg. Bundesanstalt für Arbeitsschutz) Dortmund.
Zimmermann, Walter, 1976: Krankenstand, deutsche Verhältnisse. In: Blohmke u.a. 1976: 120-141.
Zipp, P., 1983: Dynamische Arbeit. In: Rohmert/Rutenfranz 1983: 44-48.
Zoike, Erika, 1992: Krankheitsartenstatistik 1990: Körperliche Beweglichkeit und seelisches Gleichgewicht geraten immer häufiger aus dem Lot. In: Die Betriebskrankenkasse 2/92: 126-135.

Anhang

Die folgenden Tabellen stammen aus dem Unfallverhütungsbericht 1990 der Bundesregierung (Bundestags-Drucksache 12/1845)

Entwicklung der Arbeitsunfälle ab 1949

Jahr	Vollarbeiter in 1000[1])	Arbeitsunfälle	Angezeigte Arbeitsunfälle je 1 000 Vollarbeiter	Erstmals entschädigte Arbeitsunfälle	Erstmals entschädigte Arbeitsunfälle je 1 000 Vollarbeiter	Tödliche Arbeitsunfälle	davon gewerbliche Berufsgenossenschaften	landwirtschaftliche Berufsgenossenschaften	Eigenunfallversicherungsträger	Tödliche Arbeitsunfälle je 1 000 Vollarbeiter
1	2	3	4	5	6	7	8	9	10	11
1949	18 033	1 099 811	61	84 916	4,7	6 966	3 836	2 407	723	0,39
1950	19 183	1 258 220	66	98 963	5,2	6 429	5 564	2 222	643	0,34
1951	19 989	1 453 734	73	105 635	5,3	6 098	3 466	2 184	448	0,31
1952	20 209	1 653 107	82	107 411	5,3	5 890	3 384	2 122	384	0,29
1953	21 304	1 854 127	87	115 411	5,4	6 374	3 704	2 264	406	0,30
1954	21 779	1 992 424	91	106 457	4,9	6 020	3 640	2 031	349	0,28
1955	22 575	2 179 834	97	105 006	4,7	6 017	3 665	2 063	316	0,27
1956	22 133	2 305 144	104	107 538	4,9	5 844	3 622	1 920	302	0,26
1957	23 133	2 341 506	101	100 241	4,3	5 375	3 377	1 795	203	0,23
1958	23 523	2 491 428	106	100 458	4,3	5 235	3 230	1 816	189	0,22
1959	24 123	2 555 432	106	97 767	4,1	5 134	3 124	1 874	136	0,21
1960	24 883	2 711 078	109	94 881	3,8	4 893	3 021	1 681	191	0,20
1961	24 324	2 870 765	118	95 406	3,9	4 920	3 130	1 584	206	0,20
1962	24 440	2 722 415	111	99 694	4,1	5 446	3 567	1 658	221	0,22
1963	24 345	2 618 544	108	92 328	3,8	4 831	2 873	1 651	307	0,20
1964	24 859	2 694 962	108	87 345	3,5	4 941	3 086	1 580	275	0,20
1965	24 951	2 655 363	106	88 895	3,6	4 784	3 018	1 511	255	0,19
1966	25 028	2 542 299	102	86 750	3,5	4 849	3 094	1 528	227	0,19
1967	24 129	2 181 464	90	81 077	3,4	4 524	2 920	1 402	202	0,19
1968	24 327	2 263 841	93	75 701	3,1	4 290	2 693	1 315	282	0,18
1969	25 599	2 359 956	92	76 384	3,0	4 289	2 622	1 391	276	0,17
1970	25 218	2 391 757	95	77 935	3,1	4 263	2 696	1 321	245	0,17
1971	24 828	2 337 926	94	76 833	3,1	4 589	2 992	1 348	248	0,18
1972	24 668	2 237 366	91	72 030	2,9	4 082	2 706	1 133	243	0,17
1973	24 965	2 281 268	91	68 887	2,8	4 011	2 691	1 085	235	0,16
1974	24 228	1 989 315	82	67 825	2,8	3 644	2 449	967	228	0,15
1975	23 301	1 760 713	76	61 590	2,6	3 137	2 069	871	197	0,13
1976	24 458	1 828 743	75	59 278	2,4	3 154	2 049	895	210	0,13
1977	24 340	1 809 810	74	58 933	2,4	2 970	1 989	802	179	0,12
1978	24 668	1 817 510	74	56 408	2,3	2 825	1 927	716	182	0,11
1979	25 237	1 901 602	75	59 371	2,4	2 822	1 996	633	193	0,11
1980	25 597	1 917 211	75	57 873	2,3	2 597	1 807	612	178	0,10
1981	25 448	1 763 167	69	57 501	2,3	2 450	1 689	563	198	0,10
1982	24 967	1 593 446	64	55 362	2,2	2 196	1 492	520	184	0,09
1983	24 555	1 510 924	62	51 341	2,1	2 069	1 406	498	165	0,08
1984	25 072	1 517 008	61	50 284	2,0	1 918	1 319	460	139	0,08
1985	25 616	1 536 090	60	49 681	1,9	1 795	1 204	445	146	0,07
1986	28 532	1 581 423	55	48 883	1,7	1 576	1 069	389	118	0,06
1987	28 654	1 568 813	55	47 337	1,7	1 524	1 057	356	111	0,05
1988	29 168	1 578 995	54	46 192	1,6	1 605	1 130	363	112	0,06
1989	29 760	1 601 847	54	43 707	1,5	1 515	1 098	330	87	0,05
1990	30 717	1 672 480	54	43 027	1,4	1 558	1 086	350	122	0,05

[1]) Die Zahl der Vollarbeiter für die Jahre 1949 und 1950 ist vom Bundesminister für Arbeit und Sozialordnung aus der Zahl der Versicherten geschätzt.

Der „Vollarbeiter" ist eine Rechengröße und dient zur Berechnung der Unfallhäufigkeit. Die verschiedenen zeitlichen Beschäftigungsverhältnisse (z. B. Teilzeitbeschäftigung, Überstunden) werden zur Ermittlung der Zahl der Vollarbeiter auf Beschäftigungsverhältnisse mit normaler ganztägiger Arbeitszeit umgerechnet.

Angezeigte Arbeitsunfälle je 1 000 Vollarbeiter
in den Jahren 1988 bis 1990

Nr. der BG	1	1990	1989	1988
		2	3	4
1	Bergbau-BG	77	84	73
2	Steinbruchs-BG	86	81	79
3	BG der keramischen und Glasindustrie	82	79	79
4	BG der Gas- und Wasserwerke	43	40	42
5	Hütten- und Walzwerks-BG	61	62	63
6	Maschinenbau- und Kleineisenindustrie-BG	84	85	85
7	Nordwestliche Eisen- und Stahl-BG	92	93	92
8	Süddeutsche Eisen- und Stahl-BG	70	71	71
9	Süddeutsche Edel- und Unedelmetall-BG	75	71	68
10	BG der Feinmechanik und Elektrotechnik	27	27	26
11	BG der chemischen Industrie	35	36	35
12	Holz-BG	108	109	112
14	Papiermacher-BG	91	90	110
15	BG Druck und Papierverarbeitung	41	40	41
16	Lederindustrie-BG	67	66	80
17	Textil- und Bekleidungs-BG	35	33	33
18	BG Nahrungsmittel und Gaststätten	62	59	61
19	Fleischerei-BG	170	169	174
20	Zucker-BG	64	56	58
21	Bau-BG Hamburg	125	108	105
22	Bau-BG Hannover	127	119	116
23	Bau-BG Wuppertal	117	118	118
24	Bau-BG Frankfurt a. M.	110	110	107
25	Südwestliche Bau-BG	102	110	108
26	Württembergische Bau-BG	112	116	116
27	Bayerische Bau-BG	108	113	117
28	Tiefbau-BG	154	158	155
29	Großhandels- und Lagerei-BG	52	51	51
30	BG für den Einzelhandel	36	35	37
31	Verwaltungs-BG	22	22	21
32	BG der Straßen-, U-Bahnen und Eisenbahnen	45	45	45
33	BG für Fahrzeughaltungen	57	62	66
34	See-BG	32	35	34
35	Binnenschiffahrts-BG	80	78	85
36	BG für Gesundheitsdienst und Wohlfahrtspflege	28	26	27
	Gewerbliche Berufsgenossenschaften	52	52	52
	Landwirtschaftliche Berufsgenossenschaften	99	94	94
	Eigenunfallversicherung	49	48	49
	Versicherungsträger insgesamt	54	54	54

Berufskrankheiten
ab 1949

Jahr	Vollarbeiter in 1 000³)	Versicherte in 1 000¹)²)	Berufskrankheiten		
			Anzeigen auf Verdacht einer...	erstmals entschädigte...	erstmals entschädigte... mit tödlichem Ausgang
1	2	3	4	5	6
1949	18 033	23 690	37 414	8 361	513
1951	19 989	27 593	34 624	9 306	457
1953	21 304	29 738	53 456	14 521	491
1955	22 575	31 946	51 348	8 952	373
1957	23 133	32 424	33 759	7 960	307
1959	24 123	32 870	32 851	7 942	256
1961	24 324	33 371	33 184	7 306	261
1963	24 345	33 304	27 947	6 779	279
1964	24 859	32 568	28 042	6 284	278
1965	24 951	32 606	27 467	6 464	272
1966	25 028	32 493	26 061	6 152	234
1967	24 129	31 763	26 280	5 836	220
1968	24 327	32 128	25 793	5 316	224
1969	25 599	32 194	27 427	5 464	218
1970	25 218	32 550	25 960	5 173	168
1971	24 828	30 764	27 200	5 374	219
1972	24 668	30 588	30 273	5 488	195
1973	24 965	31 989	32 827	5 580	179
1974	24 228	31 290	36 124	6 072	201
1975	23 301	31 690	38 296	6 104	187
1976	24 458	30 945	43 197	6 474	161
1977	24 340	31 034	48 189	7 581	179
1978	24 668	31 363	45 484	7 248	169
1979	25 237	31 964	45 471	6 446	179
1980	25 597	32 854	45 114	6 235	204
1981	25 448	32 759	42 654	6 120	219
1982	24 967	32 921	37 366	5 652	207
1983	24 555	33 174	35 354	4 792	188
1984	25 072	34 380	35 413	4 407	229
1985	25 616	35 079	37 457	3 971	208
1986	28 532	37 734	44 708	3 779	264
1987	28 654	38 852	47 265	3 760	275
1988	29 168	39 721	51 747	4 048	285
1989	29 760	40 302	54 467	4 400	300
1990	30 717	41 134	57 751	4 452	275

¹) Der Rückgang der Versichertenzahl von 1971 gegenüber 1970 ist darauf zurückzuführen, daß die Berufsschüler auf Grund des Gesetzes über Unfallversicherung für Schüler und Studenten sowie Kinder in Kindergärten vom 18. März 1971 bei der Schülerunfallversicherung ausgewiesen werden.
²) In den Zahlen der Spalte 2 sind Doppelversicherte mit einem Anteil von ca. 10 % enthalten.
³) Die Zahl der Vollarbeiter für das Jahr 1949 ist vom Bundesminister für Arbeit und Sozialordnung aus der Zahl der Versicherten geschätzt.

Die vier häufigsten Berufskrankheiten
(angezeigte und erstmals entschädigte Fälle) seit 1949

Jahr	Nr. 2102 Meniskusschäden		Nr. 2301 Lärmschwerhörigkeit und Lärmtaubheit		Nr. 4101 Quarzstaublungenerkrankungen (Silikose)		Nr. 5101 Hauterkrankungen	
	angezeigte Fälle	erstmals entschädigte Fälle	angezeigte Fälle	erstmals entschädigte Fälle	angezeigte Fälle	erstmals entschädigte Fälle	angezeigte Fälle	erstmals entschädigte Fälle
1	2	3	4	5	6	7	8	9
1949	—	—	26	7	23 689	5 184	1 784	104
1951	—	—	83	12	19 281	5 263	3 689	267
1953	1 385	227	140	32	28 041	10 385	4 966	359
1955	1 226	417	109	13	22 560	4 947	6 123	416
1957	1 272	632	135	22	8 822	4 323	5 047	410
1959	1 978	1 147	129	16	6 599	3 976	6 197	462
1961	2 284	1 299	274	22	6 229	3 238	6 420	519
1963	2 136	1 266	444	78	5 618	2 817	7 068	494
1964	2 308	1 361	526	100	5 343	2 450	7 618	456
1965	2 442	1 369	722	124	5 285	2 415	7 719	492
1966	2 214	1 541	903	165	5 399	2 070	6 965	500
1967	1 964	1 379	1 123	173	5 206	1 870	6 647	460
1968	2 070	1 050	1 192	324	4 996	1 525	6 910	435
1969	2 279	1 093	1 833	524	5 814	1 396	6 997	518
1970	1 774	866	2 007	622	5 244	1 300	6 642	543
1971	1 675	829	3 163	715	4 964	1 314	6 852	500
1972	1 584	731	4 607	979	5 482	1 272	7 597	513
1973	1 781	619	6 337	1 145	5 241	1 337	8 327	476
1974	1 712	746	9 890	1 589	5 726	1 208	7 756	501
1975	1 636	624	12 418	2 028	6 324	1 092	7 778	390
1976	1 598	672	13 789	2 452	4 901	976	8 820	361
1977	1 552	546	20 592	3 514	4 418	1 054	10 001	378
1978	1 325	684	18 121	3 286	4 071	1 002	10 259	399
1979	1 231	521	17 664	2 635	3 738	940	11 144	460
1980	1 170	450	16 256	2 639	3 820	1 003	12 028	423
1981	1 002	476	14 164	2 408	3 491	930	12 120	506
1982	922	371	10 791	2 087	3 233	1 009	10 945	507
1983	913	340	9 640	1 512	3 207	842	10 170	455
1984	883	274	8 617	1 268	3 268	782	10 890	441
1985	891	250	8 828	1 180	3 146	631	11 602	460
1986	943	241	10 039	992	3 119	653	13 737	462
1987	965	244	10 516	1 023	2 888	606	15 499	408
1988	1 884	269	10 826	1 052	2 709	599	16 737	508
1989	2 193	250	10 147	1 185	2 753	545	18 333	663
1990	1 809	277	10 018	1 039	2 499	454	20 670	753

Angezeigte und erstmals entschädigte Berufskrankheiten nach Krankheitsarten
in den Jahren 1988 bis 1990

Lfd. Nr.	Krankheiten	Angezeigte Krankheiten			Erstmals entschädigte Fälle		
		1990	1989	1988	1990	1989	1988
1	**Durch chemische Einwirkungen verursachte Krankheiten**						
11	**Metalle und Metalloide**						
1101	Erkrankungen durch *Blei* oder seine Verbindungen	174	151	116	9	2	10
1102	Erkrankungen durch *Quecksilber* oder seine Verbindungen	78	38	46	3	2	0
1103	Erkrankungen durch *Chrom* oder seine Verbindungen	77	84	69	10	9	10
1104	Erkrankungen durch *Cadmium* oder seine Verbindungen..	9	10	34	0	0	2
1105	Erkrankungen durch *Mangan* oder seine Verbindungen ...	4	2	1	1	0	0
1106	Erkrankungen durch *Thallium* oder seine Verbindungen ..	1	0	1	0	0	0
1107	Erkrankungen durch *Vanadium* oder seine Verbindungen .	3	3	1	0	0	0
1108	Erkrankungen durch *Arsen* oder seine Verbindungen	42	39	45	18	19	12
1109	Erkrankungen durch *Phosphor* oder seine anorganischen Verbindungen	6	9	10	0	0	0
1110	Erkrankungen durch *Beryllium* oder seine Verbindungen..	3	1	3	1	0	0
12	**Erstickungsgase**						
1201	Erkrankungen durch *Kohlenmonoxyd*	150	136	153	1	0	3
1202	Erkrankungen durch *Schwefelwasserstoff*................	15	32	31	1	1	2
13	**Lösemittel, Schädlingsbekämpfungsmittel (Pestizide) und sonstige chemische Stoffe**						
1301	Schleimhautveränderungen, Krebs oder andere Neubildungen der Harnwege durch aromatische Amine	119	105	106	41	39	29
1302	Erkrankungen durch *Halogenkohlenwasserstoffe*	640	613	540	12	18	10
1303	Erkrankungen durch *Benzol* oder seine Homologe	240	212	171	27	20	13
1304	Erkrankungen durch Nitro- oder Aminoverbindungen des *Benzols* oder seiner Homologe oder ihrer Abkömmlinge .	119	121	112	0	0	1
1305	Erkrankungen durch Schwefelkohlenstoff.................	3	4	4	0	0	0
1306	Erkrankungen durch Methylalkohol *(Methanol)*	31	43	21	1	0	0
1307	Erkrankungen durch organische Phosphorverbindungen ..	34	22	29	0	0	0
1308	Erkrankungen durch *Fluor* oder seine Verbindungen	61	71	88	0	2	0
1309	Erkrankungen durch *Salpetersäureester*	10	11	5	0	0	0
1310	Erkrankungen durch halogenierte Alkyl-, Aryl- oder Alkylaryloxide..	124	139	166	15	5	3
1311	Erkrankungen durch halogenierte Alkyl-, Aryl- oder Alkylarylsulfide..	0	1	5	0	0	0
1312	Erkrankungen der Zähne durch Säure....................	851	819	1 132	0	0	0
1313	Hornschädigungen des Auges duch *Benzchinon*	2	1	2	0	0	0
1314[1])	Erkrankungen durch para-tertiär-Buthylphenol	0	3	2	0	0	0
2	**Durch physikalische Einwirkungen verursachte Krankheiten**						
21	**Mechanische Einwirkungen**						
2101	Erkrankungen der *Sehnenscheiden* oder des Sehnengleitgewebes sowie der Sehnen- oder Muskelansätze, die zur Unterlassung aller Tätigkeiten gezwungen haben, die für die Entstehung, die Verschlimmerung oder das Wiederaufleben der Krankheiten ursächlich waren oder sein können ..	1 829	2 096	1 724	7	7	5

[1]) Neu aufgenommen mit Verordnung zur Änderung der Berufskrankheiten-Verordnung vom 22. März 1988, die am 1. April 1988 in Kraft getreten i
[2]) Erweitert bzw. ergänzt mit Verordnung (s. [1]).

Lfd. Nr.	Krankheiten	Angezeigte Krankheiten			Erstmals entschädigte Fälle		
		1990	1989	1988	1990	1989	1988
102[2])	Meniskusschäden nach mehrjährigen andauernden oder häufig wiederkehrenden, die Kniegelenke überdurchschnittlich belastenden Tätigkeiten	1 809	2 193	1 884	277	250	269
103	Erkrankungen durch Erschütterung bei Arbeit mit Druckluftwerkzeugen oder gleichartig wirkenden Werkzeugen oder Maschinen	619	631	651	125	121	160
104	Vibrationsbedingte Durchblutungsstörungen an den Händen, die zur Unterlassung aller Tätigkeiten gezwungen haben, die für die Entstehung, die Verschlimmerung oder das Wiederaufleben der Krankheit ursächlich waren oder sein können	105	69	74	20	18	10
105	Chronische Erkrankungen der Schleimbeutel durch ständigen Druck	581	662	517	6	6	5
106	Drucklähmungen der Nerven	70	75	40	5	2	3
107	Abrißbrüche der Wirbelfortsätze	40	48	39	0	0	0
22	**Druckluft**						
2201	Erkrankungen durch Arbeit in Druckluft	55	33	61	1	4	0
23	**Lärm**						
2301	Lärmschwerhörigkeit	10 018	10 147	10 826	1 039	1 185	1 052
24	**Strahlen**						
2401	Grauer Star durch Wärmestrahlung	14	15	15	0	5	2
2402	Erkrankungen durch ionisierende Strahlen	60	72	55	3	6	1
3	**Durch Infektionserreger oder Parasiten verursachte Krankheiten sowie Tropenkrankheiten**						
3101	Infektionskrankheiten, wenn der Versicherte im Gesundheitsdienst, in der Wohlfahrtspflege oder in einem Laboratorium tätig oder durch eine andere Tätigkeit der Infektionsgefahr in ähnlichem Maße besonders ausgesetzt war	1 926	1 501	1 491	184	227	218
3102	Von Tieren auf Menschen übertragbare Krankheiten	568	770	927	27	32	19
3103	Wurmkrankheit der Bergleute, verursacht durch Ankylostoma duodenale oder Strongyloides stercoralis	8	2	3	0	0	0
3104	Tropenkrankheiten, Fleckfieber	695	485	481	18	21	13
4	**Erkrankungen der Atemwege und der Lungen, des Rippenfells und des Bauchfells**						
41	**Erkrankungen durch anorganische Stäube**						
4101	Quarzstaublungenerkrankung (Silikose)	2 499	2 753	2 709	454	545	599
4102	Quarzstaublungenerkrankung in Verbindung mit aktiver Lungentuberkulose (Siliko-Tuberkulose)	123	109	115	67	68	81
4103[2])	Asbeststaublungenerkrankung (Asbestose) oder durch Asbeststaub verursachte Erkrankung der Pleura	2 233	1 800	1 454	312	266	234
4104[2])	Lungenkrebs in Verbindung mit Asbeststaublungenerkrankung (Asbestose) oder mit Asbeststaub verursachter Erkrankung der Pleura	626	495	383	129	125	100

) Neu aufgenommen mit Verordnung zur Änderung der Berufskrankheiten-Verordnung vom 22. März 1988, die am 1. April 1988 in Kraft getreten ist.
) Erweitert bzw. ergänzt mit Verordnung (s. [1]).

Lfd. Nr.	Krankheiten	Angezeigte Krankheiten			Erstmals entschädigte Fälle		
		1990	1989	1988	1990	1989	1988
4105	Durch Asbest verursachtes Mesotheliom des Rippenfells und des Bauchfells	467	405	435	296	273	228
4106	Erkrankungen der tieferen Luftwege und der Lungen durch *Aluminium* oder seine Verbindungen	15	29	29	4	2	1
4107	Erkrankungen an Lungenfibrose durch *Metallstäube* bei der Herstellung oder Verarbeitung von Hartmetallen	53	62	67	4	4	0
4108	Erkrankungen der tieferen Luftwege und der Lunge durch *Thomasmehl* (Thomasphosphat)	6	4	4	0	0	0
4109[1]	Bösartige Neubildungen der Atemwege und der Lungen durch Nickel oder seine Verbindungen	19	11	7	5	2	0
4110[1]	Bösartige Neubildungen der Atemwege und der Lungen durch Kokereirohgase	15	34	25	17	14	1
42	**Erkrankungen durch organische Stäube**						
4201[2]	Exogen-allergische Alveolitis	245	283	267	81	82	74
4202[2]	Erkrankungen der tieferen Atemwege und der Lungen durch Rohbaumwoll-, Rohflachs- oder Rohhanfstaub (Byssinose)	13	16	11	1	1	1
4203[1]	Adenokarzinome der Nasenhaupt- und Nasennebenhöhlen durch Stäube von Eichen- oder Buchenholz	31	37	46	25	17	12
43	**Obstruktive Atemwegserkrankungen**						
4301	Durch allergisierende Stoffe verursachte Atemwegserkrankungen (einschließlich Rhinopathie), die zur Unterlassung aller Tätigkeiten gezwungen haben, die für die Entstehung, die Verschlimmerung oder das Wiederaufleben der Krankheit ursächlich waren oder sein können	5222	4868	4476	311	231	241
4302	Durch chemisch-irritativ oder toxisch wirkende Stoffe verursachte obstruktive Atemwegserkrankungen, die zur Unterlassung aller Tätigkeiten gezwungen haben, die für die Entstehung, die Verschlimmerung oder das Wiederaufleben der Krankheit ursächlich waren oder sein können	1826	1563	1394	117	84	61
5	**Hautkrankheiten**						
5101	Schwere oder wiederholt rückfällige Hauterkrankungen, die zur Unterlassung aller Tätigkeiten gezwungen haben, die für die Entstehung, die Verschlimmerung oder das Wiederaufleben der Krankheit ursächlich waren oder sein können	20670	18333	16737	753	663	508
5102	*Hautkrebs* oder zur Krebsbildung neigende Hautveränderungen durch Ruß, Rohparaffin, Teer, Anthrazen, Pech oder ähnliche Stoffe	32	39	22	7	7	10
6	**Krankheiten sonstiger Ursache**						
6101	*Augenzittern* der Bergleute	12	11	1	0	0	0
	Berufskrankheiten zusammen	55300	52321	49863	4435	4385	4003
	Fälle nach § 551 Abs. 2 RVO	0	0	0	17	15	45
	Sonstige Krankheiten	2451	2146	1884	0	0	0
	Insgesamt	57751	54467	51747	4452	4400	4048

[1] Neu aufgenommen mit Verordnung zur Änderung der Berufskrankheiten-Verordnung vom 22. März 1988, die am 1. April 1988 in Kraft getreten
[2] Erweitert bzw. ergänzt mit Verordnung (s. [1]).

Bücher für bewegte und bewegende Gewerkschaften

Forum Gewerkschaften
Angst vor dem Individuum
Modernisierung – Demokratisierung – Zeitsouveränität – Herausforderungen einer neuen Epoche
110 Seiten; DM 14,80

Alfred Oppolzer
Handbuch Arbeitsgestaltung
Leitfaden für eine menschengerechte Arbeitsorganisation
342 Seiten; DM 39,80

Siegfried Bleicher/Eberhard Fehrmann (Hrsg.)
Autonomie und Organisation
Die neuen ArbeitnehmerInnen
175 Seiten; DM 29,80

Horst Schmitthenner (Hsrg.)
Zwischen Krise und Solidarität
Perspektiven gewerkschaftlicher Sozialpolitik
248 Seiten; DM 29,80

Frank Deppe/Klaus-Peter Weiner (Hrsg.)
Binnenmarkt '92
Zur Entwicklung der
Arbeitsbeziehungen in Europa
280 Seiten; DM 29,80

Rolf Fritsch (Hrsg.)
Elemente der Erneuerung
Interessenvertretung im öffentlichen Dienst
176 Seiten; DM 24,80

Martin Smentek
Arbeitszeit-Flexibilisierung
Zwischen »kapitalistischer Zeitökonomie«
und »sozialer Zeitstruktur«
228 Seiten; DM 29,80

Gine Elsner (Hrsg.)
Handbuch Arbeitsmedizin
Ein Leitfaden für Betriebsräte, Personalräte
und Gewerkschafter
238 Seiten; DM 34,80

Prospekt anfordern!

VSA-Verlag
Postfach 50 15 71
Stresemannstr. 384a
W-2000 Hamburg 50

Außerdem bei VSA:

★ **Regional- und Freizeitführer**
★ **Städte zu Fuß**
★ **StadtReiseBücher**
★ **Reisebücher**

ARBEIT & ÖKOLOGIE
Briefe

Unser Informationsdienst:
Arbeit & Ökologie-Briefe

Die *Arbeit & Ökologie-Briefe* erscheinen alle 14 Tage. Sie liefern Nachrichten und Hintergrundberichte zu den aktuellen Diskussionen im Spannungsfeld *Arbeit – Gesundheit – Ökologie im Betrieb*. Sie richten sich an Arbeitnehmerinnen und Arbeitnehmer, an Betriebs- und Personalräte, Arbeits- und Umweltschutzexperten in Betrieben, Institutionen und Verbänden.

● Die *Arbeit & Ökologie-Briefe* verschaffen einen schnellen Überblick. In knapper Form werden umwelt- und gesundheitsrelevante Konflikte dargestellt.

● Die *Arbeit & Ökologie-Briefe* sind praxisnah. Es geht um alle Aufgabenbereiche betrieblicher und überbetrieblicher Arbeits- und Umweltschutz-Politik. Im Mittelpunkt stehen die gesundheitlichen Gefährdungen am Arbeitsplatz, denen Arbeitnehmerinnen und Arbeitnehmer tagtäglich ausgesetzt sind. Wir informieren über Neues und Grundsätzliches zum klassischen Arbeitsschutz sowie zu arbeits- und umweltbedingten Erkrankungen und zeigen praktische Handlungsmöglichkeiten zur Abwehr von Gesundheitsgefährdungen in der Arbeitswelt auf.

● Betriebs- und Personalräte können die *Arbeit & Ökologie-Briefe* im Rahmen ihrer betriebsverfassungs- und personalvertretungsrechtlich fixierten Aufgaben abonnieren. Bezahlen muß in diesen Fällen der Arbeitgeber.

Die *Arbeit & Ökologie-Briefe* sind ausschließlich im Abonnement zu beziehen. Die Abonnements-Preise betragen

● für Unternehmen, Belegschaftsvertretungen, Gewerkschaften, Verbände, Behörden und andere Organisationen: 324 DM (einschl. MwSt.) im Jahr (Jahresvorausrechnung);

● nur für Einzelpersonen: 158,40 DM (einschl. MwSt.) im Jahr (Jahresvorausrechnung) oder 13,20 DM monatlich (nur im Abbuchungsverfahren).

Sind Sie interessiert? Dann bestellen Sie ein Probe-Heft oder abonnieren Sie gleich.

Unser Buchprogramm:
Arbeit & Ökologie-Materialien

Arbeit & Ökologie-Materiallien 1
Gesundheit und Ökologie im Büro
Herausgegeben von Klaus Pickshaus und Klaus Priester.
192 Seiten, 2. Auflage 1992. 24 DM, ISBN 3-928507-00-1

Arbeit & Ökologie-Materialien 2
Lösemittel und Ersatzstoffe
Herausgegeben von Klaus Pickshaus und Klaus Priester.
152 Seiten, 2. erweiterte Auflage 1993. 24 DM, ISBN 3-928507-01-X

Arbeit & Ökologie-Materialien 3
Gefahrstoffe ersetzen
Erfahrungen aus dem dänischen Betriebsgesundheitsdienstes.
Von Per Filskov u. a. Vorwort von Wolfgang Hien.
192 Seiten, 1. Auflage 1992. 44 DM, ISBN 3-928507-03-6

Arbeit & Ökologie-Materialien 4
Ökologische Spurensuche im Betrieb
Tatort Betrieb – Erfahrungen einer Aktion der IG Metall. Von André Leisewitz und Klaus Pickshaus.
96 Seiten, 2. Auflage 1992. 24 DM ISBN 3-928507-04-4

Die Bücher erhalten Sie im Buchhandel. Oder Sie bestellen direkt bei uns, noch berechnen wir nur einen Versandkosten-Anteil von 2,50 DM.

Verlag der ökologischen Briefe, Uhlandstraße 58, 6000 Frankfurt/Main 1, Telefon: 069/49 05 81.